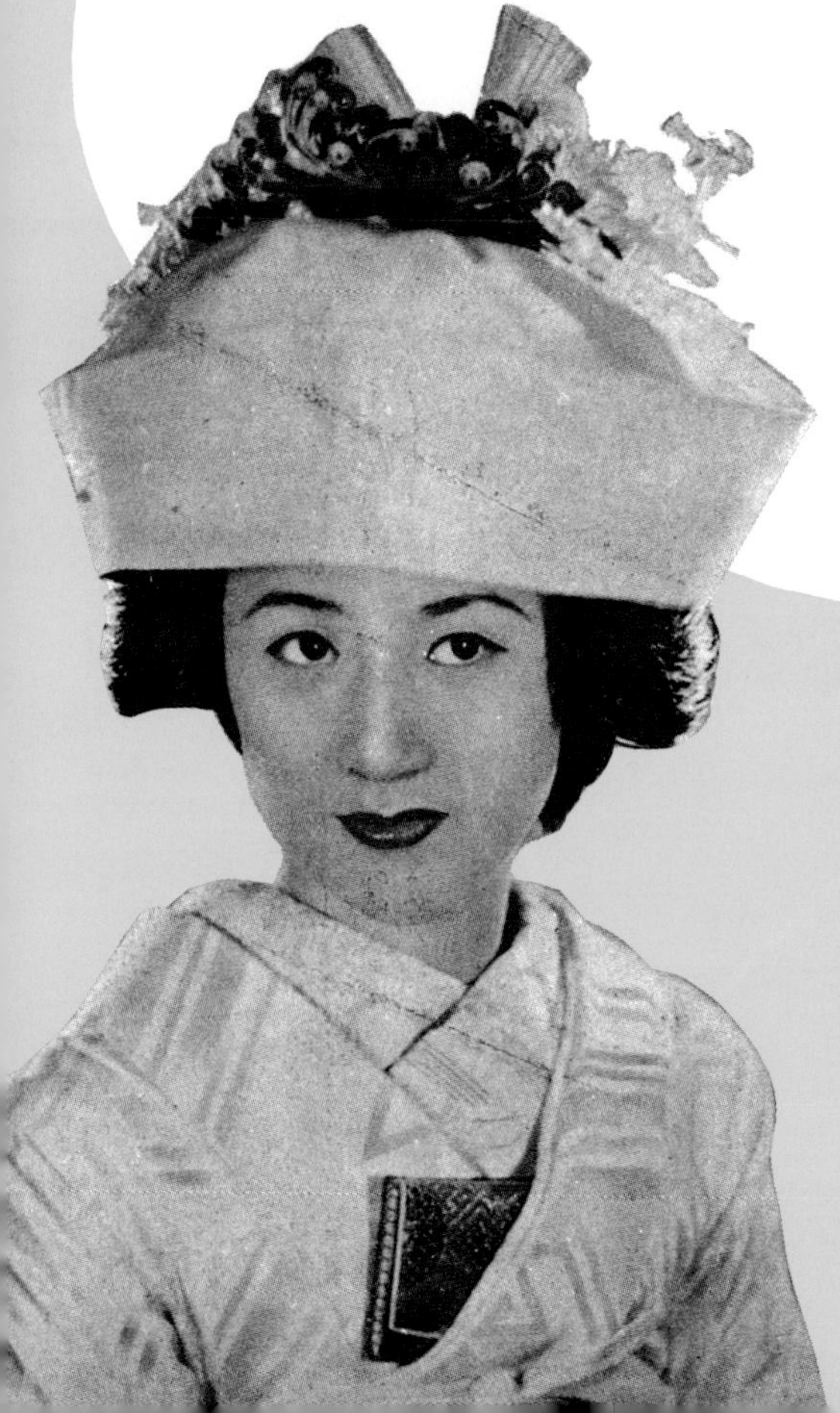

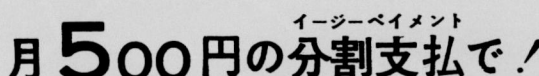

SOLEIL

それいゆ 36号　特集　暮しとおしやれ

目次

表紙……中原淳一
写真……東正治
カット……鈴木悦郎
高橋秀
大内勲
新町真策

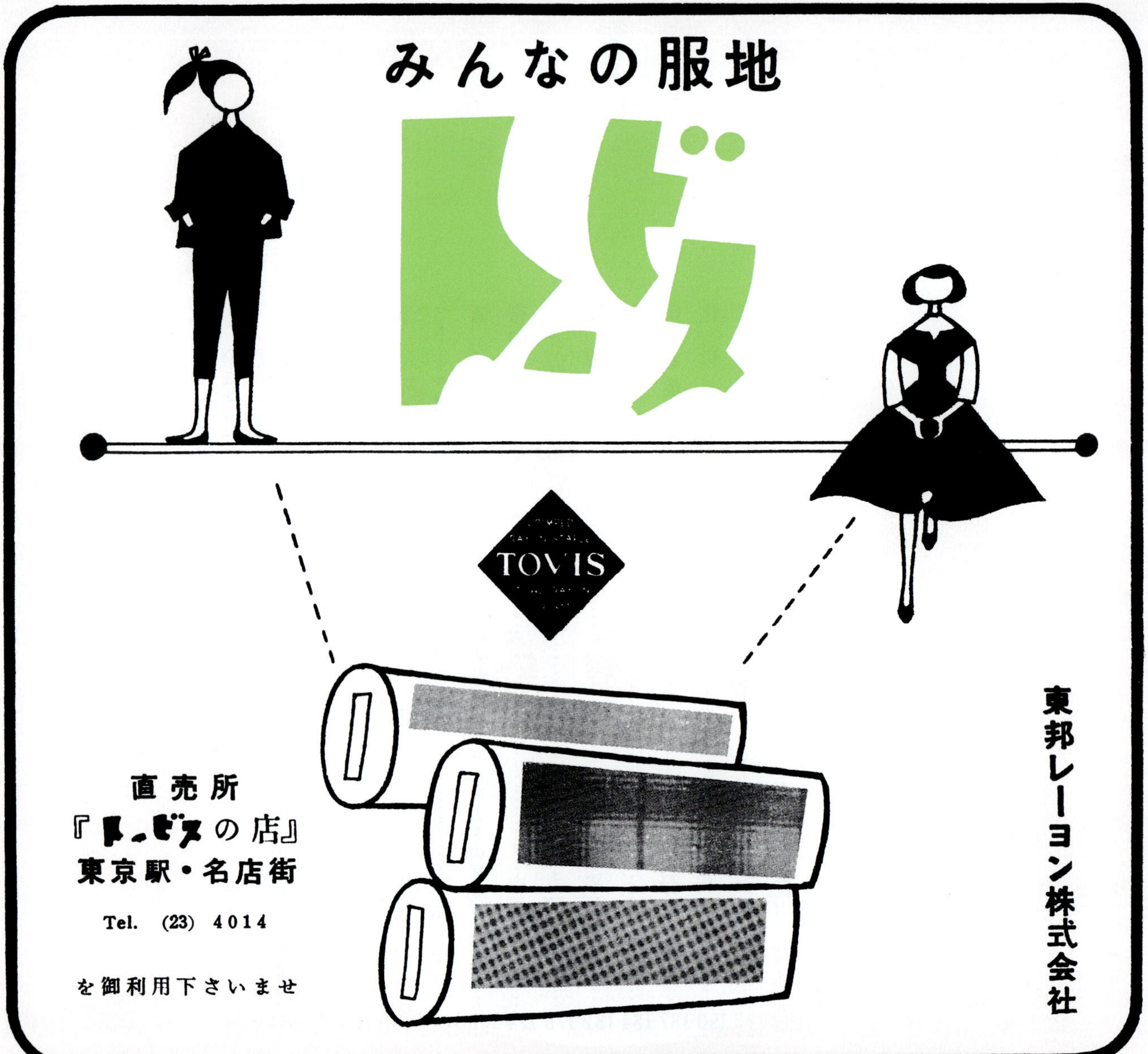
みんなの服地
トービス
TOVIS
直売所
『トービスの店』
東京駅・名店街
Tel. (23) 4014
を御利用下さいませ
東邦レーヨン株式会社

私のおしやれ考

N教授夫妻の場合

（評論家）　串田孫一

女は神につけてもらつたものよりも多くのものを顔にぬるべきではない。

ピエール・ドウ・レジニャック

大学教授N先生はもう白髪である。彼の奥さんは髪はそんなに白くないけれど、皺くちやである。その奥さんが若いころ美貌で、ずいぶんまごついた人も多かつたということだ。N先生もその一人だつたが、そんなことはまるで嘘のようである。噂の好きな人は、過去三、四十年をさかのぼることは平気なのだが、僕はN先生がこのお嫁さんを貰うときに、おれは酒と煙草をやめるから、お前はおしろいをやめてくれと言つたという話を誰からか聞いた。こんな種類の取り引は時々聞くことだが、あたくしはおしやれをやめますから、あなたはお酒をやめて下さいという逆の話はあんまり聞かない。どういうことかそれはゆつくり考えよう。

奥さんになる人とは限らないが、好きな人、大切で仕方がない人、一緒に外を歩くと嬉しくて仕方がない人、そういう人がおしやれをしてくれることを好む男性と、べろんと顔を洗つたまんまの方がほんとうにいいと思い、更に、おしやれをして、自分以外の人の目に触れる場所に出ることを無闇にいやがる男性とがいる。簡単に言えば、第二の男性の方がやきもちやきということになる。でここのおしやれでみつともないから……というのは少し変である。みつともない人なんか好きになつてはもつとみつともない。

N教授はそれ以来お酒も煙草もきちんとやめているかどうか知らないが、その夫人は実に忠実にその言葉に従つている。おれはお酒を少しのむから、お前ももう少しおしやれしてくれとN先生が頼んだこともあるのではないかしらと思うほど、夫人は忠実に黒く、皺だらけになつている。

僕は、自分と関係のない人のおしやれで胸が悪くなつたことが一度や二度はあるが、N先生のような取り引きはしたことがない。

おしやれを勉強中

（歌手）　江利チエミ

私の顔、ずい分特殊でしょう。だから洋服でも中途半端なものは似合わないんです。衿をあけるならあけるで極端なもの、つめるならつめるでこれ以上つめられないほどのものにします。色でもはつきりしたものを選びます。などといつても本当はまだ私にはおしやれのことはよくわからないので、いろいろと研究しているところなんです。もつとはつきり言つてしまえば、私つてあんまりおしやれには気をつかいません。どんなものを着ていてもあまり気になりません。だから最初に言つたことも、最近になつてやつと考えついたので、目下実験中というわけです。

でも、それもお洒落をする時のはなしでふだん着はもつぱら実用本位で選びます。だから、私のふだん着ているボーイッシュスタイルは流行やおしやれのためではありません。活動的に飛びまわれることが第一の理由です。

自分のおしやれについてもこんな調子ですから、「おしやれについてどう思うか」なんて開き直られると、とても困つちやいます。それでも、きれいで、よく似合う服装の人を見ると「ああいいな」と思います。銀座なんか歩いていると、きれいな色の取り合わせや美しいアクセサリーがやつぱりすぐ目につきます。でもそれは、その人その人に調和しているからだと思うんです。だから私は、そんなとき「ああステキだナ」と思つても、それだけのことで、自分がそのかつこうをしようなどとは思いません。おしやれつていうものは、結局その人その人によつて違うものだつて思うんです。流行だからとか、誰それが着ているからやつているからと言つて自分もそうするんじやなくて、自分に似合うものを身につけるつてことじやないでしようか。

私、今一生県命に自分にはどんなものが本当に似合うか研究しています。

理性的であることが必要

（作家）　高見　順

おしやれは、いいものである。おしやれは、お金がなければできないというのは、うそである。金があればあるで、いいし、金がなければ、ないで、それなりにおしやれができる。そこが、おしやれのいいところである。お金がありすぎると、おしやれの工夫の面白さがなくなつて、かえつてつまらない。金が不自由ななかで、おしやれをするところに、おしやれの面白さがある。一目でおしやれと分るようなおしやれは、おしやれではない。おしやれと分らないおしやれをしている、それが、ほんとのおしやれである。

おしやれは、人間を現わすから面白い。下司な人がおしやれをすると、下司なおしやれになつて、その人の下司さが丸出しになる。おしやれは、だから、こわいものである。

おしやれは個性的であるべきだ。徒らに流行を追うのは、ほんとのおしやれではない。流行を軽蔑するのが、おしやれだと思うのも、かたくなだが、自分の個性を生さないで、流行に盲従するのは、おしやれの精神ではない。おしやれは、流行と無縁のものだと考えることが、個性的だというのではなく、流行にこだわつて個性を考えないのは、おしやれではないということである。

おしやれは、女性だけのものではない。男にもおしやれがあり、おしやれが必要なのである。女のおしやれより、男のおしやれの方が難しいという人があるが、私は必らずしもそうは思わない。むしろ、女のおしやれの方が難しいと私は思う。おしやれに対して甘い考えを女の方が持ちがちだからである。

女は誰でも、おしやれをする。それは、女にとつて、おしやれがやさしいという考え方を生みがちだが、誰でもするおしやれだから、女にとつて、それは難しいことなのである。おしやれに対しては、人が考えている以上に、理性的であることが必要である。男のおしやれの方が難しいというのは、おしやれということを男が考える場合、理性的であることを忘れがちだからである。おしやれとは何か理性的な事柄ではないかのように考えて、おしやれをする。男のおしやれの難しいのは、そこから生ずる。

自分をよく識ること

（映画女優）　高峰秀子

私はあまり自分のお洒落ということについて関心が深い方だとは思われませんが、かといつて私の場合、仕事にも影響しますので、そう無関心でいるわけにも参りません。映画の衣裳などもある程度任される事の方が多く、そんな時は役の人物になり切つて衣裳を選ばなければならない訳ですが、やはり、自分の好みが必ずどこかに出て了うようです。

普段はただ〝清潔に〟ということを一番気にかけています。それで、髪の毛なんかも、ちよつとでも埃つぽい感じがするともう我慢が出来ず、洗い過ぎると云われる位、しよつ中洗つているのですが……。

ただ、私が自分で身の廻りのことを考える時、自分でこう、と信じたらどこ迄もそれをやり通す、という頑固なところがあります。人に云われたことや、流行の事などを参考にする事は勿論大切ですが、自分、というものを持つていなかつたら、色々な人に云われる度に、その度にいろいろに変つて了う、そういうのではやはり困る、と思うのです。

これなら自分に似合う、自分に合つた色だと信じたものには何処までも頑固である、という事、自信を持つて着ていられるものが、一番安心していられる、安心して着られるものがやはり一番自分にしつくりぴつたり似合つている筈だと思うのです。

自分の事を本当に識つて考えられるのは自分しかない、という事はお洒落に就ても云えるのではないでしようか。自分をよく識つて初めてしつかりものを選ぶことが出来る…。

先頃、新聞で云われていた百円のイヤリングの可否なども、百円であろうと、又つるしんぼの洋服を買おうと、それがただの人真似でなく自分にぴつたりだと感じた事だつたら、少しも構わないと思います。

結局〝お洒落〟という事については「自分をよく識つての上ならばどんな風にしてもよい、その人の自由だ」と云えるのではないでしようか。

美の要素をひき出すこと

（評論家）石垣綾子

私はおしやれをするのは、いいことだと思います。若いひとは、若さの美しさが、身内から溢れ出ているので、人工的なおしやれはたいして必要ではありませんが、人間がだんだん年を重ねていくに従つて、上手におしやれをする方が、好ましいと思うのです。おしやれと一口に云つても、紅白粉をつけることだけを意味しているのではありません。お化粧はたしかに、おしやれの要素の一つにはちがいありませんが、それが全部であるとは云えません。

精神的なおしやれと申しても、何のことだと聞かれそうですが、自分の顔は、自分の精神を反映するものなので、生れつきの顔立ちだから、私は知らないのよ、と無責任に突つぱなすことはできない。そこに精神的なおしやれが、果す役割があるわけです。

痴呆美という言葉がありますが、私は、そうした美しさは、にせもののように思います。ほんとうの美さというものは、自分の手によつて創り出してゆくのではないでしようか。そうは云つても、私は道学者のように、お化粧や身なりに、いつさい無頓着というのは賛成しません。ましてや、おしやれが、罪悪であるかのようにみなすことには、反対します。

上手なおしやれは、自分の身についている美の要素を、できるかぎり、効果的にひき出すことです。どんな人間でも、美と醜の、二つの要素をもつています。私は、この二つの組合せを、もつとも巧みに、生かした時に、美しさがこしらえられると思つています。まとはずれのおしやれは、せつかくもつている美しさを、醜さに、転換させてしまうのです。私はおしやれの本質は、精神的なものであるが、それを表現する技巧も、大切なものだと思つています。

お洒落の感性

（画家）　三岸節子

おしゃれをしましたと一見誰にも判るおしゃれが私は一番嫌いである。たつた今美容院から出てきましたという髪形。流行の尖端が歩いているといつた服装。紋切型の化粧。これらはどんな美人が粧いをこらしていても面白くない。こういう類形的なおしゃれには少しも魅力を感じない。

強い印象をうけるのは矢張り個性的な雰囲気をもつたおしゃれに一番心をひかれる。感覚のふくらみがさわやかな後味を残す人……。頭の先から足の先まで神経の行届いた、つまり鋭い感性を身につけることがおしゃれの枢軸となる。

顔や容姿の美醜は親の責任である。この天与の賜を生涯かけて、神経を隅々にまで行きとどかせて、快ろよい雰囲気に磨きあげるのがおしゃれの有終の美であろう。

スペインの女性の美しさは目がさめるようである。太陽のようにまぶしい位である。併し巴里の女性のもつている心にくいまでのおしゃれの感性は持合せていない。いわばスペインの女性は外形の完璧さであり、巴里の女性は感性の創造した美しさである。

巴里の女の美しさは首が長いこと。鼻が低いこと。首が長いというのは貴族的だし、尖つた大きな鼻は彼女たちの可愛いい魅力を半減するからであろう。

つまりおしゃれをしました、美人でしょう、が表面にブラサがつているのよりも、ふだん着の、つつましやかで、神経がゆき届いている方が好もしいということであろう。

お洒落と身嗜み

（映画俳優）　佐田啓二

おしやれに附いての意見を聞かれたが、余り僕は普段おしやれについて関心がないのでつきなみな事になり相だ。僕達のおしやれは、映画俳優と言う枠にはめられて考えられる。亦反対に俳優らしくない事が好感を持たれる様だ。然しそれも作意的であつては鼻につくものである。服装なんてものは実にむずかしい。全る角度で見られると、それらしくない事が野暮くさいと言われ、たまに赤つぽい派手なものを着ると、趣味を疑われ、実に〝おしやれとは辛いかな〟である。此れも人目につく仕事の所以だと思うが、とも角、おしやれとは気を配つてない様で、細心の注意を払い、何気ない動作の部分には一種のポーズを必要とし、スタイルを自分のパーソナリテイーの中に引込んでしまう、こつを心得れば、左様形のみに捉われる心配はないし何もわざわざ高くて好いものを無理して身につける必要はなくなつてくる。

人の関心を買うものがおしやれとは言えない。見る人をして不快な感じを与えずに済めばその人相応のおしやれと言えるであろう。男の人なんかは帽子（ソフト）をかぶらせると一番判るのではないか？、かぶり方、型、とに角此のソフトこそ、その人の人格と好みが一見にして判る。例えば、かぶり方の真直な人、斜めにする人、前のひさしを全部あげてしまう人、山の折り方を自分で考える人、ソフトの型の中でも特に変型を好んで選ぶ人、亦作る時に、細部にわたつて註文をつける人、等であるが、まあ最近非常にソフトを利用する人が減つたので、非常に古めかしいお話になつたが、帽子の生命はおしやれの中では大変な部分を占めるものである。

おしやれなんて一概に金のある人だけがするものだと考えられてる事が多い様であるが、結局身だしなみと言う言葉に落着くんじやないかと思う。だから日常何気なく「あの人は此んな事におしやれよ」なんて使う言葉をもつと他の言葉で言い現せば、此のおしやれと言う事がもつと身近な純粋なものになつてくるのではないかと思う。

小父さんの言いたいこと

（俳優）　森繁久弥

おしやれをするということは、いつたいどんなことかと言うことを、ゆつくり考えてみた人は案外すくないんじやないかと思うのである。と言うのは、おしやれとは流行を追うことだ位に考えている人に許りぶつかるからである。これはおしやれじやなくて駄ジャレみたいなもんである。闘牛の映画を見て、カルメンを思い出して「トーレアドール」を唄つて「トレアドルパンツ」である。犬の毛がモジャモジャしていて「プードルカット」であり、小馬の尻にほれこんで人類の頭が「ポニーテール」とは正に落語的発展と申して過言ではあるまい。ついで全部青々とそつて「アマニアン・ブルー・ヘッド」とは如何なもんでしようか。

つまり小父さんの言いたいのは、おしやれの意義で、私はおしやれとは、その人が内に秘めた身だしなみと考えたいのです。お話の仕方にも、物の食べ方にも、お行儀がよいことも、大変すてきなおしやれの一つであり、常に洗濯のきいた、コギレイな下着をつけていることもおしやれの一つ。又、統一された色に対する心の配り方――といろいろあるのですが、要するに、たくまずして発散される、その人の香しい香気を、ほんとうのおしやれと言いたいのであります。

もつとわかり易く言いますと、子供は一番子供らしく、女学生は一番女学生らしく、お嬢さんは最もお嬢さんらしくすることが、最上のおしやれで、女学生が何かと間違えられたり、又お嬢さんが何かと間違えられたりすることは、最大の恥しいことと考える……ことが、つまり又心のおしやれでありましょう。

配　色　の　研　究　　中　原　淳　一

黒

若草色だけで見ている時より
グッと明るい印象でおとな向き

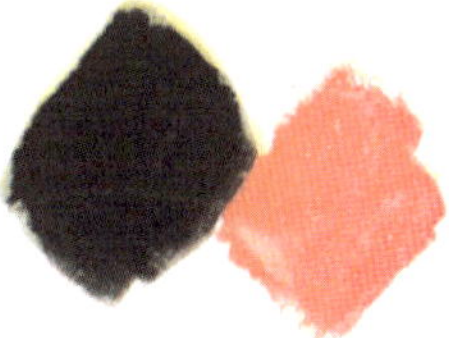

ピンクの可愛さがますますさえてみ
えるのだけれど、子供っぽくはない。

美しいが地味だからというわ
けでなく、若い人には向かない

黒と合わせるのはうすい紫に限る
三十過ぎたマダム風な感じの人に。

最も強烈な配色だが、案外誰にで
も似合って、その人の印象を強める

静かで派手ではない
が、十代の人にも又中
年の人にもよく似合う

黒は何色を合わせても、相手の色をグッと引立たせる役目をする。そして、黒に合わない色はないと言ってもよい。たゞ例外として濃紺と濃紫があげられる。

こゝに一例として描いたスタイルは、黒と白の美しさにもう一色明るい黄色を添えた場合で、この一色によって黒と白だけの冷たさがグッと柔らげられて、思いがけない美しさを見せる。美しい色の扱いと言うものは、例外を除いて三色より多く使わない方がよい。

黄

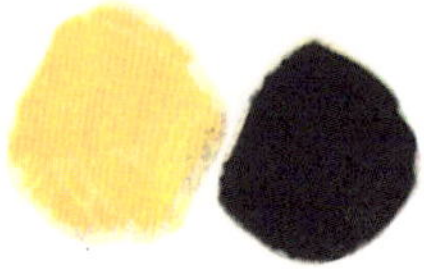

黄色と黒を組合せると、黄色はぐっとさえて、艶やかな美しさだ。

若い人のものではないが、中年の人でこれを着こなせば素晴しい。

グレイと組合せる場合は、淡い黄色や、緑がかった黄色なども美しい。

秋の落葉をおもわせる組合せ。黄色いブラウスに茶のスカートなどは美しい。

青の勝った緑ではなく、黄色の勝った濃い緑と、黄色の組合せは美しい。

朱と黄色の組合せがスカートとブラウスなら、コゲ茶の巾広のベルトをそえて

黄色は赤ほど華やかでもないし、明るい色としてならピンクや水色も同じ訳だけれど、何故だか黄色のドレスを着ている人はあまり見かけない。それは何となくパッと取りとめもなく目立ってしまう様な感じがあるからで、この色を着る時には、それを引きしめる様な別色を組合せること。

このドレスは少し茶ばんだ濃い緑色をあしらって、その黄色を引きしめ、その上にこげ茶色のコートでドレスの色を一層引き立せた美しい組合せ。

赤

赤と組合せる茶は明るい茶ではなく、黒に近い程濃い茶色がいゝ

白に近い程に淡い若草色と赤は明るい輝やく様な美しさ。色の白い人に

水色っぽいグレイではなく、灰色と赤は一番誰にでも似合う美しい組合せ

この組合せを着ると誰でも、その人の印象がぐっと華やかに強いものになる。

赤と組合せる緑は、濃い目のものでなければお互いの色が引き立たない。

濃い黄色はよいが、赤と黄の二色では落着かずもう一色黒を交えたい。

赤は最も強烈な色であって、この色は誰が着ても女性の最も華やかな面を見る様な気持である。この赤との組合せに、ぜひとも避けなければならないのはピンクである。一つの色の濃淡と云えば美しい調和を見せるはずであるが、赤とピンクはその例外だと云う事になる訳だ。

このスタイルは赤いスカートと白いブラウスを着て強烈な赤の印象をさらりと淡白な味にして、灰煙色の帽子とコートで全体をぐっと引きしめてみたもの。

グレイ

甘くて、愛らしくて、若い人でもおとなでも。色の白い人にますます美しい。

グレイに組合せる色としては、一番強い印象。若い人の色ではない。

緑といっても青味を帯びた青磁色と黄ばんだ草色とは印象が全然異なる

バラのようなこの色がグレイをそえてますます甘く、若い人の華やかさ

誰にでも似合うけれど、個性的な印象。レモンの様な黄色でも、辛子色の様に濃いめの黄色でも、それぞれの美しさがある

グレイは黒についで何色にでもよく、その色を生かしてくれる色。黒の場合は相手の色を強く引立てる役目をするが、グレイは相手の色が何色であっても皆甘く柔かい雰囲気に溶かしてしまう。黒には紺が合わなかったけれど、グレイに紺は心にくいまでの調和をみせる。

このスタイルはグレイに黒という地味な組合せで、コートだけを明るい煉瓦色にしたが、このコートを着れば煉瓦色と黒の美しさに変化する。

茶

茶色は秋の色。茶色の服を見ると急に秋の来たことを知るような気持だ。ピンクや若草色のように春を象徴するような色でさえも茶色と組合せてみると、急に秋めいた印象になって一緒に茶色の中に溶け込んでしまう。茶色に組合せたくない色は、水色、紺などで、組合せる色は何色にしても青味を帯びていなくて、茶味を帯びていることが条件。

このスタイルは、濃い茶色に濃緑と真紅とを組合せた場合で、秋の深さと華やかさとを思わせる。

明るい黄色でも辛子色でも黄系統は茶色には間違いなく調和する

若草色と言っても多少黄ばむか、茶味を帯びるか。若い人にも中年にも

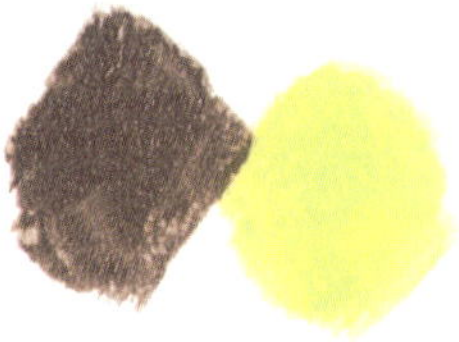

こげ茶にもピンクをそえると可愛いい印象。多少サモンピンク気味のものを。

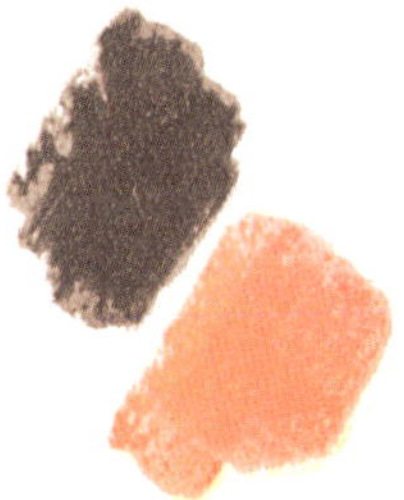

この調和も安心できる組合せ。華やかであるが、おとなにも似合う組合せ

一つの色の濃淡はどの色でも無難だが、この場合は若い人のものではない

紫と茶は着こなしがむつかしいが、それだけに似合う人が着ればすばらしい。

青

決して赤の分量を多くしてはいけない。パイピングの様な場合に美しい

これも赤の場合と同じく分量を少なくつかうと可愛らしい。若い人に。

青に合う色は割合に少ない。青もぐっと濃くなって、紺になると組合せて美しい効果を見せる色も少なくないのだが、明るい青には下手に別色を合わせると下品なものになってしまう。それを最も無難ににげる色としては白か紺か水色位のもので、他の色はその分量も難かしい。したしみ易い色の様でありながら、あまりこの色を着ている人が少ないのは、知らず知らずの中にそんな事が原因しているのではないだろうか。

このドレスは最も無難なものとして、白とグレイを組合せたもの。

一つの色の濃淡だから間違いないが、その水色と青が同質のものでなければいけない。

この場合、青の方が明るすぎない様にして。若い人より中年の方向き。

これも青の色が明るすぎない様にして、青味のある赤との組合せ

緑

茶色に合わせる緑の色は、黄味の勝った緑がいゝ。青磁色に近い様な緑とは溶け合わない。

濃緑と緑とを組合せる場合は、そのふた色の濃淡がはっきりする様に

緑と組合せる場合の黄色は淡い色か、すんだ黄色でなければどぎつくなっていけない

紫と緑との組合せは若い人には向かないが何でもこなせる中年の人に上手に着こなしてほしいもの

うすい茶色と緑との組合せは、緑色をぐんと明るく感じさせる緑の色は茶っぽいほうがいゝ。

緑という色は真夏に着てはいけないし、又春には同じ緑でも若草色の方が季節の美しさを多く感じる。緑が一番美しく見えるのは秋か冬で、それも深い濃緑色か少し茶ばんだ濃い緑がいゝ。それは緑という色が一番暖かさを感じさせる色だから、人間が季節に対して持つ感情から暑苦しい夏は勿論、うらゝかな春にも美しさを感じないのだろう。

緑に鮮かな朱や紅色を組合せると、緑のもつ温かな美しさがもっと強められてより華かに目に映って美しいもの。

キャロンのラノリーブ靴下

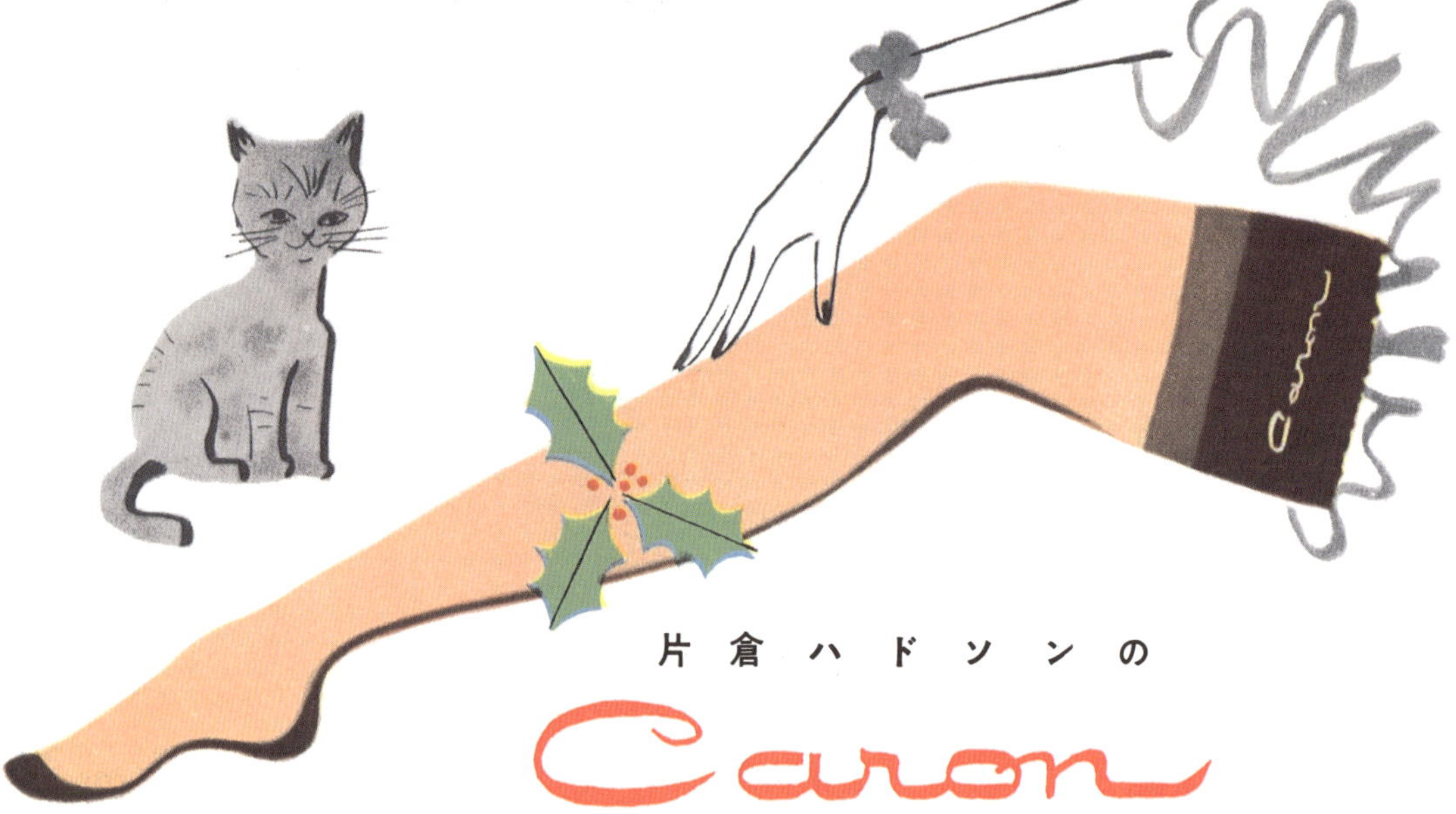

片倉ハドソンの

Caron

ミスター・キャロン　　ミス・キャロン

『今週の花嫁・花婿』
司会　三木鮎郎
ゲスト　山田真二・野添ひとみ他

ニッポン放送	火曜午後	8．00～8．30
朝日放送	水曜午後	10．00～10．30
ラジオ九州	日曜午後	5．30～6．00
北海道放送（スポット）	毎日午前	8．10

特に働く女性は

30デニールのラノリーブ靴下を
Lanolive
ラノリン加工による伝線防止

NO. 501	￥360	（長　靴　下）
NO. 511	￥350	（ニーオーバー）
NO. 521	￥330	（ニーレングス）

日・米・独の
技術資本提携　**片倉ハドソン株式会社**

愉しく新しく・25

色彩のこと

中原淳一

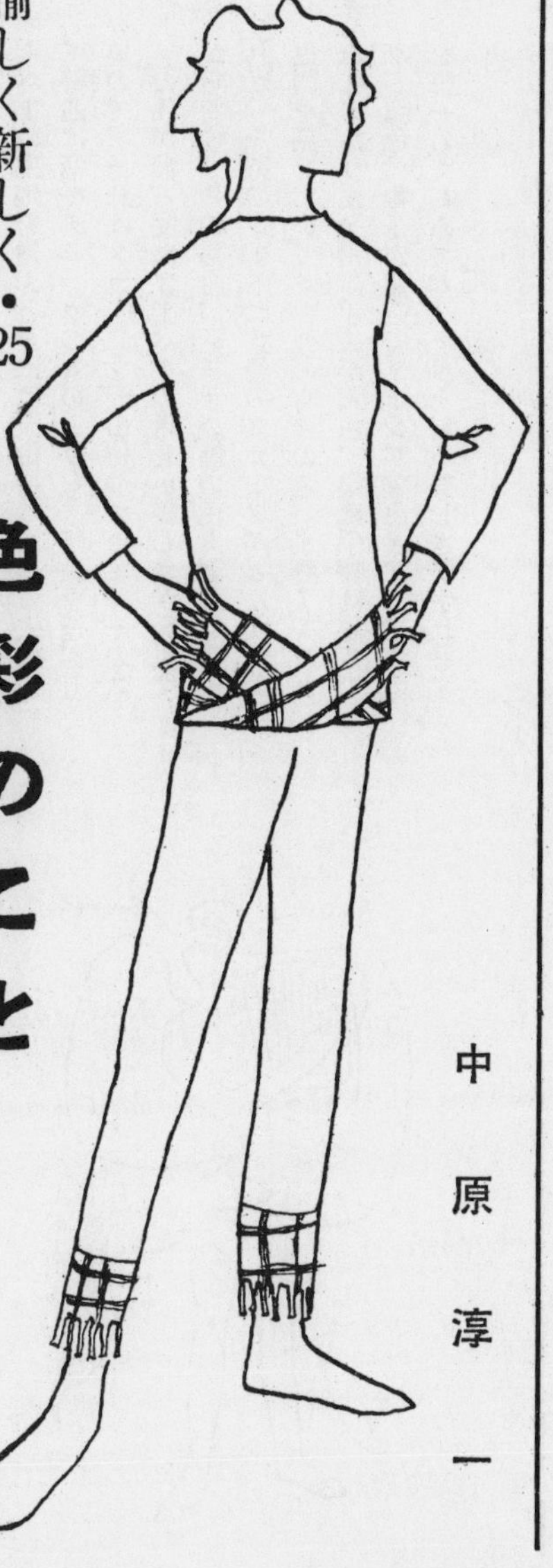

「色名帖」という色の種類を見せる本を見ていると、何百種という沢山の色の数があります。そしてそれをもつとよく見ていると、その中に入つていない色がまだまだ沢山あるということを感じます。そうすると色というものは一体どのくらいの数があるのだろうか、全く想像のつかないほど多いのだと思います。そして、その色を一つ一つ見ていると、どれ一つとして悪い色はなく、みんないい色ばかりです。普通よく「いい色」とか「悪い色」とか言いますが、色名帖を見ていると、いい色とか、悪い色とかいうものはないということがわかりました。

色を美しく感じたり、美しくなく感じたりするのは結局はその色の扱い方によります。だから、着るものの場合には、二色を使うなり色をあしらうなり、その色の分量によつて美しかつたり、配色で美しく見えたりするのです。例えば濁つた、沈んだ色の上に明るい朱色を置いてみると、朱の色も朱だけで見るよりも美しく見え、お互いに引立て合つて、その両方の美しさが生かされるものです。だから、その色自体が気にいらない生地で洋服を作らなければならない様な時には、どんな風に扱つたらその色を生かして使えるかを考える必要があります。

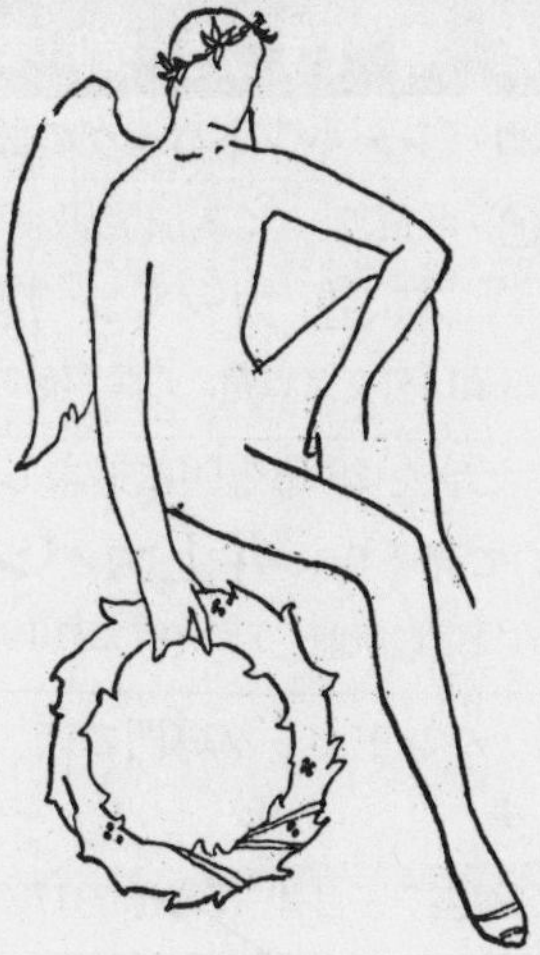

人間の着るものや持つものには全部色がついています。身につけるものの種類をあげてみますと、まず帽子があります。帽子にはリボンや花がついてそれにまた色がついています。冬だつたらスカーフがあり、ドレスを着て——そのドレスがトゥピースならブラウスもあり——ドレスにはボタンがついていて、手袋があり、コートを着て靴をはいていて、その上、ハンドバッグを持たないということはまずないでしょう。それにイヤリングやネックレス、またはブローチといつたアクセサリイをつけています。これらにそれぞれ色がついているわけです

これらのものを一通り身につけている人がいたら、全部で十数種類になります。この十数種類を無神経に身につけていたら、みんな別々の色になつてしまうかもしれません。そんなに色々な色が一つの体についてはお互に助け合つて美しくみえるようになる訳がありません。着るということは、必要にせまられて着るのかもしれませんが、ただ暑さ寒さをしのぐためにだけ着るのなら飾らない訳です。けれども、アクセサリイをつけるというのはきれいに見せるためで、そうして飾るからには、飾らない時より美しくならなければ、全く何にもなりません

トゥピースを二つ作るとして考えてみましょう。二つの服のデザインは勿論のことですが、その色の関係は忘れないで下さい。トゥピースは上下分れて着るものですから、その上下の組合せを替えて着ることができます。だから、二つのトゥピースの色の関係を考えないで揃えたら、上下を替えて着たときには、揃つて着たときよりもマイナスになつてしまいます。ところが、いい色を選んで揃えてあれば、上下の組合せが替つたというだけでなく別の美しさが上下を替えた時に生れてきます。そうしたら二つの服で、四つ持つている喜びが感じられます

オーバーの生地を選ぶときには沢山持つている人は別として普通は柄やチェックのものよりも、無地を選ぶ方がいいので、それはスカーフを沢山持つていて、そのスカーフの色が替る度にオーバーの新しい美しさが発見できるからです。その場合、帽子手袋等の色も調和を考えなければ、焦茶のコートに黄色のスカーフがどんなに美しい色調を見せていても、他のものの色がまち〳〵だと全く意味がありません。手袋が黄色、又は手袋は焦茶でバッグが黄色、帽子が焦茶でリボンが黄色と、二三色で全体を統一して初めてパッと目を射る美しさが生れます

そうして組合せる場合、一番何色にも合つて、またその色をあしらうことで変化を見せる色は黒とグレイの二色だといえます。黒という色は、何色を合せてもその相手を引立てる役をします。だから黒をもつてくると、相手の色が、その色一つだけをみるときよりも、冴々として美しく見えます。又同時に、どんなに明るい色でも、黒に合せると、黒がその色をひきしめてしつくりと見せます。黒に合せて一番お互に引立て合う色は、華やかな明るい色です。いいかえると、黒は、明るい色であればあるほど引立てる役目を多く果たす色なのです。

グレイもまた何色でも合う色です。どうしてかというと、グレイは他の色に合うというよりはむしろ、他の色とサッと溶け合う色なのです。例えば、グレイに赤をもつていくと、グレイの中に赤を感じて溶け合つて見えます。黄色を合せるとグレイの中に黄色をふくませて見せます。紫とグレイとを組合せてみると、グレイの色の中に紫がひそんでいるかのように思われて両方の色が溶け合うのです。つまり、色々な色をまぜ合せて薄くしたのがグレイなのです。だから何色をもつて来ても調和し、相手の色と溶けあつてやわらかい雰囲気を見せるのです

季節と色との間には大きな関係があります。季節を感じさせる服を着ていると、人間というものは知らず知らずに季節の美しさを感じているので、その服を、そしてその服を着ている人を美しく感じます。美しいと思う気持は、人間の持つている感情と合つた時にその相手を美しく感じるものです。だから、冬に涼しげな夏服を見ても、それがどんないいものでも美しくは感じないで、冬は暖かそうなオーバーを見た方が美しく感じます。季節には季節の色のものを着るのが一番美しく見えます。だから春には春の色、秋には秋の装いが望ましいのです。

季節の色というものはその季節に少しさきがけると非常に美しく見え、少しでも遅れると、どうしてだろうと思うほど美しくありません。五月頃、まだ夏服には早いと誰からも思われている頃に、その夏にさきがけて純白のドレスを着ている人を見かけると、これから暑くなるんだなあと少しユーウツになりかけていても、そのドレスの人がパッと目にうつつて、そのさえざえとした美しさに、にわかに夏の来たよろこびをひきおこされたりするのです。そうして、その白い服を着た人が、その初夏の街の、人ごみの中で一番美しく印象に残るものです。

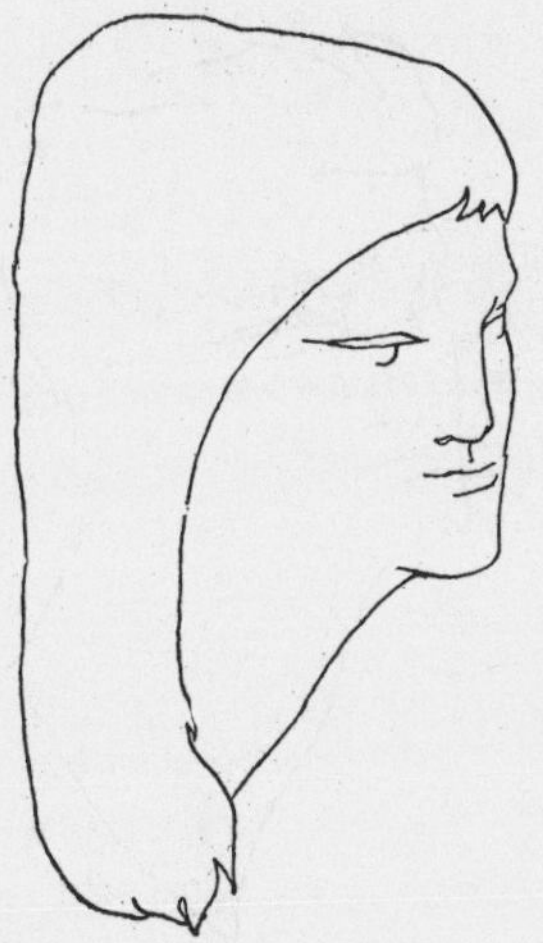

九月半ばを過ぎてまだ秋の服を着るには早い頃でも、それがいくら洗い清められアイロンがかけられた純白の服であつても、白い服からはもう季節の美しさなど全くといつていいほど感じられません。その服が非常に似合つていても、何か同じアルバムを何度でも見せられているような味気ないものを感じさせられます。まだ秋の色で頭から足の先まで塗りつぶしてしまうには早いが、朝夕は涼しいような頃、焦茶の薄手のウールのドレスで、帽子、手袋、靴がいずれも純白の装いは、いかにも夏の終り、初秋の美しさを目に感じさせて美しいものです。

春、その美しさを見せる色は、ピンク、若草色、レモンイエローなどで、中でも春にしか美しくないという色は若草色です。若草色を夏に着ても全く映えません。オーバーをやつと脱いで、冬の服で街を歩くと少し汗ばむけれどまだ合服には早いんじやないかと皆が考えている頃、いち早く若草色のスカートを早春の風になびかせたりしていると、天から舞いおりた春の精のような美しさを感じます。冬が終つたナと思えば、すぐ初夏の風が青葉の薫りを運んで来る。そんなに短い春。若草色を美しいと感じられるのは、ほんの短いその「春」だけです。

着るものと持つものの色が統一されていなければ美しく見えないのだから、色を上手に身につけていくにはどうしても自分の色を持つていた方がいいということになります。それで自分の色を茶色なら茶色ときめてしまいます。何枚着ても皆茶色ではつまらないと思うかも知れませんが、茶色にも黒に近い焦茶もあれば非常に薄い茶色もあるので単調にはなりません。またアクセサリイを黄色、ピンク、黒、赤、グリーンと茶に合う色で揃えれば、どの服にも合うし、色ごとに違つた味になり、一色一色を楽しむことが出来ますから単調にはなりません。

それでも単調だと思つたらもう一つ自分の色を作ります。その色は茶色によく合う色で、同時に茶色に合わせたアクセサリイにも合う色を選びます。例えば茶色とグレイを自分の色ときめます。茶色のために揃えたアクセサリイは全部グレイに合います。また、茶色とグレイの上下を組合せてもいいのですし、茶色のために拵えたブラウスはグレイと合せて美しいものです。言葉の上で茶色とグレイというと単調なようでも、焦茶に真赤なブラウスを着れば赤を楽しめるし、グレイに黄色をあしらえば黄色も楽しめて、色々な色を楽しむ喜びを味わえます色を統一して美しく見せるには生地を買う時、洋服を作る時に計画がなければならないし、そうでないと一着ドレスを作るたびにアクセサリイを買い整えねばなりません。買い揃えることが出来ないと結局ありあわせのものですませるようになり、せつかく新調しても百パーセントに美しさを楽しむことが出来ません。だから、ゆめゆめ生地屋の棚に列んでいる生地で一番目立つた色を選んだり、ショウウィンドウの中で一番心ひかれたハンドバッグを買つてしまつたりしてはいけません。気に入つたものも調和がとれなければ何にもならないのですから

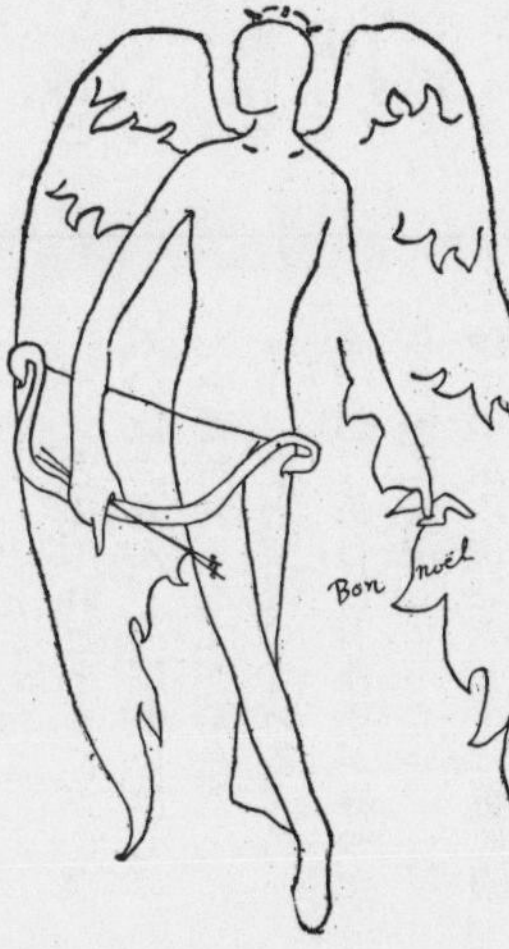

例えば赤という色をとつてみると、同じ赤といつても色々な色があります。その色一つだけをみると確かにそれは赤だけれども、よく見ると、黄ばんだ朱に近い赤、エンジがかつた赤、茶味をおびた赤、黒ずんだ赤と色々な種類があります。普通はそれらを赤だと考えていて、黒いコートに赤いベレーと赤いバッグをと思つても、その赤の種類が同じ系統の色ならいいけれども、違う系統の赤——朱とエンジだつたりしては、揃えた効果がなくなるだけでなく、揃えているだけに余計おかしくなります。これは赤以外のどんな色にも言えることです。

黒いコートに帽子も手袋もスカーフもバッグも靴も赤と、服以外ものを全部一色で統一してしまうのは、勿論全然揃つていないよりはいいのですが少し嫌味です。出来ればスカーフは赤で帽子は赤か黒のどちらでも、手袋が黒でバッグは赤というように揃えた方がいいのです。そして、そこまで揃えたのに靴だけ茶色では調和がとれません。もし黒い靴がなくて、茶色の靴をはくのなら、帽子は茶で黒のリボン、手袋も茶色に揃えて、スカーフとバッグを赤にするといつたように、調和のとれた色を二点位ずつ揃えてみるとか、そんなふうに考えて下さい

暮しの手引き

私達の生活が少しでも美しく愉しく幸せでありたい、と願わない人はいないのに、何となく平凡に繰り返されてゆく毎日の生活……“こんな簡単な事が” とおどろくような小さな事柄の中にも、生活を明るく愉しくする鍵がかくされているようです。

コードの掃除

隅々までよくゆきとどいた掃除をする人でも案外忘れがちなのは電灯のコードとシェードです。コードはときどき箒で埃をよく払います。シェードは、はたきをかけてもずい分汚れのつくもの、そして目立つものです時々はプラグから外して石けんかクレンザーで洗います。プラグも乾いた布で拭いておきます

ガス台を清潔に

ガス台や、調理台の上にブリキを張つている家庭は多いと思います。ところが水気や塩分や油が飛ぶので、何時もきれいに拭いておかないとすぐ錆ついてきます。週一回位蠟を塗つて拭き込んでおくと、水分をはじくので汚れ方が随分違います。そして蠟があるのでお掃除もしやすくなります。

くもつた窓ガラス

部屋は整理され工夫され、壁に絵が飾られていても、窓ガラスがくもつていては、くらしのおしやれは落第です。ぬれ雑巾にクレンザーをつけて拭き、半乾きのときに乾いたタオルで拭くと面白いほどきれいになります。ひどく汚れていたら、外して洗濯ソーダで洗い、よく水で流してそのまま乾かしましよう

きれいな食器

食器が清潔であるということは、それがいい品を使つているということ以上にその家の人の気持を現わすものです。湯呑みの外側など気附かぬうちに手の脂で意外に汚れてしまいます。時々は、石けんか洗濯ソーダで洗つていつもきれいにしておきたいものです。糸底の囲りや内側をもう一度確めてみましよう

置時計のガラス

大掃除のときといわなくても気が附いたとき、または硝子拭きをしたときについでにきれいにしたいもの。気が附かないうち汚れているものを挙げてみましよう。柱時計や置時計のガラス、写真を入れた額のガラス、ドアの握り、机のへり、抽出しの引手、ペン軸、物指し、インクスタンドなどを調べて下さい

台所を片附ける

台所は、美観や能率を忘れがちな場所です。便利な位置に棚をつつて、いつも道具が同じ場所にあるようにしましよう。ふだんよく使うものだけを、よく洗つて水気のきれる手近な棚におくか釘にかけるようにしますふだん使わないものは、無駄に出しておかないで、戸棚へ入れます。いつもきちんと片附いた便利な台所にと心掛けましよう

ふきんの洗濯

ガス台の汚れとともに気になるのはふきん。一度使いはじめたら薄汚れるまでが寿命だとばかり、唯水で洗つている人がいますが、毎日台所仕事が終つたら綺麗に洗濯して下さい。粉石鹸でつかみ洗いをして、更に濃い石鹸液で二十分位煮洗いしてよく水洗いをして乾燥させます

ザルをいろいろに

日本的なものとして喜ばれるザルも、随分いろいろな型のものが出廻る様になりました。あれを唯水きり用や、野菜入れだけに使わないで、時にはお盆やおサラ代りに使つてみたらどうでしよう。例えばサンドイッチをのせるとか、白い紙を敷いてお菓子をのせるとか。中々雅味のあるものです。

抽出しの工夫

机の抽出しは、出し入れする衝撃で中のものがガタ〳〵になつたり、紙が机の奥へ落ちたりします。入れるものの大きさによつて一寸した仕切りを作つたり小箱を画鋲で止めてペンや切手を入れると整理がつきます。抽出しの奥から一寸ほど手前に左右の側面にゴム紐を画鋲で止めて横に張ると、物が奥へ入るのを防ぐことができます。

スエードの手入れ

これからは柔らかい感触のスエード（裏皮）の好まれる季節です。靴、ベルト、手袋などが汚れて固く光つているのはみつともないものです。目の荒い紙ヤスリで軽くこすつて柔らかいブラシで起毛すると、またふつくりしてきます。上質の消しゴムで軽く消して、やはり柔らかいブラシで仕上げをしてもいい

タイルの掃除

タイルや陶器の調度（洗面所の流しや便器）などはいつもきれいにしておきたいものです。流しや床の壁のタイルはクレンザーできれいになります。便器は稀塩酸（薬局で買う）を水で倍にうすめ、柄付のブラシにつけてみがき、水で流します。稀塩酸は一寸皮膚についても大丈夫ですが傷口があると痛みます

革のバッグ

革の手さげや鞄はいいものですが、手あかやほこりで汚れていてはおしやれもだいなしです鞄屋や靴屋で売つているクリーナーで汚れをふきとつて、後へ靴クリームを塗つて磨くと見違えるほどきれいになります。保革油は塗つて磨いた後でベタつかないものが上等です。色のクリームは薄く塗つた後木綿の布でよく拭いて服につかない様にしてから柔い布で磨き上げます

火鉢の灰

寒くなると火鉢の回りが一家のだんらんの場になりますが、よく灰皿と化した火鉢を見かけます。煙の吸い殻やマッチの棒が灰にまじつているのはいかにも不潔ですし、くすぶつて悪臭をたてることがあります。火鉢にはごみを入れないことにすればいいのですが、火鉢の隅に湯呑みなどを入れてそこへ吸い殻を入れるのも一つの方法です。

万年筆の掃除

万年筆はインキさえ入れれば一生使えると、インキが切れるとすぐインキ壺に入れて補給している人がいます。万年筆もたまにはお掃除をするものだという事を御存知ですか。ぬるま湯に30分位つけてから洗うと、インキのカスがすつかり取れて、見違えるほど書きよくなりますさつそく試してみて下さい。

靴墨をつける時

みなさんは靴を自分で磨いているでしようか。街の靴磨きで磨かせた方がきれいになるからという人が多いでしよう。靴磨き屋は刷毛で靴墨を薄く塗つてつや出しをかけますがこれでは革に油が十分しみません。布に靴墨をつけて革にすりこむ様する方が完全です。靴を長保ちさせるには、自分で磨くことです

靴ブラシを手許に

お勤めの方の様に一日中靴を穿いている場合、帰る頃にはいい加減黒い靴もグレーになつてしまいますが、最近のように服装が整つてくると、足許のきたないのは気になるものです。ハンドバッグの中に靴ふきか、小さなブラシを入れておいて、手まめに靴のほこりを落すのもおしやれの第一歩でしよう。

靴ブラシを分ける

最近靴も赤、茶、黒、白、黄といろ〳〵の色が穿ける様になつた事は楽しいことです。これらの美しい色をいつまでも保つためにも、ブラシを混同しないように、ブラシの背にちやんと赤、茶、と書いておきましよう 小さい人が自分の靴の手入れをするにも便利です。

衣類の手入れ1

衣類をしまうときには、どんなものでも、きれいに洗つておくこと、半年もしまうと汚れがしみついて落ちません。絹の和服地など糊がついていると虫がつき易く、しみになりますから洗いつぱなしでしまいます。木綿ものも糊がついていると湿つてしみになりますから、必ず糊気を落してからしまいましよう

衣類の手入れ2

折角高いお金を出して作つたオーバーやセーターが、しまうときの不注意から虫の餌になつて、いざ着ようと出してみたら穴だらけだつた、なんていうのは泣くに泣けない悲劇です。毛や絹製品をしまうときにはよく洗つて湿気のこない所へ（茶箱に入れるかビニールで包む）ナフタリンを入れてしまいましよう。

衣類の手入れ3

衣類をしまうときの小さな注意を二つ三つ。化繊（人絹も）は虫がつかないからナフタリンを入れなくても大丈夫。しまうときは個人別か、セーター、マフラーと種類別にして、外にしまつたものの内訳を書き出しておくと出すとき便利。またナフタリンと樟脳を同時に使うと化学変化でしみができます。

虫干のあと

よく晴れた秋の一日など、虫干しをなさると思いますが、一寸注意を。日中に取り入れた衣服は、室内で充分温度を下げてから容器に入れて下さい。

まだ温度のあたたかいうちに容器にしまうと、かえつて虫が附きやすい事になります。そしてしまう時には、良くはたいてからにしましよう。

Yシャツの部分洗い

Yシャツの衿と袖口だけ洗おうと思つてつまみ洗いしていても、つい先の方までぬらしてしまいます。ビニールの紐や、縄にYシャツを逆さに洗濯留めて吊しておいて、下に洗面器を持つて来て洗うとぬらさずに上手に洗えます。一寸とした手間ですが、却つて能率が上ります。

一週間のエプロン

半ぱな残り布や、着古したワンピースやブラウスからでも、ちよつと工夫をすれば愉しいエプロンが簡単に出来ます。洗濯やお勝手の水仕事などにはビニール製のエプロンも便利ですがふだんでもエプロンを家庭着の一つと考えて、例えば七枚のエプロンを持つて毎日取り替えてみること等も、たくまないお洒落が感じられて愉しいもの。

家庭でのきもの1

洋装の婦人、といつて大変珍しがられた昭和の初め頃迄はお洒落着であつた洋服も今では家庭での働き着としてかかせないものとなり、むしろ和服が外出着お洒落着となりつつあるようです。かと云つて着るものの洋服化程にはその生活様式が洋風化されていません。そうした畳の上での家庭着の一つとして、布をたつぷり使つた、こんなスカートは如何でしよう。

ブラウスとスカート1

家庭着と限らなくても普段はブラウスとスカート、冬ならばセーターとスカートといつた組合わせがやはり一番愛されているようです。その場合、この上下は一組のもので、上下の取り合わせによつて野暮くさくもなり垢抜けることも出来ます。色もデザインもこの上下は別々の着ものではない、という事を必ず忘れないように。

ストッキング

ストッキングを買う時はゲージの表記をしらべて下さい。60ゲージは極く薄手できれいですが、ドレッシイな装いにしか向きませんし脚が太くみえます。51ゲージくらいの編目で色もはだ色より少し暗いものが誰にも向きどんな装いにもあつて重宝です。クリンプナイロンやシームレスはスポーティな装いには新鮮ですが脚線美の人向きです

家庭でのきもの2

色とり〲の、ほんの小さな裁ち屑を集めて、大きさを揃えて接ぎ合わせ、ゆつたりとしたギャザーフレヤーのスカートを作ります。木綿ならば、又、ウールでもすべりのよい布で裏打をすれば着易くもあり丈夫で、又温いものです。こんな家庭着でこそ、ファンタジックな夢や手芸的な面白さを思い切つて愉しみたいものです。

ブラウスとスカート2

例えば縞のスェーターにチェックのスカート、プリントと格子の組合わせ等は、その一つ一つがどんなに素晴しいもので、お洒落をした積りでも台なしです。この上下が一つのスタイルのデザインと配色になつていなければなりません。上下の一方が調和のとれた無地であれば間違いないわけです。又ツウイードなどのしもふりも無地とは考えないように。

デンセン病

ストッキングのデンセン病にはどなたも頭をなやませているでしよう。デンセン病防止液というのが市販されていて相当効果があるようですが、簡単に出来る防止法を教えましよう。洗つたとき、洗たくものに使つたのりの余りを三倍ぐらいに薄めてのり附けするのです。デンセン病が出来ても進行しません。

和服の衿ごし

若い人が和服を着るとき、衿をキュッとしめて着ているのは新鮮でいいものです。ただ、その着物の仕立てがどうなつているか気をつけて下さい。従来の仕立て方で仕立てられて衿に繰越がついているとかえつてしわが出てみつともない時があります。衿をしめて着たい人は繰越なしで仕立てましよう。

下着について1

下着に気をつける人が随分多くなりました。ところが過ぎたるは及ばざる如しで、ブラジャーなど如何にも入つていますという様に不自然に大きいのをしたり、ペチコートで吊り鐘の様に必要以上にスカートを張らせるのは、却つてみつともないものです。あなたのスタイルをより引き立たせるものである様に

セーターは色と型で

セーターは色と型で着るものです。細々と手の込んだレース模様のセーターより、単純なメリヤス編みで体に合つたものでスカートと配色のいいものを着ている方がずつと美しく見えます。そして何色も編み込んだもののより、一色だけのほうが、いろ〳〵のスカートと組合せるには重宝です。

こんだ乗物の中

混んだ乗物の中で小さな子供すれの人が席を譲つて貰う光景にはしば〳〵接しますが、そんな時は大人が座つて膝の上に子供をのせる方が好意に答える方法ではないでしょうか。広い席に二三才のお子さんだけ一人広々と座らせてその前に立つていると却つて大人一人分混んだ事になります。膝が重くてもそう長い時間ではないし、乗物は公衆のものだという考えで。

シャンプーに塩を

どんなおしやれな装いに身を包んでいても、髪の手入れが悪くては全くだいなしです。とくに秋から冬に手入れを怠ると抜毛の原因になります。まず十分にブラッシングすること。シャンプーするとき、頭の地肌がひどくべたつく人はシャンプー剤に少し塩を入れるとさらつとします。洗つたあとは酸性リンスを必ず忘れないようにします。

スクラップブック

毎日の新聞や雑誌類の中には知つていたら大変便利な様な記事が色々のつています。読み捨ててしまうとそれつきりで、いざという時、ああ何かで見た事がある、と思つても探すわけには行きません。それを色々な種類に分けてスクラップをしておくと思わぬ時に大変役立つものです。漫画や随筆等をまとめて読むのも又愉しいでしょう。

下着について2

セーターとスカートをいろいろに組み合わせて楽しむ季節になりました。セーターは体の線があからさまになりますから、下着には特に気をつけて下さい。あまり張り出した胸、みつともなく下つた胸など自分の体の欠点が出ない様に、いろ〳〵研究して下さい。そして下着の工夫などが表からは判らぬよう、さりげなく着こなすことです。

通勤とイヤリング

通勤にイヤリングや首輪等を飾ることの可否が論じられています。如何にもお勤めは働くため、ただ〝飾る〟いう意味にしかとれない様なつけ方はやめたいもの。それが、装いの一部として溶け込んで全体を引き立たせる役を果していれば又別です。鐘の前で第三者の積りで、飾つた、おめかしをして何処へ？と云いたくならないかどうか、よく見直してみること。

冬のしたく

中原淳一

モデル　大内順子・岡田真澄

やわらかなウールの肌ざわりの心よさは冬になつてなおさらに強く、又スタイルブックのページをくつてみれば、あれも、これもと新鮮な魅力に心をうばわれてしまう。

しかし、一ヤール五十円位ででも布地が買えた夏とはちがつて、冬ものとなればちよつと手の出ない様なものも多い。

そんな時には、何となくあきらめた様な気持になつて、去年のや一昨年のものでまあ間にあわせ、せめて一着くらいは何とかして、と、その新調を後生大事によそゆきともなればそればかり着て、後はまあまあと古い服でがまんするのがだいたいのところらしい。

ところで、あなたの着古したドレスはどうなつているでしようか？

まさか、それをそのまゝ卑屈な気持のまゝ着ているのではないでしようね。——とに角大いばりで着られないものや、しまい込んだまゝになつている古いドレスがあつたら、今日は、それをみんなお部屋いつぱいにひろげてみて下さい。

そしてこの冬は一着も新調しないで、みんなそれで仕立て直す事を考えてみて下さい。

着古してもう何の感激もなかつたものが、生々とよみがえつて、さあこれでこの冬は安心して楽しい日々が暮せます。

最初のこのドレスは、茶色のツイードでツーピースであつたもの。あまり切替えのないたつぷりとした形であつたので、仕立替えはらくに出来たものだが、すつかり新しくよみがえつたこのドレスは、又新しい気持でこの冬が楽しめる。裁ち方は次ページに——。

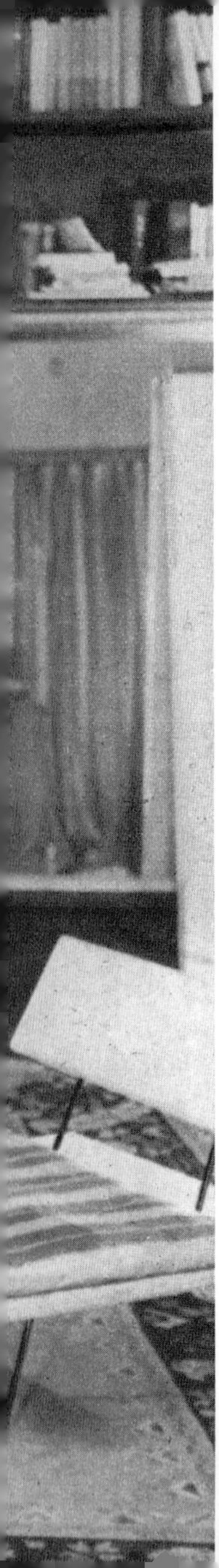

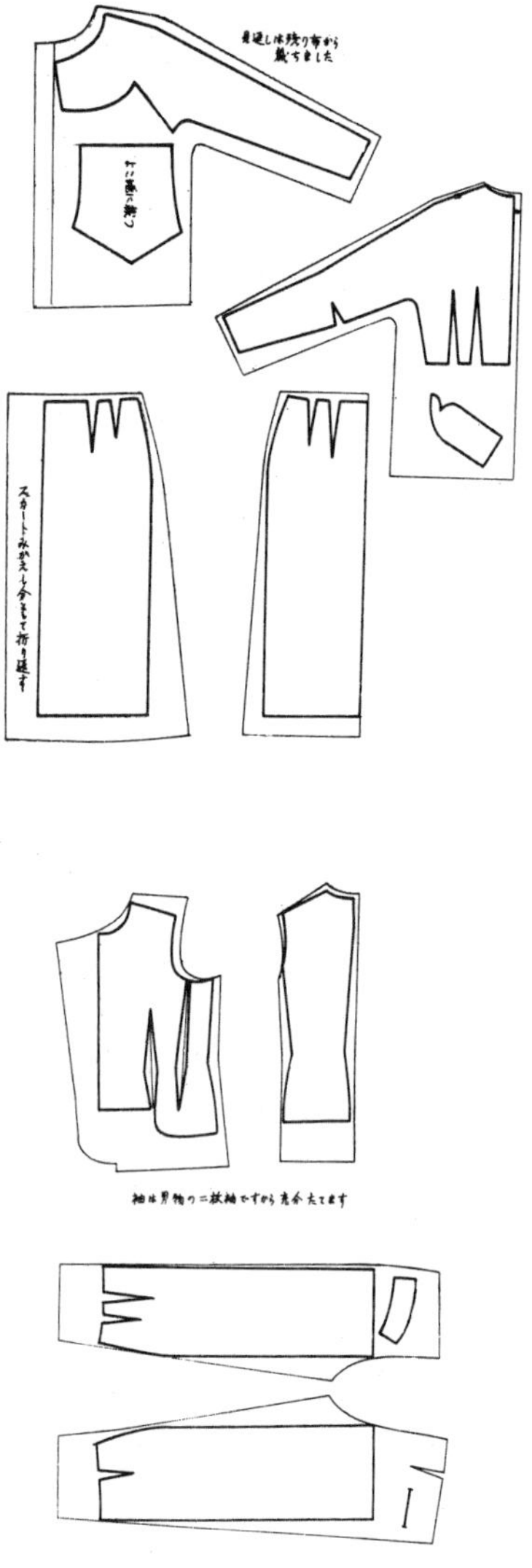
見返しは残り布から
裁ちました
ヤミ縫に裁つ
スカートみかえし含まで折り返す
袖は男物の二枚袖ですから充分たてます

元はクリーム色のか、つた薄いグレイの男ものの背広。形も古くなつたし、ところどころが痛んでしまつた。
それでこんな婦人用のツーピースに作り変えたが、これで又、立派に新しく着る事が出来ると云うもの。
ポケットがアウトであつたために、裁つのには苦労はなかつたが、古いものを作り変える時には、まずきれいにといて、アイロンをかけ、さてそれからどんな形が取れるか——それを考えるのが何よりの楽しさだ。

二度も仕立てなおしたグリーンのスカート。丈が少し長かつたので、ハイウエストのスカートに仕立て替えて、ボックスプリーツの不用の所でフラップを裁つて、両脇にポケットを思わせるテクニックを浮上らせたら、見ちがえる程素晴しいものになつた。ボタンは共色。

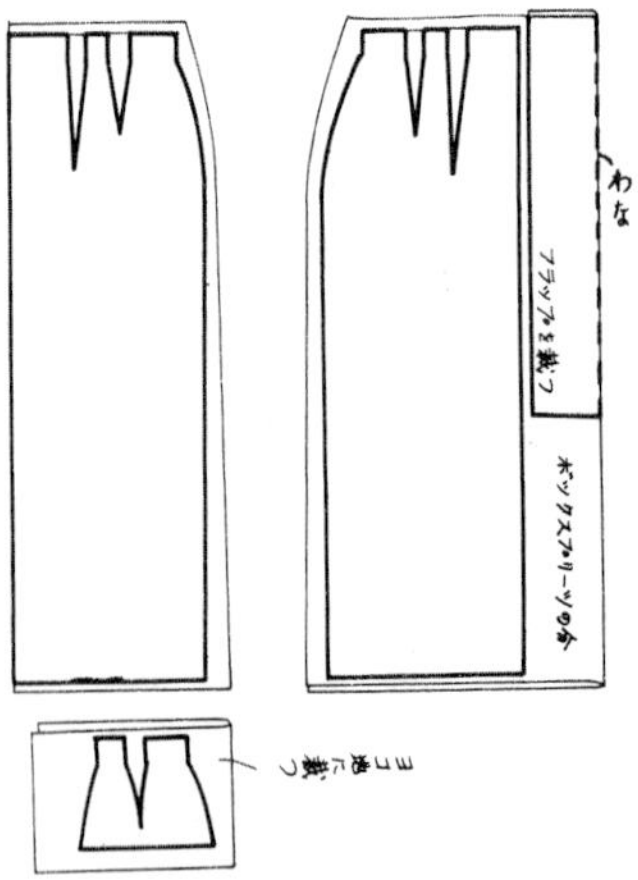

一番最初は衿元のつまつたドレスであつたが、昨年その衿ぐりを大きく切り、その下に毛糸のハイネックのものなど着ていたけれど、今年は又袖を切り落して、その袖の所をいかしてこんな風に変えてみた。前明のボタンがスカートにまで続いているところでぐつと印象が新しくなる。

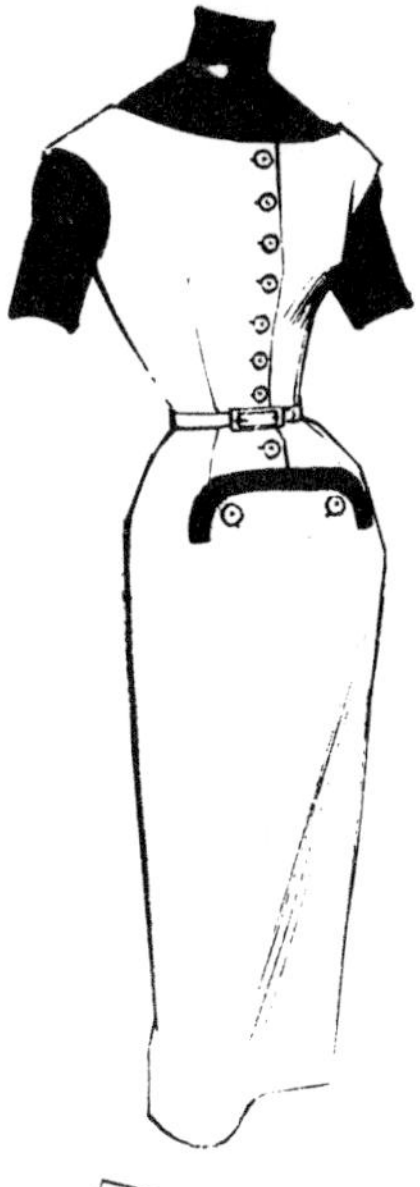

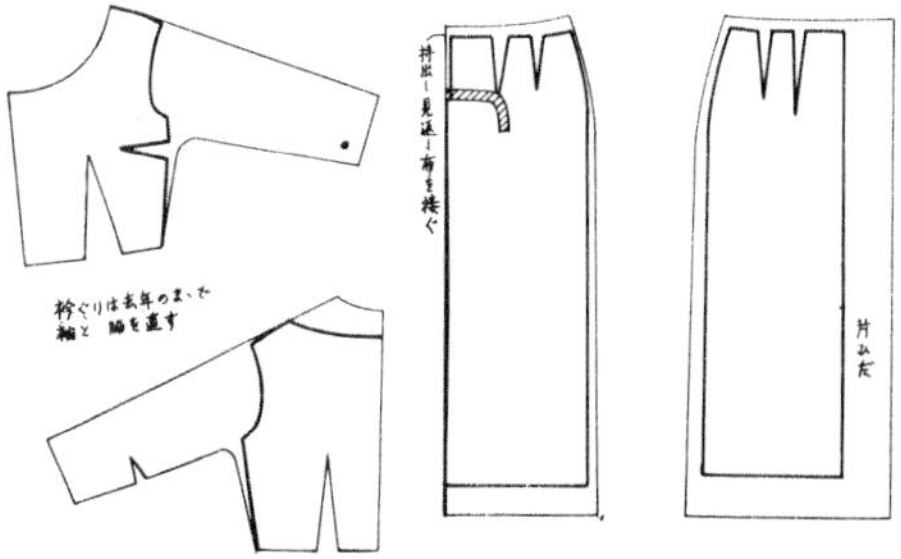

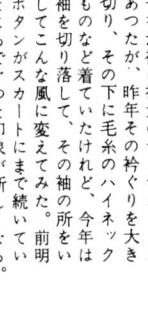

レンガ色のウールタッサーのスーツであつたが、形が古くてもうこのまゝでは着られないまゝしまい込んであつたのだが、スカートが長かつたのでハイウエスト風な形にして、身頃が丸くスカートまで伸びているのは、元がスーツの場合はたやすい事だ。

前中央にどうしてもはぎが入るので、それをそのまゝU字型を止めた大きめの一ツボタンのホールを作る様にする。

後で一つ折りたゝんだスカートは前でギャザーにして、スカートのゆとりにする。

後あきであるが、ハイウエストのところに出た細い帯は後にまわると小さなバックル止めになる。

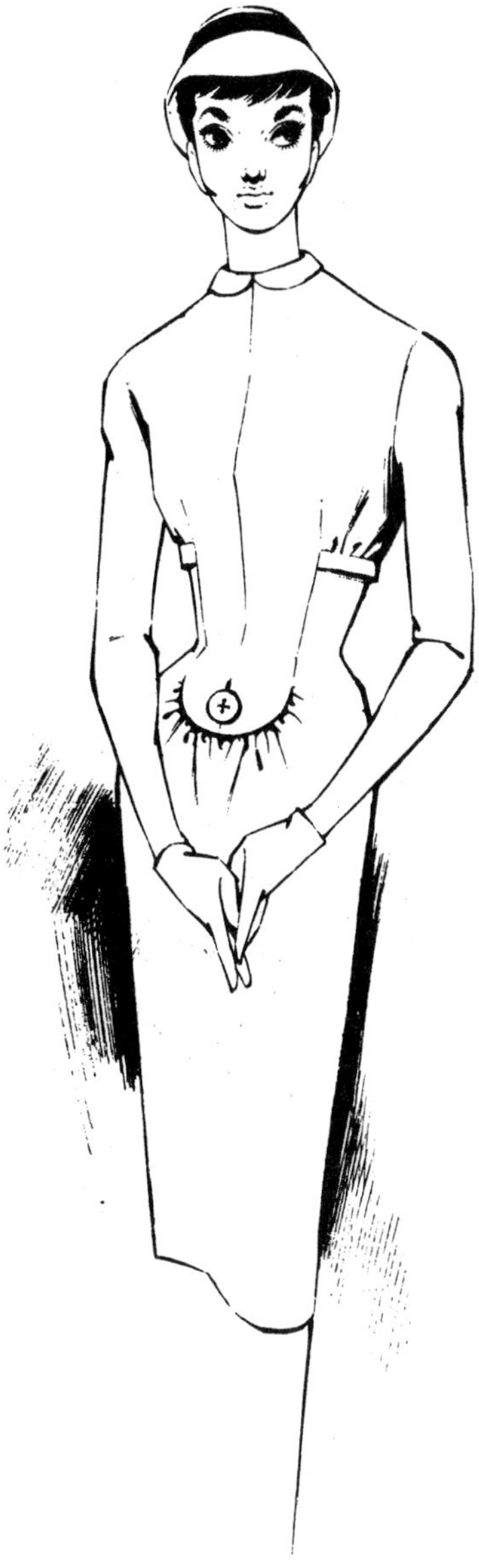

表が紺で裏が赤い両面つかえるオーバーであつたが、それで男女お揃いの家庭着が出来た。

布地は地厚であるが、スカートでもワンピースでも作れない事はなかつたが、日曜日の一日にでも楽に着られる上着に作りかえたもの。

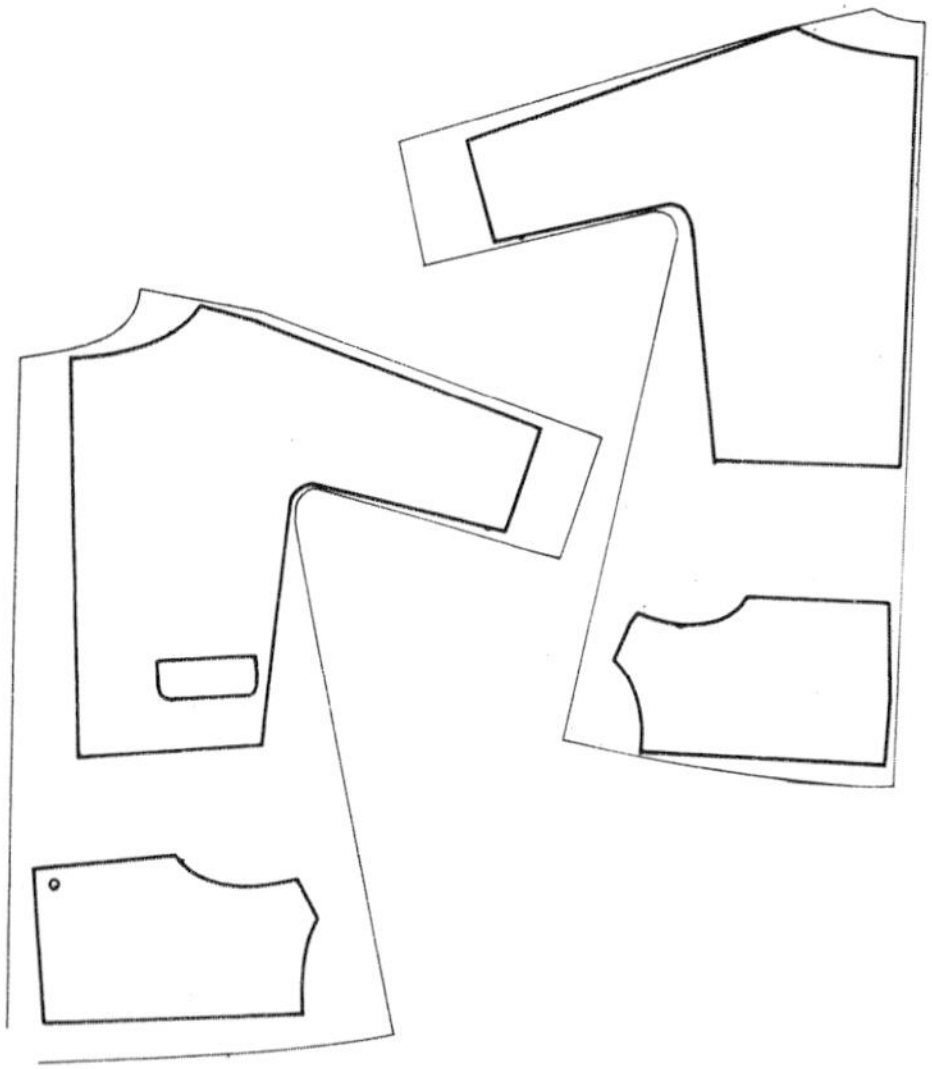

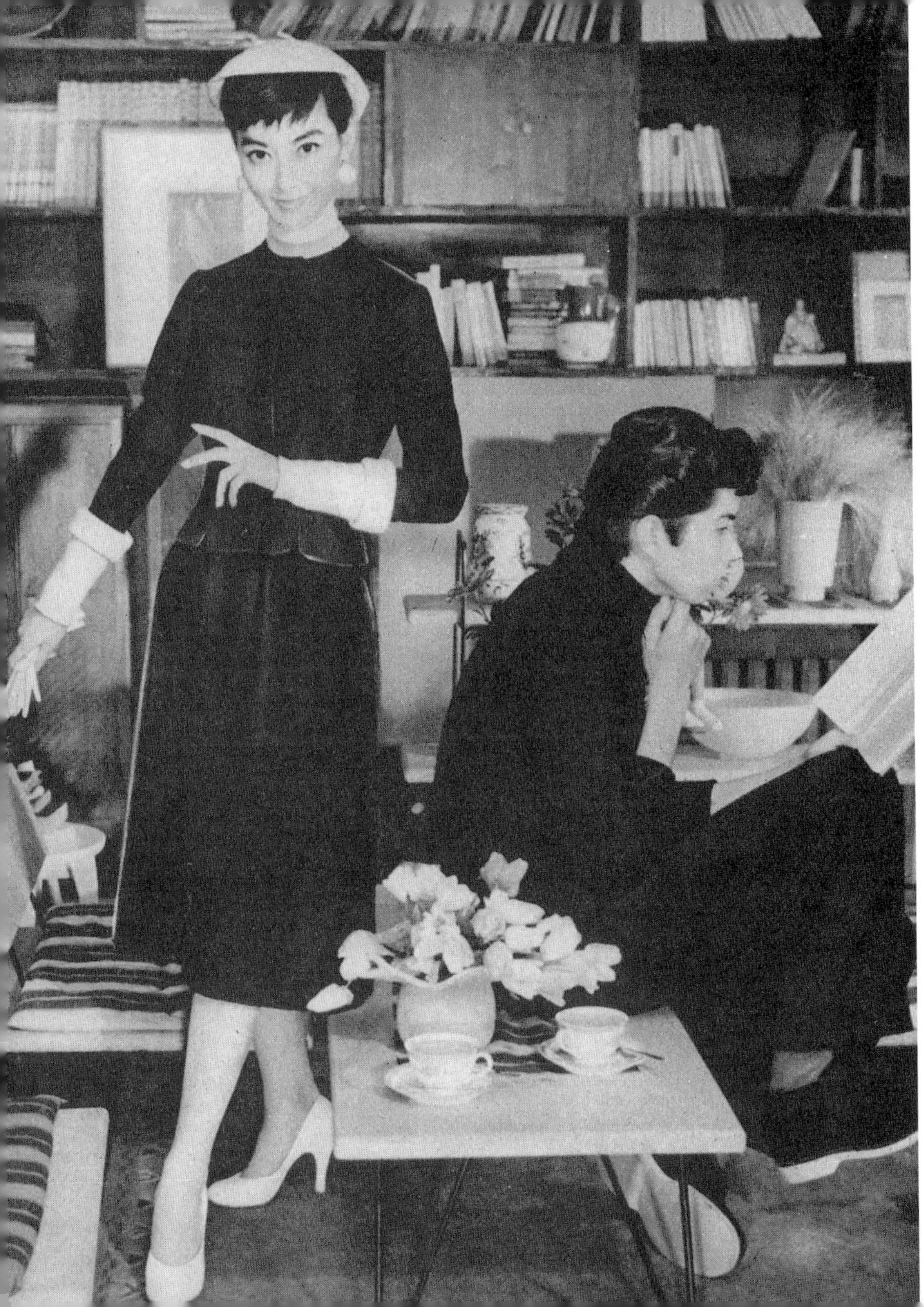

濃紺の地厚のサージで、学校の制服のスーツであつたが、短かい上着とほんの少しのギャザースカートを作つてみた。このスカートは後で多くギャザーをよせてある。古い白のスエーターを下に着て、袖を切つてその袖をカフスにつかつてみた。

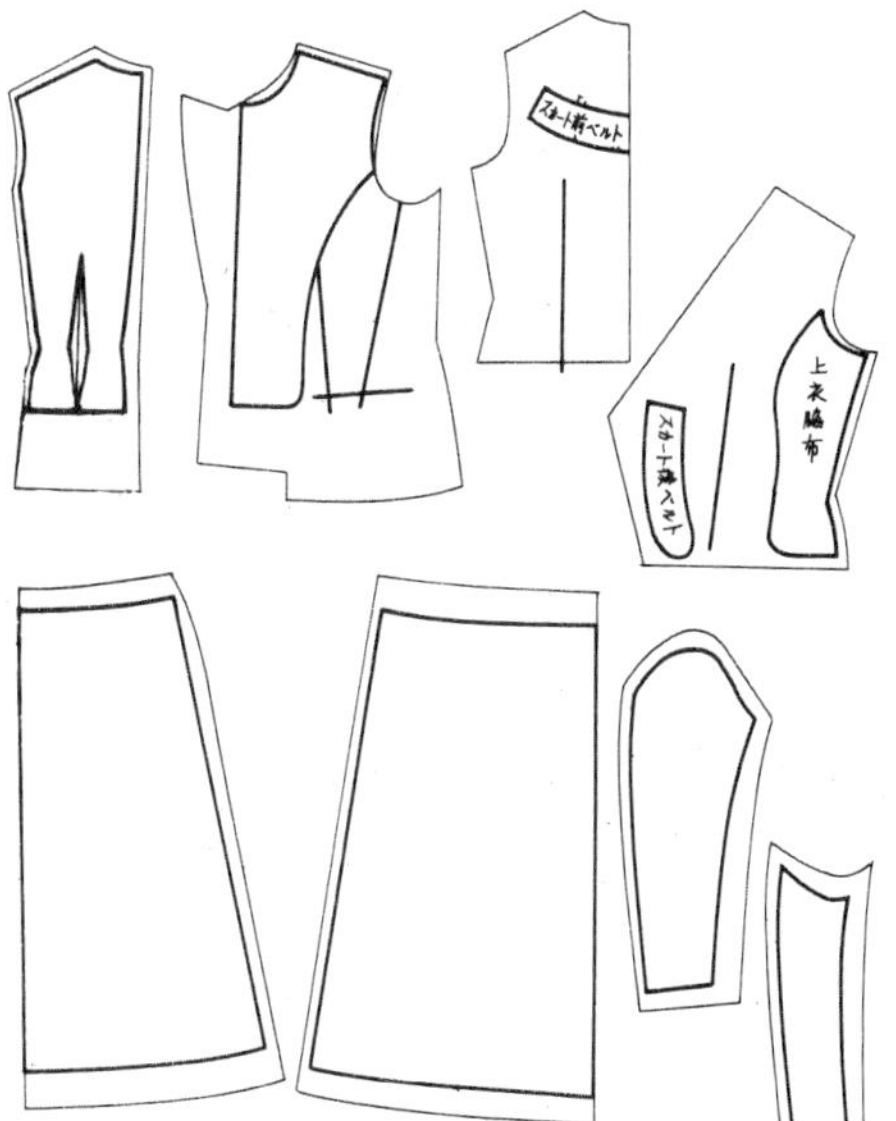

前スカートプリーツ分、前後ダーツ分を全部ギャザー分にして広めの新しい感じのベルトをつけ、後中央を明に致します

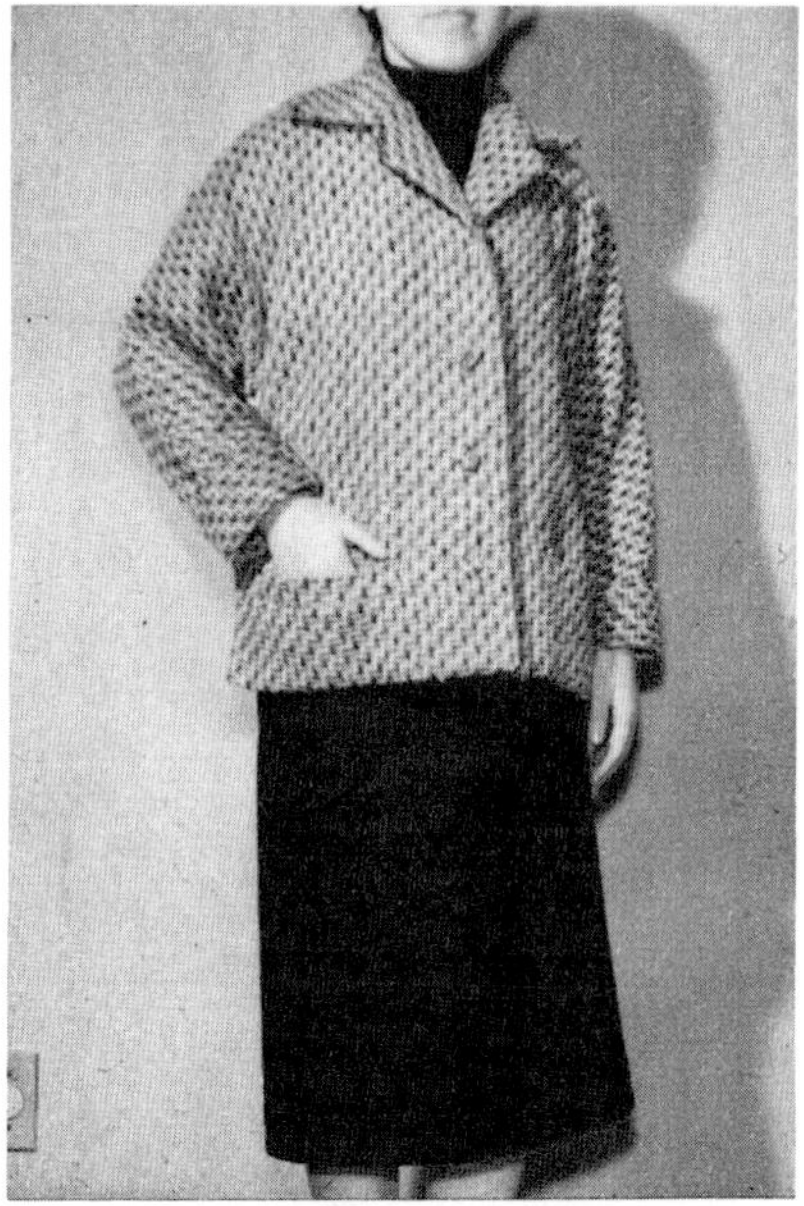

形の古くなつたトッパーであるが、白とピンクと朱色の三色をザクザクと織つた手ざわりのやわらかな布地の味が好ましい。

ゆるい衿あきに、後身頃がずつと下つた、前上りのジャケットに作り変えてみたが、黒のタイトスカートと組合せてみるとよく調和して、この冬には重宝する事であろう。

裾の下をめぐつた帯は後でぐつと広く十センチ位の巾になつていて、前に向つてそれが細くなり、バックルのあたりでは半分の五センチ位にして、バックルも共布でくるんであるのがやわらかな印象である。

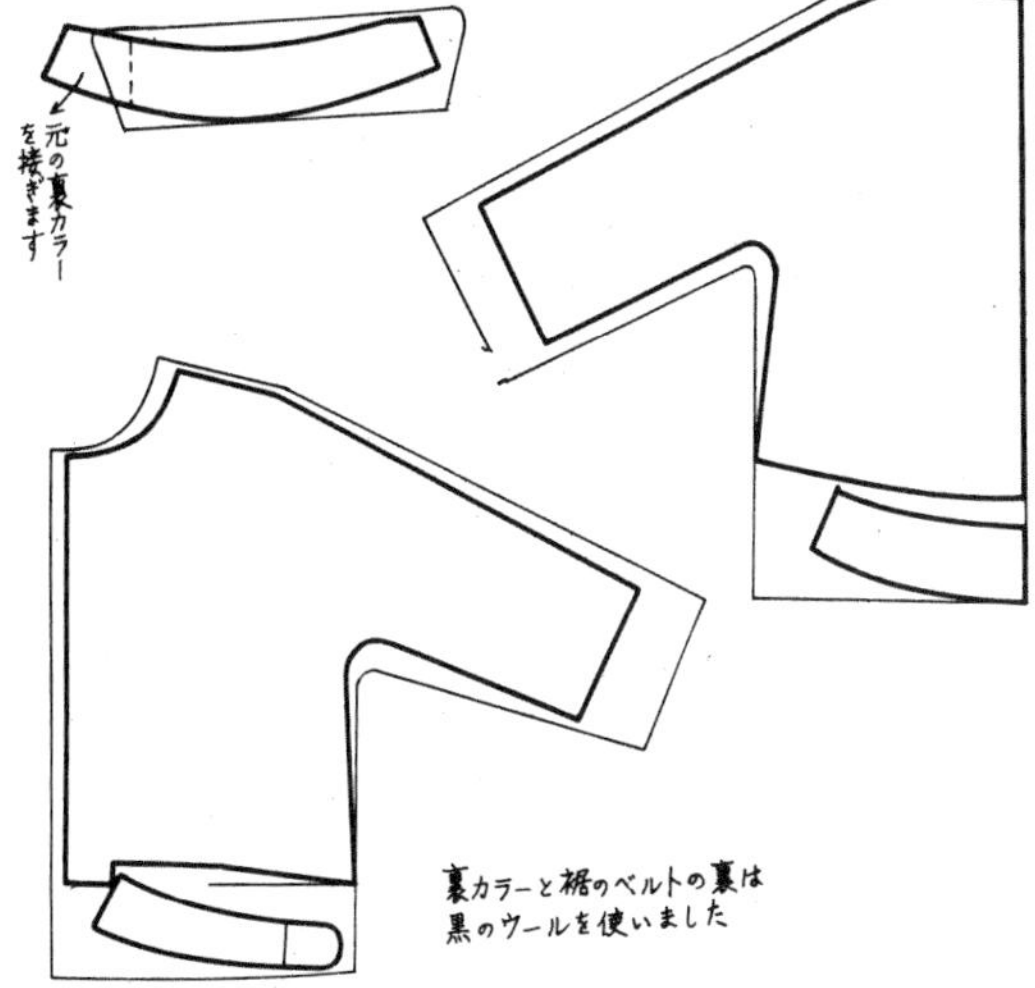
元の裏カラーを接ぎます
裏カラーと裾のベルトの裏は
黒のウールを使いました

たくまない身のこなしの中に、深い智性と憂愁を秘めた近代青年として、我が国映画界に君臨して居られる根上淳さんの憩いの場所。毎日の忙しい撮影の後、自分一人になり、最大の憩いをさずけてくれる部屋。と根上さんは御自分

男の部屋 その1

壺とレコードと白い猫のいる

根上淳さんの部屋

の部屋を語られる。仕事の後で、一人、こうしてレコードを聞いたり、明日のプランを立てる。この部屋は僕のお城だとも云われる。根上淳さんのお宅は、東京中野の閑静な住宅街にあり、御両親、令弟と静かな生活を送つて居られる。外国風の瀟洒なお宅の二階が根上さんのお城である。茶色と白で構成された部屋は、九畳。長細い感じで、南側に大きな窓が明るく、白いレースのカーテンも清潔な美しさで、いかにも健康的。片方の壁に寄せて飾り棚が置いてある。面白い型のスタンド、額、マドロスパイプ、ペン皿、灰皿、本といかにも男の持物らしい品々が棚の上にきつちりと並んでいる。戸棚の中には沢山の本、そして、根上さんの楽しい憩いの一時を作り出す、おびただしい数のレコードが、せいぜんと整理されて入つている。根上さんの父上森乙氏は音楽学校の教授をして居られた。その音楽家の家庭で育たれた根上さんは、やはり音楽愛好家であり御自分も楽器を愉しまれるのであるから、レコードも、クラシックのものはもとよりジャズ、シャンソンと素晴しいLPを揃えて居られる。音楽効果の良い電蓄がこの部屋にどつしりとすえられている。仕事の余暇はほとんど音楽を愉しまれる時間が多いとの事である。

そして、根上さんのもう一つの大切な持物、それは壺。電蓄に並べて白壁に写真の様に棚が作られ沢山の壺が並べられている。その壺は、フランス、オランダと外国製品の素晴しく高価な品物ばかり。色彩の美しさ型の面白さ、模様の精巧さと吟味された素晴しい品。〝静〟の愉しさと云われる。根上さんらしい落着いた、高尚なコレクションである。それが手入れ良く飾られているこの部屋は本当に落着いたどつしりとした愉しさである。はめ込みになつた整理簞笥、洋服簞笥と、実に清潔に整理されている。壺、戸棚、簞笥の向い側は茶色の木壁。写真の様に棚に三枚の美しい皿が立てかけてある。そして、渋い落着いた色の机と椅子。皮製のクッションとこの部屋のどつしりとした感じにぴつたりとしたクラシックな品で良く艶拭の掛つた、こつた家具である。そして白い猫、これは根上さんの部屋とは関係はない様だが、根上さんの愛猫であるからここに紹介させて頂く。名は〝ネコ〟前名は〝白〟誰呼ぶともなくいつの間にか〝ネコ〟になつた。三年程根上さんの愛猫であるそうだ。なぜ猫が好きかと云うと、〝エゴイズム〟だからだそうだ。自分の気にいる時は大変愛想が良いが気に入らないとどんなにこちらで計つても知らぬ顔。それなのに、自分は飼い主を愛しているし、飼主も愛してくれると、信じている様である。そうしたなにか不思議な魅力に引かれるのだと云われていた。足音もなく白い猫はそう語られる根上さんの膝の上に飛び乗り、ゴロゴロとのどをならしている。素直な愛情の表現である。猫は根上さんの友達らしい。根上さんの温かさは生き物を可愛がる所から出るのだろう。根上さんの人と成りが、この猫を語る言葉に出ている様に思う。さりげないそして深い人情味を感じさせる言葉である。そして、この猫が又、実にこの部屋の雰囲気にぴつたりとしているのである。

清潔と落着と健康さと、そんな部屋が根上淳さんのお城である。

そしてクラシックなランプの型をした電灯が毎夜この部屋を明るく照し出している。

男の部屋 その2

銀色のカップの輝きもまばゆい

宮城淳さんの部屋

「ぼくは趣味つていうものが全くなくて、部屋なんて飾らないんですよ。」と言われるのは、日本テニス界のNO・1、そして日本のホープ、デヴィスカップ選手の宮城淳さんである。鹿のように伸び伸びした、若さの溢れる肢体を深々と椅子に掛けて語られるのは、東京一流の高級住宅地、田園調布の高台の落ち着いたお宅の、白い壁に囲まれた洋間である。

「余り部屋に愛着なんて感じないんです。前は二階の日本間がぼくの部屋で、今も一応はそういうことになつてはいますけれど、余り落ち着けなくて、ここを占領しちやつたんです。日本間の方は寝室と着替室になつてます。」とおつしやる宮城さんだが、この部屋には、そんな飾り気のない宮城さんの人となりがにじみ出ている。

机も本棚も置物も家具も、みな宮城さんが揃えたのではないそうだが、渋い落着きに統一され、心にくいほどの調和を見せている。

「ここはもとは応接間だつたので、家具もそのままです。小さいときからこの部屋が大好きで、この部屋に一人でいる時間が一番多かつたんです。それが、勤めに行くようになつて、家には殆んどいなくなつたでしよ。そうしたら、せめて家にいる時間は、ゆつくり落着きたくて、ずるずるとこの部屋に居ついたんです。でも特にぼくの好みの部屋にしようとも思いませんね。落着ければいいんですよ。」と云つても、やはりぼくは部屋を飾つて住もうというような趣味がないんですかね。それに、まだ部屋を飾つて閉じこもるのはぼくには早すぎますよ。」と言われる宮城さんにとつては、愛着を感じられる本当の居間はテニス・コートなのであろう。

この部屋の一方の壁、その壁にしつらえてある棚が、この部屋と宮城さんとのつながりをはつきりと物語つている。数えきれないほどのカップ、トロフィー、楯、額と、いずれも宮城さんと、お姉さんの黎子さんお二人の輝かしい戦歴をものがたつているのである。

宮城さんはこの部屋でのたいていの時間を読書に費される。またときには、ラケットを持ち込んで何となく時を過されるとか。

華々しい勝利の記念に飾られるこの部屋は、ただ宮城

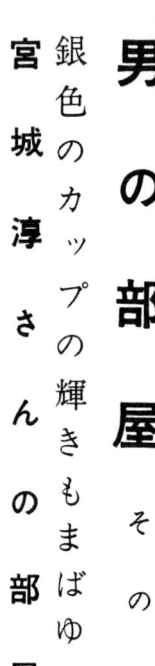

さんの部屋というばかりではなく、日本テニス界の歴史の一部で飾られる部屋であり、その明日を約束している部屋なのである。

九坪半にこんなに愉しく美しく住む
高橋豊子さんの住居拝見

昨年の十一月、新しく結成された女性ばかりの劇団〝女優座〟の盛んな旗上げ公演が行われて、演劇界に話題を投げかけたものでしたが、その〝女優座〟を率いて演劇への捨身の前進を続けるかたわら、映画や放送に活躍されている高橋豊子さんは、東京の洗足町に、九坪半という限られた広さの中を隅々まで無駄をはぶいて工夫された素晴しいお住居を持つて、愉しく美しく、理想的な〝女一人の暮し〟を築かれています。

このお住居を建てられるに当つては、戦時中、木材の産地である秩父に疎開されていた頃、慰問に踊られたのを非常に喜んだ或る製板会社の方が「何か御礼をしたい」との事だつたので「もし家でも建てる時は材木でもお世話して下さい」と笑い話に語られた事が実現されて、終戦後間もない、まだ棒切れ一つ端し板一枚も中々手に入れる事の出来なかつた当時、秩父の山で設計通りに切り組ませた材木と二人の大工さんを連れて当の会社の方が上京されたという、心温まるエピソードが秘められていますが、新築された時は「大きな家が建つた」と大変な評判で方々から人が見に来たものです」との事。又「こんな小さな家で、その上、頂いた果物の籠に残り布をはつて花を活けたり、自分で何となく拵えた様なものが置いてあるせいか、余程お金が掛らないでも愉しく暮せそうな気がなさると見えて訪ねて来る若い方達が、家庭を持ちたくなつた、と言われる」というお話を如何にもと頷かれる程、家庭的な愉しい雰囲気が溢れています。

女性らしい神経で隅々まで清潔に整頓された上に、画がお好きでその画筆にも趣味以上の腕前を持たれるだけに、家具、飾り物の類まで色彩の効果を考えられ、お住居全体がちようど一つぶくの絵を見るような愉しさ……。

その色彩りのままをお目に掛けられないのは大変残念な事ですが、以下、写真を追つて御紹介してみましよう。

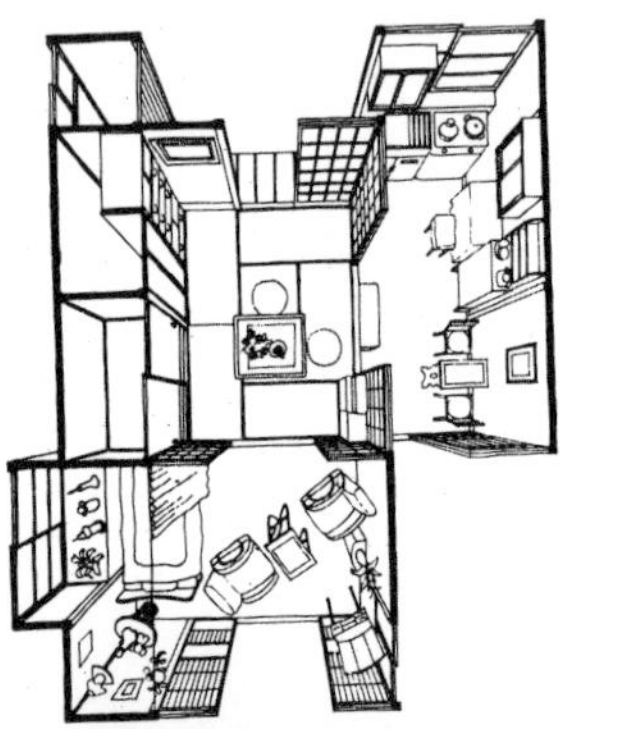

左図でお判りの通り建坪全体が、玄関・応接室・食堂を兼ねる二坪のたゝきの部分と、六畳の茶の間兼客間と、同じく六畳の自室の三部屋に区切られています。これは、木材を贈られた秩父の山に因んで、農・山村等の家屋に見る土間を活かした設計をそのまゝ写されたもので、この玄関のたゝきの部分も初めは土間のまゝ、屋根も檜皮葺にして山の思い出を楽しまれました。

浴室、洗面所、トイレ、冷蔵庫の置場等は戸外に、さしかけ（屋根）を続けて増築されたもので、これは、お姉様が隣りに住まわれる事になつたため、この戸外の部分は二軒で自由に使えるように工夫されたとの事。

茶の間から応接室を兼ねる玄関を見下したところ。急ぎの来客が靴を脱がないでも用件を済まされるよう又「お上り遊ばせ」等と言う言葉をなるべくはぶけるように、と工夫されたもの。茶の間との境には〝恋すれば心細りてたよりなや柳の枝にかかる月かも〟という夢二の作をもじつた歌が美しくろうけつ染めにされたのれんが優しい情趣を添えている。

高橋さんは暇をみては絵筆を楽しんで居られますが、玄関口に飾られたこの額は〝我が家の一隅〟と題して、応接間とも言え食堂の様でもあり又台所とも続いたこの玄関先を描いたもので、最近の快心の作品の由。『私のは〝絵〟じやなくて〝エー？〟つて言うのよ』と仰言るが、なかなかその腕前は大したもので、この絵などは素人の作品とは思われない。

玄関の硝子戸を開けると先ず、正面の縄のれんで仕切られた炊事場が、何か珍しい飾り棚かと思われる様な美しさで目を射ります。台所のある場所としての常識的な考え方にはこだわらずに工夫されたわけで、それが何となくモダンな屋台店を、それも美しい舞台装置にでも見る様な愉しさ。少い坪数の中を無駄なく愉しく活かされた一例と言えましょう。

炊事場には流し台とガスレンヂが並んで置かれ、御一人の日常に必要なだけの炊事器具、食器類が美しい色彩で清潔に整頓されていて、右方の釣り籠には白菜、葱、トマト、胡瓜等赤白緑とこれも美しい色彩りでアクセサリーの様な役目も果しています。くくつてあるのれんを下げると、その向うから磨かれた食器やこれらの美しい色彩が覗きます。

日本風の縄のれんをカーテン代りに使われた所も、この部屋の、田舎風な、というより昔風な釣りランプも、奥の飾り棚も鄙びた情緒の中にモダンな味を楽しまれたもの。この飾り棚の上はけんどんになつて炭類等を入れられる由、隅々まで工夫されてあります。

のれんに添つて食卓や食器戸棚が置かれ、ここで写真のように食事をされる訳です。

食卓にカメラを近づけてみましょう。食卓にはビニール製の赤や緑の配色も美しい調味料入れの棚が置かれ、砂糖、醤油、塩、胡椒、辛子、化学調味料他食事に必要な様々な調味料が用意されてあり、又、トースター、ミキサー等も置かれて「少しも体を動かさずに、手を延ばせば何んな用も足りて大変便利で能率的なのです」と語られていました。

御影石を思わせる様な磨かれたコンクリートの床は清潔に洗われてあり、この、食卓の隣りに並んだ下駄箱も、飾り棚もつやゝかに拭われて塵一つ見えず清潔そのもの。女中さんを使うのがお嫌いで一人住いをされる関係上、留守中にかかる電話は壁の向うに住まわれるお姉様が受持たれるために電話の位置に小さな窓が開いています。

玄関のたゝきの間から左側の、一段と高い部屋が六畳の茶の間。上り口には右上の写真でお判りの様に大きな踏み石が置かれてあります。部屋の中央に造られた半間角の切り炬燵は、夏でもふさがないで写真の様に中に蓋板をして椅子式に利用されている由。来客の接待にもここを利用されますが、これは身体が楽なように工夫されたとの事。

茶の間の上り口と反対側は、押入れ、洋服箪笥、はめ込みの箪笥等で全面が利用され天井までの上段も押入れになつていて、ここには油絵の額などを仕舞われてある由。ここの襖紙も、向つて左側はローズ色と紺地に白の絣、真中の開き戸は鶯色の地に朱と白の絣という美しい配色になつていますが、これは破れた所にたくみの紙をはつて繕われたとの事。

真中の観音開きのところは、洋服箪笥として造られたもの。この押入の奥行を半分に仕切つて、奥の方は右隣りの箪笥の後側へ一間巾に続いていて、そこには季節以外のものを、手前には季節のものを、と使い分けられているとのこと。扉の内側にはビニールの小もの入れが取りつけられ、靴下、ハンカチーフなどが整理されています。

茶の間の、押入れ側に向つて右側の一間の硝子戸を開けると濡れ縁になつていて、これは、その濡れ縁に続いて造られたトイレット。
　初めはやはり、農家などによく見られる便所のように土間のままのものでしたが、写真のように最近改造されました。
　お隣りのお姉様のお宅からも外から自由に出入りが出来るようになつています。

この茶の間の押入れ側を除いた三方が、写真のような格子の硝子戸で仕切られていますが、最初は障子にされたところ、猫がひつかいてすぐ破いて了うので次には浴衣をはつて暫らく楽しまれた後、その浴衣も汚れつぽくなつたので三度目に硝子戸になさつたとの事
　押入れと反対側の一方の隅には、鏡台、三味線等が置かれ女らしい色彩を添えています

上の写真にみるように、茶の間から戸外に向つた一方は、別棟になつた洗面所・浴室に続いています。戸外、とは言つても、この写真のように、さしかけを続けて、雨の時も濡れずに出入りが出来るわけ。
　殺風景になりがちなこんな所にも、のれんや、お手製の籠を飾つて、生活を愉しくされていました。

細長い狭い敷地を利用して建てられたお隣りと兼用のこの別棟は、奥行が半間、間口二間半のもので、左側の一間半が写真のような浴室と洗面所、壁を隔てた右側の一間には半帖の畳が敷かれてあつて、ここは、病気をした時や非常に忙しい日に臨時に手伝いの人を頼む場合等、狭くても其人のくつろげる場所を、と思つて続けて作られたものだそうです。

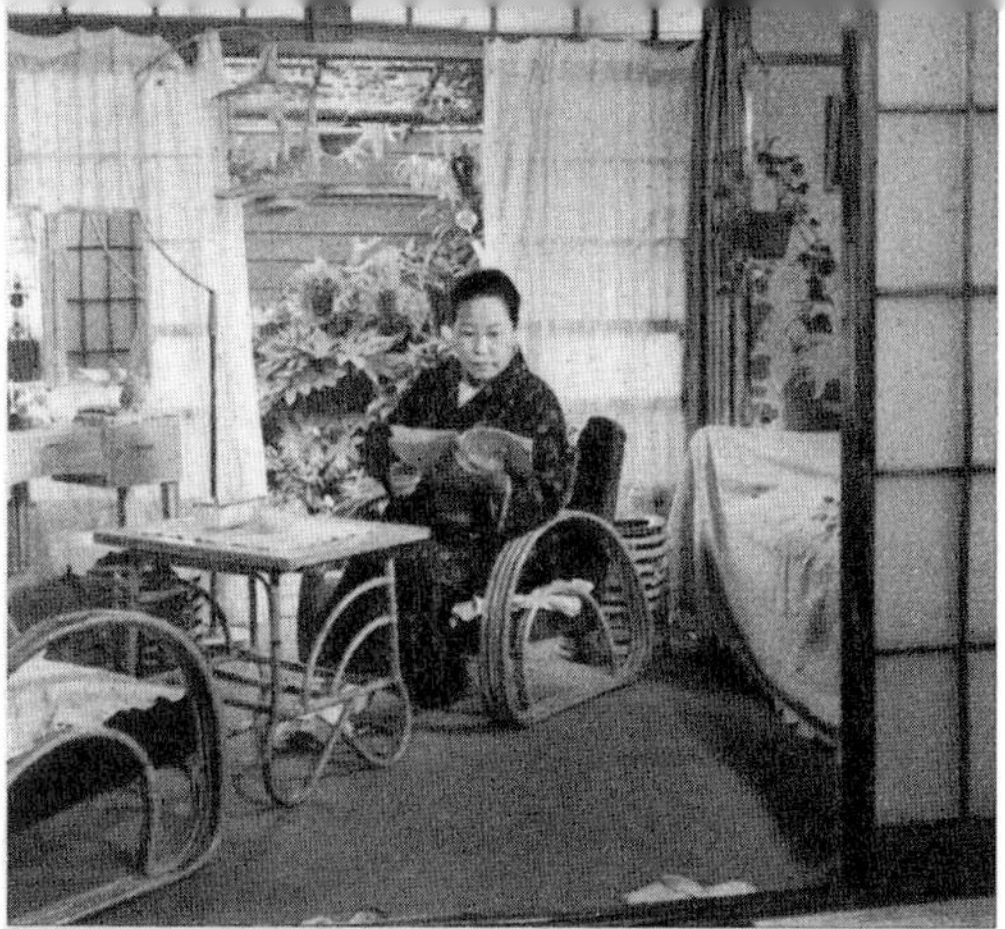

茶の間の左隣は一段低くなつた六畳の板張りの、サロン風な寝室兼居間で、仕事上の勉強やお化粧や身づくろい等みんなこの部屋を使われています。小鳥や花々、たのしい額などがいつぱいに飾られ、板張りのベランダに続いた正面から明るい陽がさし込んで、ここは、玄関や茶の間の日本風の渋い好みとは反対にぐつと若々しいバラ色の明るさです。

ピンク色の美しい三面鏡と、椅子とテーブルのあるこの場所は、高橋さんが一日の中で一番長い時間を過されるところで、ここには電気・ガスストーブも置かれ、冬は煖房としても使われますが、夏でも片附けずにそのまままお茶を沸したり、又扇風機や花瓶などの台として利用されるとの事でした。写真にみえる額はシャンソンのダミアの肖像画。

右側に置かれたベットは、折りたゝみ式のもので、昼間はこうしてカヴァをかけ、その上にクッションを置いて、ソファーとして使われています。高橋さんのお話では、フランスの家庭では、こうしてカヴァを使つてベッドとソファを兼用する事が多いとの事。このカヴァも巴里製で白地にバラ色とピンクと緑の美しいフランス刺繡をほどこしもの。

カヴァをはずしてベッドとして使われる時は、ベッドの巾いつぱいに取りつけられたカーテンを引いてしまうと、気持も一そう落ちついて、冬は何となく暖い感じもされるとのこと。気に入つた御自分の作品や写真の額、美しい花々、童話風な人形などが、静かな夢路を誘うかのように飾られています。左側の戸棚には書籍の類がしまわれてあります。

愛用されていた屛風をどこかに片附けたいと思つても、適当な仕舞い場所がなかつたところ、この、ベッドの奥の壁ぎわに置場所をみつけました。ところが、屛風をたゞたゝんで置いてあるだけでは、如何にも殺風景でつまらないので、丁度手もとにあつた、動物や果物の面白い柄の更紗の布をピンで止めて、実用と装飾を兼ねられたところです。

玄関を挟んで左側がサロン風の自室からベランダに続いたところ、右側の格子窓はお姉様のお宅。家の中にはどの部屋にもいつぱいに花を飾つて楽しまれるという高橋さんは、御宅の庭には四季を絶やさぬように花壇を造られ、「先だつて丹精した垂蓮の花が五年振りに咲いてくれた時は一人でみているのは惜しい程で…」と育てる喜びを語られていました。

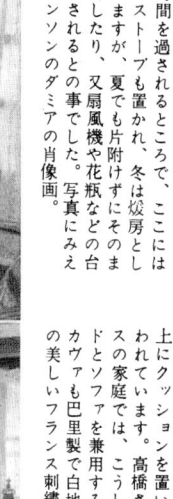

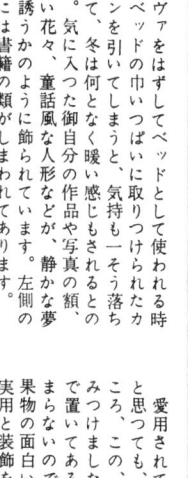

アルゼンチンの
旅の思い出をこめた
藤澤嵐子さんの
きもの

タンゴの女王、と呼ばれて、日本では珍しい〝純粋なタンゴ歌手〟として精進を続ける藤沢嵐子さんが、一昨年と昨年の再度に亘つて、御主人の早川真平氏と共にタンゴの国アルゼンチンに招かれ、本場の舞台で何れも大好評を博して帰国されたニュースは、どなたも御存じのことと思いますが、藤沢さんがそうした海外の舞台で歌われる時には、日本人としてやはり〝日本のきもの〟で通されたものでした。

　そして、来春には、三度び招かれて渡亜されるという藤沢さんを、ここにお訪ねして、そうした海外旅行のために用意された数々の美しい〝きもの〟を拝見させていただきましょう。

右頁のきものは、レエス編の柄の感じを染めぬいた、こつくりと深い燕脂の一越の訪問着。大小の美しいレエ

スのテープが、上前の裾からひらひらと放射状に拡がつて背を廻つて肩にからまつている様な感じで、柄の中は白とピンク、朱、茶、ブルー等の美しい色彩りになつています。レエス編の大変お好きな嵐子さんだけに、この着物は中でもお気に入りとの事。帯は鶯色の地に銀で立枠に菊の模様のラメ。帯締めには朱色を選ばれました。

自宅の一部を改造されたお稽古場でピアノの前に立たれた下の写真のきものは、白地に、濃いローズ色、ピンク、グレー等の渋い色の濃淡で四君子(蘭・竹・梅・菊)の模様が紋くずしに染められた一越の訪問着。黒地に赤、黄、金色の渦巻模様のつづれの袋帯を締められたところ。この着物の裾廻しは立褄から裾にかけて額縁のように、模様のローズ色が内側をぼかして染められた珍しいものでした。

右頁の着物もこの着物も振袖として染められたものですが、空路を旅行されるのに荷物の制限があるので袖はどれも殆んど短く切つてしまわれるとの事でした。

左も一越で、明るい緑色の地に白で、格子縞のような感じに紋つた総紋りのきもの、と赤、黒、金、銀等のごく細い縞をそれぞれ亀甲くづしに織り分けたつづれの帯。そしてこの帯締めは、それぞれ半分の長さの色違いのものが、色々あつて、″ち″のついている一方をつなぎ、その時々で色々取り合わせて使えるようになつたもので、ここでは黒と黄をつないで締められました。

布の半巾ずつが純白から濃紺までだんだんに濃くなつていて、右袖から身頃を通して左袖の端まで、ちようどきもの全体が縦に八つに色分けされたような感じのお召しに、黄色の塩瀬の帯を結ばれたところ。

前頁で御紹介した真中で自由につなげる帯締めを、ここでは着物の色に合わせて、黄と濃紺を選ばれました。

きものの八色に分れたそれぞれ美しい色どりと、ひまわりの花を思わせる鮮やかな帯の色との調和が如何にもさえて、洗練された美しさでした。

このきものの裾廻しは、帯と同じ黄色。

下は白地に紺と赤で、

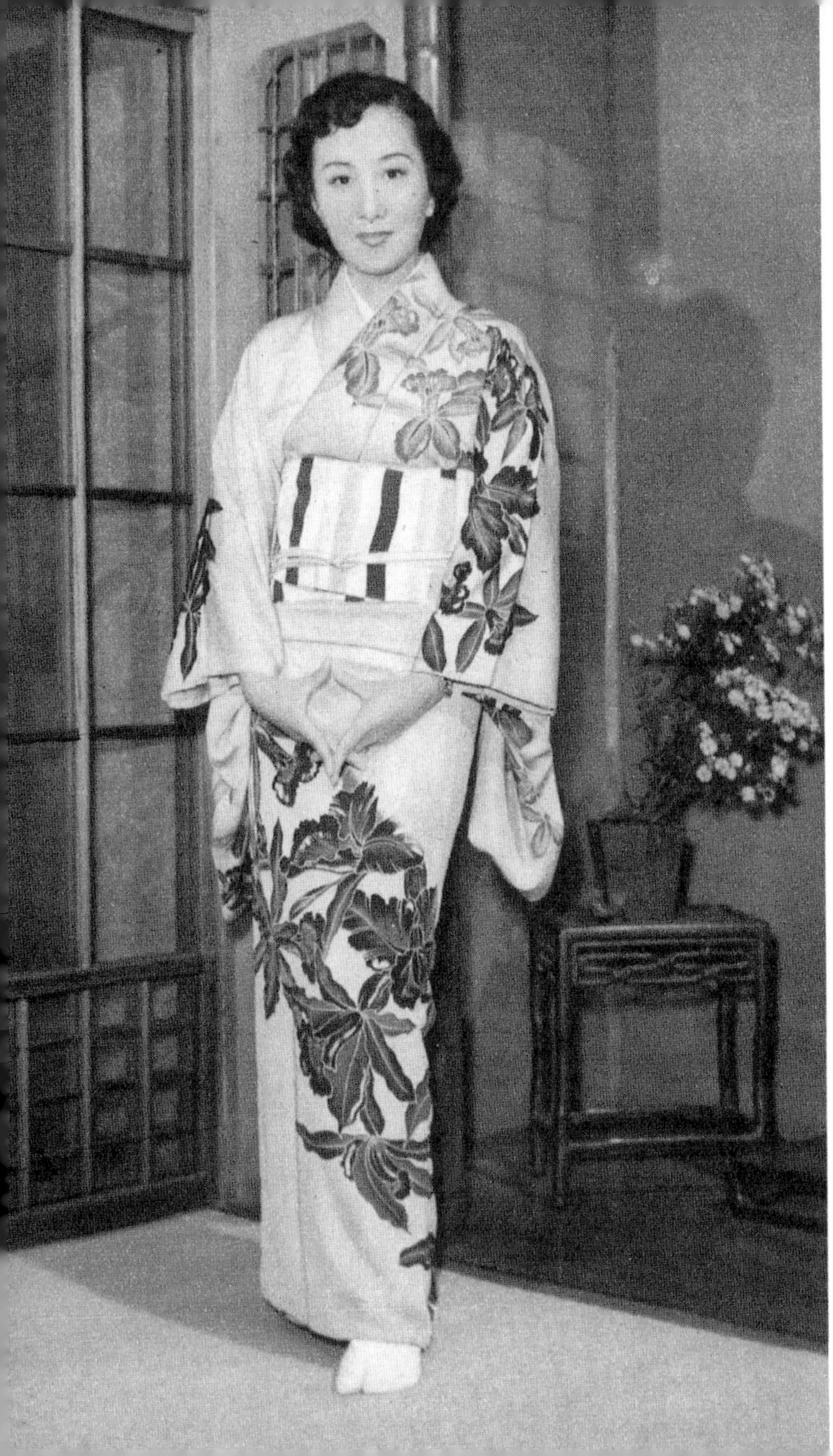

絣のような感じに小花を連ねて染めたきめの細かい一越の袷に、やはり、このきものの紺色との調和を活かされて黄色塩瀬の無地の帯を締められたところ。

　右のきものもこれも、ステージでお召しになるというものではなく、外国旅行の途次や、普段の外出着として愛用されるもの。

　左は、グレーがかつた藤色の地に、銀色で縁取りをした蘭の花が、すみれ色、黄色等の美しい色で、墨絵の様な感じに描かれた一越の訪問着と、ピンク、紺、金、銀、グレーの五色が縦縞になつたつづれの帯。これは御自分のお名前と同じ発音の「らん」の花の模様なので何となく親しみ深い着物との事でした。これも長袖を切られたもの。

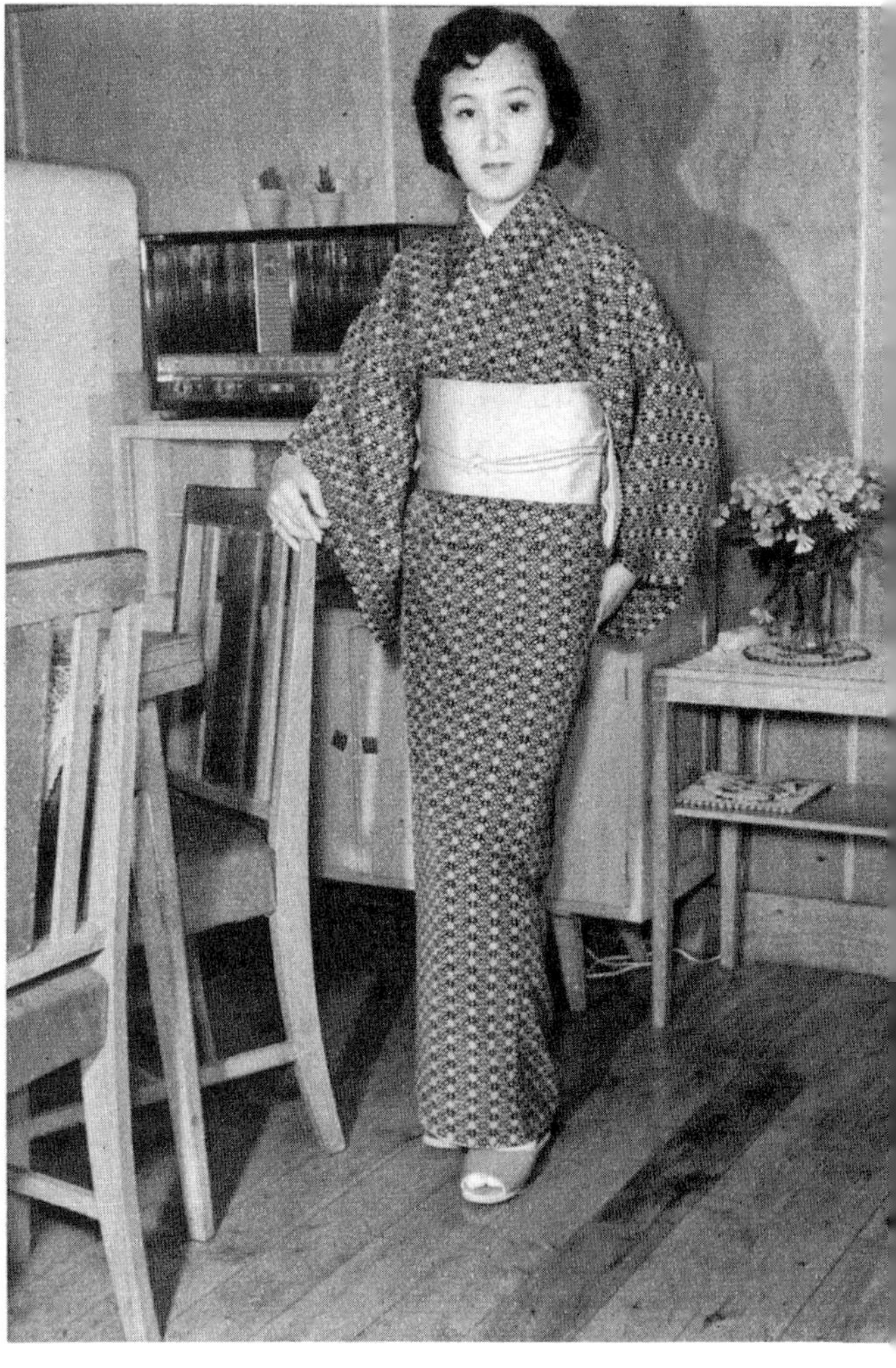

あかるいからし色に白い線が、雲の流れのように染め出されたところに、黒で縁取りをした白、ピンク、グレーなどの淡い色の色紙が散つている訪問着に、黒と銀のラメの帯。

どちらかと云うと純日本風なやわらかい色彩りのきものを、対照的なこの帯がきりつと引き締めて、やさしさの中に大へんモダンな印象でした。

ここでお目にかけた着物は何れも名古屋の〝松下屋〟で作られたもので、このお店と大へん意気が合つて居られるとの事。

三年前に渡亜される迄は殆ど和服はお召しにならなかつたという藤沢さんも、この海外旅行が動機となつて、すつかり和服ファンになられました。といつても、忙しい毎日の生活の中ではなかなか和服をたのしむ機会に恵まれないとの事。そして和服を作られる時には、一人では何となく不安で必ず御主人の早川氏に一緒に立ち合つて頂くということでした。

まだ自分でなかなか上手に着られなくて、とこぼされる藤沢さんが、海外に旅行された時には、早川氏があらかじめ日本で帯の結び方を、お太鼓やちよつきり結び等と色々練習されて、あちらで着附を手伝われたとの事「それが、あちらにいる日本の外交官の奥様に結んで頂いたのよりもいつ迄もきちんとして、大変着心地が良かつたのです」と御夫妻でのたのしい旅の思い出を語られていました。

そして「日本のステージでは、オペラやクラシックと違つて、きものを着てタンゴを歌う、というわけには行かなくて…」と語られていましたが、渋い落着きの中にも若々しさの溢れた、藤沢さんの美しい和服姿を、日本の舞台で拝見する事の出来ないのは、本当に残念なことだと感じながら、お稽古場から聞える、哀愁をたたえたバンドネオンの美しいひびきに送られて、おいとましたのでした。

この掌

諫川正臣

わたしの掌は　ほそく小さいと人に言われます
かよわい女の掌のようで情けないと言うのです
でも　そんなに嘲笑わないでください
わたしのこのような小さな掌でさえも
おおくの悲しみを支えてきました

この掌一ぱいに
泥土のような石をかかえ
そのなかから　いつも美しいものをより分けてきたの
　です

細かい砂石のつぶにまみれて
この掌は黒いすじにおおわれました
それでも　いまはふたたび美しく輝いているのです
この掌はわたしの過去の汎ゆる悲しみを伴にしてきま
　した

そして　どんな悲しみにも　じつと堪えながら
なおも　美しく素晴らしいものを求めようとする
ただひとすじのわたしの願いをよく知っているのです
わたしの求めようとする宝石は
たやすくは　この掌のうえにのつからないかも知れま
　せん
おそらく　わたしのような力のないものには難かしい
　ことでしょう
それでいて　じつとしておれないわたしの心のうずき
　を
この掌はまことによく知っているのです
わたしの掌　小さいこの掌

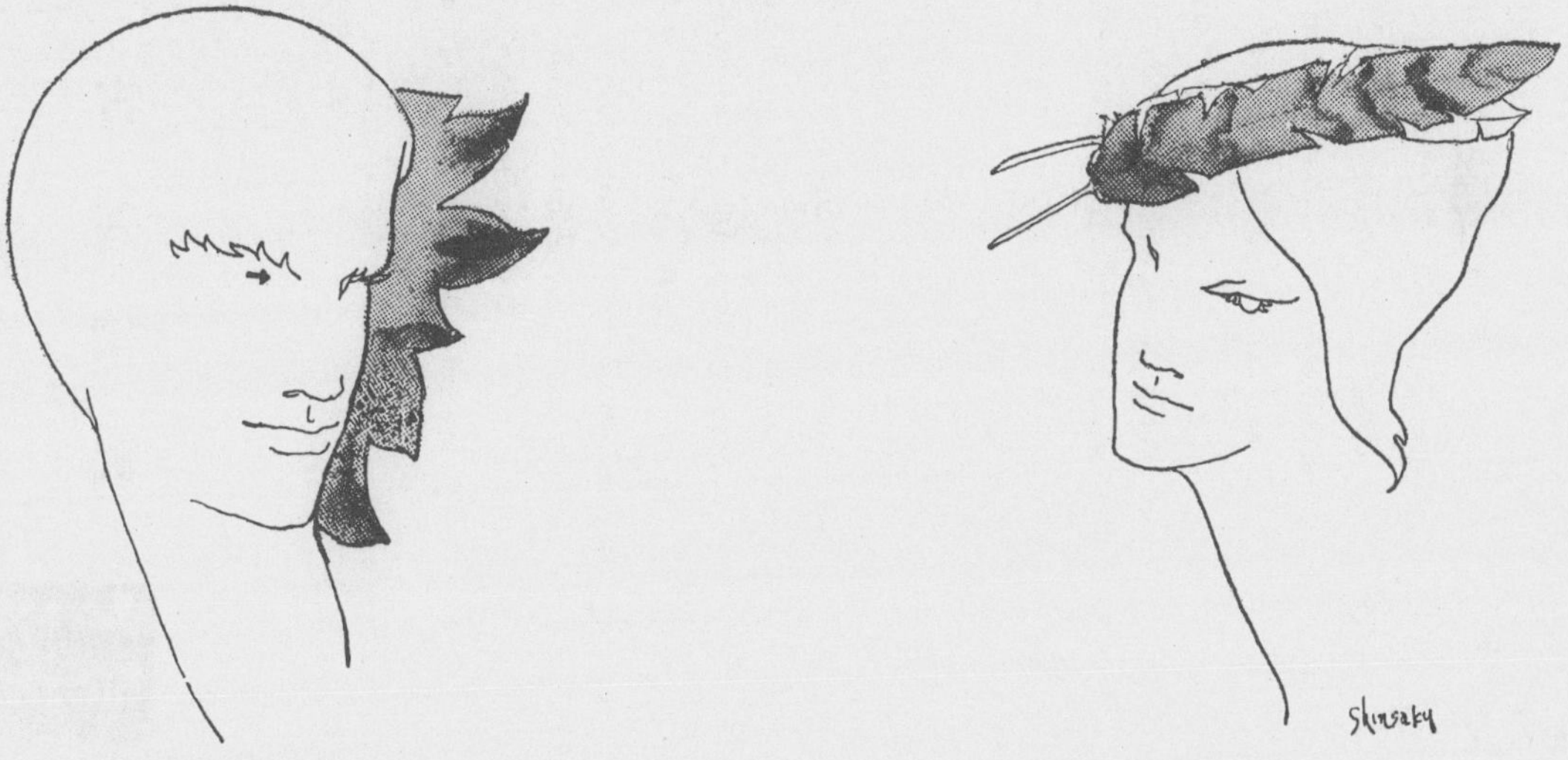

生活の中のお洒落の意義

古谷綱武

おしやれつて、どういうこと?

そうきかれて、知らないと答える人は、ひとりもいないでしよう。だれでも、よく知つていることです。私も、よく知つているつもりです。しかしそのよく知つているつもりのおしやれということを、さて、かんたんに、しかし、はつきりと説明してみようと思うと、どうも私には、うまくいいあらわせないのです。それで私は、きよう訪ねてきた若い女の人たちに、かたつぱしから、おしやれつて、どういうこと? と質問をしてみました。みんな、知つていることはよく知つているわけでしようが、さて、こうしてあらためてきいてみると、「そうねえ、こまつたなあ、なんていつたらいいかしら」と答えるのです。それで、辞典はどう説明しているだろうかと思つて、手もとの本をひらいてみると、「しやれること」「身をかざること」などと、あつさりかたずけています。それはたしかに、そうにはちがいないでしようが、どうもこれだけの説明では、だれでもちよつとものたりないでしよう。私も、そう思います。

おしやれは、たしかに、私たちが、自分や自分のくらしを、よりゆたかに、より美しくかざることをたのしみだしてから、私たち人間の生活のなかに、とりいれられるようになつたものといつてよいでしよう。その意味では、よりよくありたいということの思える気持のゆとりのなかから生れてきたものといつてよいでしよう。

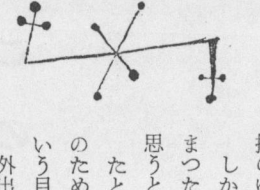

しかし人間の生活が複雑になつてきてからは、そのおしやれの動機も、だれの場合でもまつたく同じであるほど単純ではなくなつてきて、そのときどきの人間の心理の複雑さを思うと、そうかんたんには説明できないものに、なつてきたのではないでしようか。

たとえば、くらしをよりよくあらせたいということにしてもそれを自分自身のよろこびのために求めている人もあるでしようし、なかには、ただ他人によりよく見せかけたいという目的のためだけに、おしやれの好きな人もいます。

外出のときの服装でも、けつしてむりをしないで、そのくらしむきとあつた質素な身なりを、しかしいつも清潔に趣味よくととのえているだけではなしに、その清潔な趣味のよいととのいを、人目にはつかないくらしのすみずみまで、ゆきとどかせている人もいま

す。けれども、多くの人たちのなかには、人目につく外出の身なりだけは、ひじようなむりをしてまでかざりたてながら、人目につかない家庭のなかのくらしは、乱雑と不潔の巣のようにしていて、まつたく平気でいる人もいます。

どちらがいいとかわるいとかいうことは、こゝでいわなくても、どちらが、「自分自身のしあわせ」をもつているくらしかということを思えば、はつきりします。

そうです。おしやれは、他人に見せびらかすことだけを目的にするとき、その人の生活は、ひじように心まずしいものになつてしまいます。おしやれは、どこまでも、自分自身のよろこびのために、自分のくらしを、よりよく、より心ゆたかに、より美しくする願いとこそ、むすびついていなければなりません。

くらしのなかでのおしやれの、いちばん大きな敵は、あさはかな虚栄心。そういきつて、よいと思います。おしやれを求める心は、虚栄心のとりこになるとき、かえつてその人の生活を、みじめなものにします。

自分の毎日くらしている部屋のやぶれたふすまをはつて、気持よくするのも、もちろん、ひとつのおしやれといつてよいでしよう。おしやれの気持がまつたくなければ、そんなことは考えないでしよう。

しかしこういう場合のおしやれの動機には二つあります。よその人が訪ねてきて見られたらみつともない、というその見栄だけが動機のこともあります。こういう人は、よその人が訪ねてこなければ、ふすまの修理はしないでしようし、また、そういう人の目につかないところには、まつたく気持をとどかせないでしよう。人には見えない下着の不潔は気にならない人です。

もうひとつは、やぶれたままのふすまの部屋にいることは、たとえ人は訪ねてこなくても、自分がやりきれないという動機で修理する人です。自分のくらしのよろこびのために、自分の住いを、いつも、よりよくあらせたいと願つている人です。人目にはつかない、しかし自分がそこで毎晩やすむ寝具などは、とくに趣味よく清潔にしているような人です。

虚栄心を動機にしたおしやれは、いつも人を見くだそうとすることで、求めない孤独に身をおいて、その心のなかはかえつて、さびしいものです。そのおしやれによつて、人間としての自分の心まずしさをかくそうとすることで、かえつて、それをむきだしにしているものです。おしやれということが、なにかわるいことかのようにいわれるのは、そういう場合です。

しかし私たちは、そういう虚栄心から解放されたおしやれの心だけは、どんなとぼしいくらしのなかでも、かならず、もつていたいものです。そしてそのおしやれの心を、自分のための自分の生活への深い愛情とつよくむすびつけて、それを自分の生活のなかにたえず生かしていくくらしをしたいものだと思います。

（評論家）

クリスマスをめぐつて

クリスマス、と云えばお酒を飲んでオールナイトで踊り明かす、そんな傾向が最近は特に著しくなつたようです。とりどりのクリスマスツリーが街を彩る日も近づいた此頃、ほんとうのクリスマスとはどんなことか、改めて考えてみましょう。

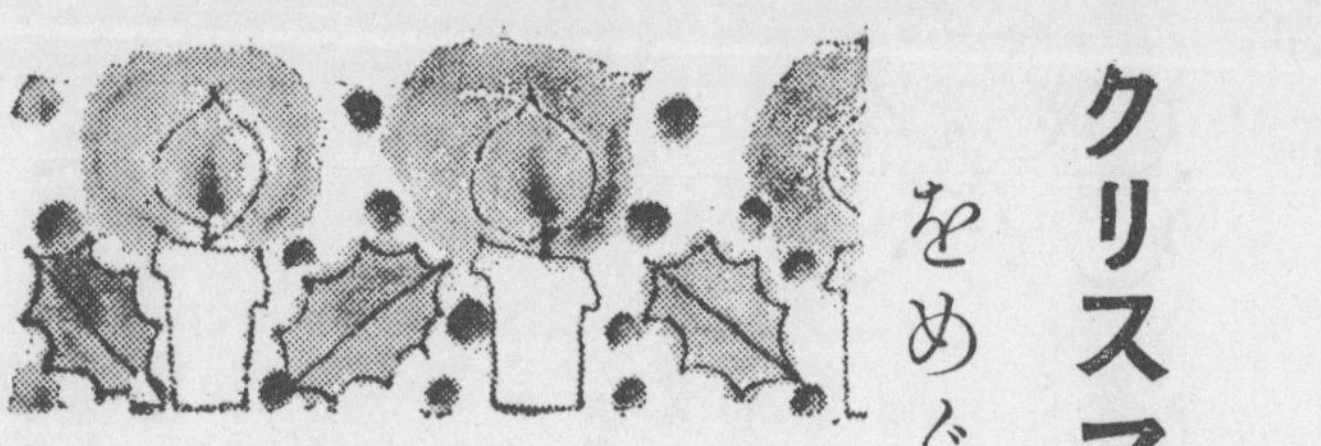

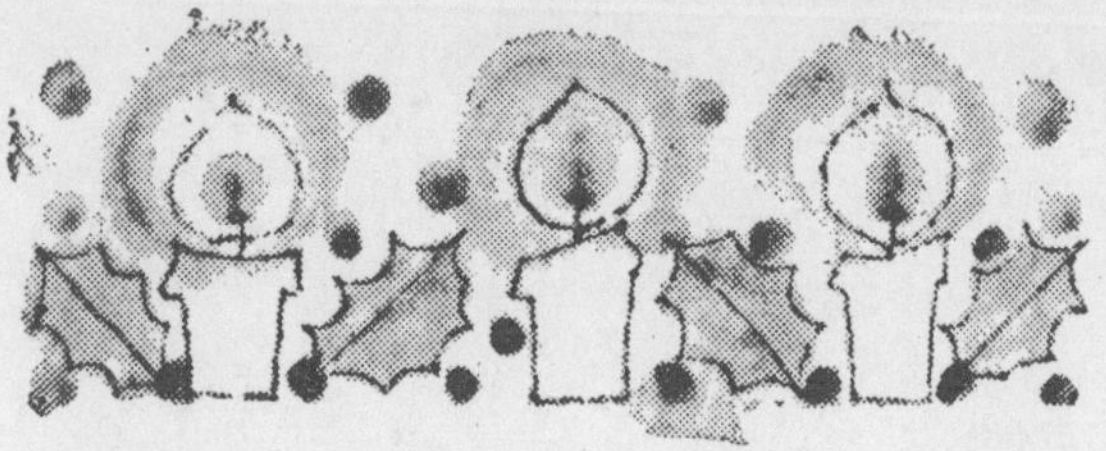

クリスマスの意義

村岡花子

街頭にはサンタクロースが闊歩し百貨店にはクリスマス・ツリーが飾られ、ダンスホールやキャバレーからは「ジングルベル」の歌声がわきあがる。

クリスマス・セールの宣伝はラジオにテレヴィにしつこく迫つて来る。ひいらぎの赤い包み紙の買物を両手にかかえた人々が商店街を派手に歩き廻つている。この浮々した、あわただしいのがクリスマスというものだと思つている人々が国民の大部分である中に、或る少数の層にとつては、これは純粋の宗教上の祝典であり、一年をとおしての最高最上の意義深い日として守られている。キリスト教国でもない日本の国民にとつては、クリスマスは父祖伝来の祭りと休日でさえもない。終戦後たちまちにして破竹の勢でひろがつて来た新しい狂燥曲の演奏のようなものである。

敬虔なるキリスト教徒は、クリスマスをこのように評することについて憤慨するであろう。然し国民の最大多数にとつては、これはただ新しくはやつて来た「西洋のお祭りさわぎ」として歓迎されているだけだという現実を、篤信なるキリスト教徒が真正面から認識することによつて、クリスマスの歴史的意義が正しく把握される道がひらかれるのである。

踊りとジャズと饗宴にどよめく繁華街の片隅に置かれた救世軍の社会鍋――この季節に特に恵まれない境遇の人々を憐んで――と呼びかけるその声の中にクリスマスの心がこもつている。ユダヤの国の片田舎のみすぼらしい宿屋の馬小屋にイエスと呼ばれたあかごが生れたという事実の上に幾世紀を重ねたクリスマスの根拠が存在する。イエスの地上の年月は多くはなかつた。僅かに三十年余りの年月を彼は貧しい人々や罪深い人々、世に知られない庶民の中に交つて暮した。彼は一冊の著書も残さない。けれどもこのイエスの言葉を直接聞いた人たちやまたその人々から伝え聞いた者たちによつてイエスの言行録ともいうべき書が作られている。イエスを信じる人々によつて偉大な運動が起されて来た。殊にイエスが同時代の権力者の憎みに逢つて十字架の死を遂げつつも誰をも憎まず怒らず、人類の罪を悲しみ、そのためにのみ祈つたのを目撃した人々の中からは偉大なる指導者があらわれ、それが今日のキリスト教の土台となつたのである。

クリスマスは歴史的に言えば、この一人のイエスの誕生を記念する祝典なのである。イエスの誕生と死の事実に源を発して起つた善意ある人々の愛他的運動と隣人愛を讃美するのがクリスマスの素朴な意味である。クリスマスにはせめて最少限度でもの愛と同情の発露が全国民の中に見られるべきであり、そのための教育は一種の高い常識養成とも考えられるのである。キリストの生まれたユダヤは古代の文化国であつた。ダビデ、ソロモンというような偉い王が次々とあらわれ、法律学者も詩人も政治家も多く出で、天才の国といつてもいいほどであつた。それでも長いあいだに国は衰え、ついには外国の属国となり、国民はとりこになつて異国へ連れて行かれた。

その絶望の国民に唯一つの希望があつた。いつの日にか、彼等の中から世界の光となる人が生まれるということを、大詩人である預言者が書きのこしたそれである。そして今から二千年近い昔、ユダヤの国の片田舎に生まれた――それもローマの支配下にあつたユダヤ人民の戸籍調べがあつて、みなそれぞれに生れ故郷へ帰つて行つた時――イエスをみごもつていた母マリヤはベツレヘムの村里の農家の馬小屋でしか泊れなかつたほど、村じゆうが混乱していた夜、イエスはこの世に呱呱の声をあげた。これが最も素朴なクリスマスの物語であり、ここから新しい歴史が出発しているものである。

（評論家）

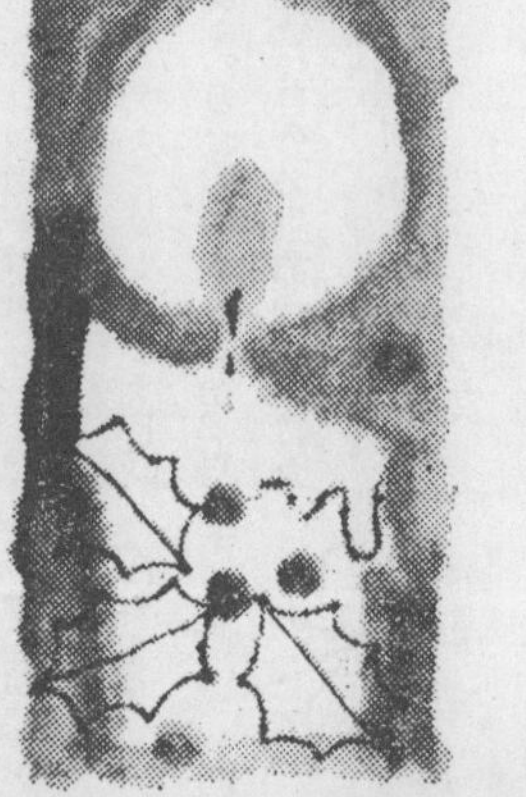

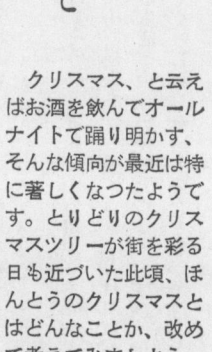

クリスマスの佳き日

デービス・スミス

日本に来て早いもので、もう六年の月日が流れました。六回のクリスマスを日本で過したわけです。私の生国イギリスのクリスマスとは、日本のクリスマスは、随分違つたものでした。まず驚いた事は、聖い夜であるはずのクリスマスの宵に、大変騒々しい事でありました。もちろん、お祭りですからイギリスでもパーティは開きますが、静かな、本当にキリスト教の祭日にふさわしいパーティなのです。

〝独りの御子イエス・キリストをあたえ、聖霊の動作《はたらき》によりて其の母・処女《おとめ》マリアより生れしめ、真の人性を具えたまえり。是その罪の汚れなきを以つて我らの罪を悉く潔めんがためなり〟祈禱書にもある様に、クリスマスのお祭りとは、イエス・キリストの誕生を祝う日なのです。キリストの教えを守る為に一年間の人生の目標を此の日に、キリストの教えにより建てる大切な日なのです。深夜十二時の鐘がなると共に、教会は、一斉に讃美歌の声が起ります。どの家庭でも、この日には深夜の礼拝に教会に参ります。星空も冷めたい十二月二十四日、手に手に持つた蠟燭に灯をともして、子供も大人も教会に集ります。口々に〝聖し此の夜〟と歌いながら集るのです。礼拝の済んだ後、小編成の合唱のグループを作り、病人の家の前に行き、クリスマスの讃美歌を歌い孤児院にキリストの誕生を知らせに行くのです。私達も少年の頃、白いサプリスにつゝまれて黄金の十字架を手に、蠟燭の光の中で、家々の窓の下を讃美歌を唱いながら、通つたものでした。冷めたい冬の深夜星空も澄み通つた藍色の世界で、静かに鳴り渡る鐘の音。そして、そこゝで合唱の声が夜のしじまに柔かく聞こえてくるのです。そして、クリスマスの夜を祝つたものでした。田舎の道を私達は讃美歌を唱いながら、ピカピカと光る星を見つめながら孤児院に行つた事をおぼえて居ります。手に手に持つたさゝやかなプレゼントを、そおつと孤児院の窓の中に押し入れる事の出来るうれしさ。こうして、又、この一年を幸福に健康に神の御教えを守つて過す為のこの聖い夜は大切な日なのです。礼拝に行かない場合でも、（東京に来てからは、家庭でクリスマスを過します。）午後七時頃から、家族の顔を揃え、その時は、働いてもらつているお手伝いの人にも休んでもらい、家族全部で広間に集ります。二三日前から子供達の手で飾られた、クリスマス・ツリーの豆電気の美しい光の中で、暖かそうに燃えるストーブを囲みます。クリスマスを祝う祈禱をおこない、家族で順順にクリスマスに関係のある個所の聖書を読み上げます。そして、讃美歌、クリスマスキャロルなどを唱うのです。家庭パーティを開くわけで、子供達のお友達も、可愛いドレスを着て現われます。知り合いの人達も「クリスマスお目出度う。」と云つて玄関に立ちます。そして、おとずれた人達と一緒に葡萄酒を頂きます。葡萄酒は、最後の晩餐の時に、主が、パンと葡萄酒を取られ〝我が血と思い食せ〟と云われた所から、葡萄酒によつて、主の御教えを再び理解する為のもので、祝いものとして大切にあつかいます。讃美歌、キャロルと、クリスマスにふさわしい行事をするわけです。どんなに忙しい仕事を持つていても、その日だけは家庭に帰り、一家の人達と祝う事を私達の喜びとしているわけです。さゝやかな祝いの食卓も、決して、豪華なものではありません。そして、プレゼントが開かれるわけですが、これも、それ〴〵の生活の中から割り出したもので、贅沢なものではなく、心のこもつたものが用意されます。私達の家庭では、家族で各々一つずつ、孤児院にプレゼントをするものを出します。それを一つにまとめて、近くの孤児院に持つて行くわけです。讃美歌を手に蠟燭の光で子供達を先頭に皆で出掛けます。こんな、さゝやかな贈り物でもクリスマスの祝日として神への奉仕とするわけです。

クリスマスこそ、日頃、神に仕えられないような忙しい仕事を持つ生活をしている私達には大切な日です。心を清める為の一日を、ダンスホール、キャバレーなどで送るなどとはもつての外ではないでしょうか。主の御教えに従い、静かな喜びにひたる事こそ、クリスマスの佳き日にもつとも大切な事です。聖し此の夜と、クリスマスの宵は讃美歌で一ぱいにしたいものです。星空も麗わしいクリスマスの宵を、主よ守りたまえ。

（貿易関係英人日本在留六年）

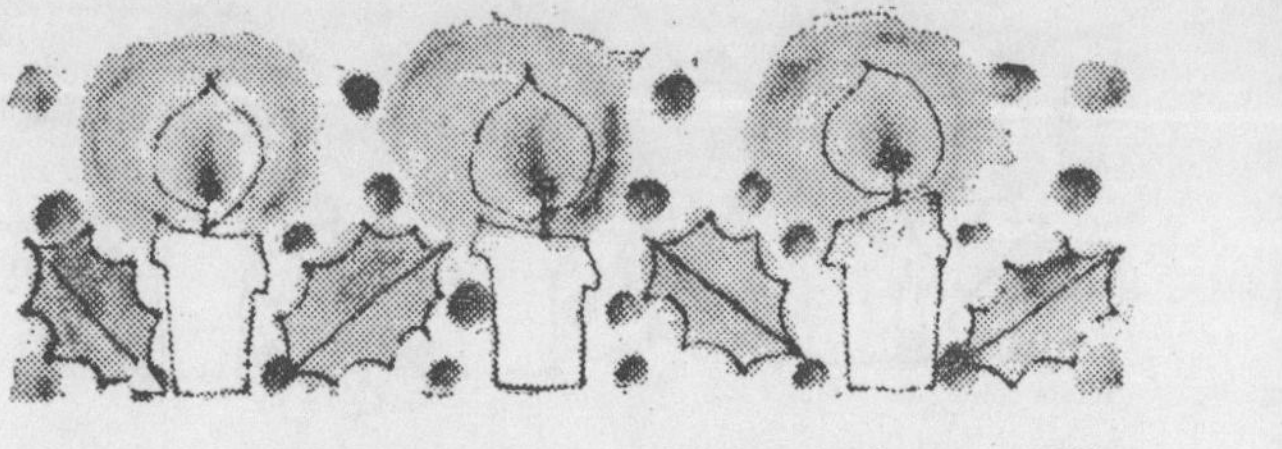

メリー・クリスマス

小林道子

十二月に入りますと、方々の教会で、クリスマス礼拝と祝会が行われます。教会員は、各々その所属致して居ります教会の礼拝を守ります。その頃街には、近づくクリスマスの跫音のような、ジングルベルの音楽が流れ、窓々には白いおひげのサンタの氾濫となり、緑と赤のクリスマス色に塗り潰されます。そして段々、クリスマス気分が盛上つて参りまして、十二月二十四日のクリスマスイヴに、最高潮に達します。三人の娘の中二人嫁ぎ、大学生、高校生の母として、日常は皆、それぞれ忙しく過して居りますので、ゆつくりと話合う暇も御座いませんが、一年一度のクリスマスには、家族全員集りまして、楽しい一夜を過しますのが、永年の我家の習慣になつて居ります。

代々基督者の家庭に育ちました私共は、子供の折、日曜学校に通つた頃の、郷愁のようなものをクリスマスイヴの、ローソクの灯影に泌々と味い、現在の倖を感謝致すので御座います。そしてこの楽しい想出を、子供達にも、孫にも何時迄も残してやり度いと思つて居ります。

Xマスも間近になりますと、夕食の後、ストーブの囲りに集りまして、皆でXマス の御献立を考えます。私が予算を申しますと、御献立に合せて、出来るだけ、豪華に見えて、美味しく、経済的にと、工夫を凝します。上の娘が、「矢張り鳥とケーキは私に作らせて頂きますわ」と主になるものを決めます。スープは何、もう一皿は何、附合せは、サラダはと、次女がメモして計算を致しますと、どうしても足が出て仕舞います。末娘は、デザートを豊富にしてね、と主張致します。側から婿も「お母さん、アルコールも出るでしょうな」ええ、勿論よ、と又皆の満足するような御献立に直します。何しろ一人前二百円の予算では思うように参りませんが、鳥の丸焼を止めてひな鳥の骨附のフライにかきのスープを主にしてと決りました。余分な買物はしない様に、細かく御買物を書出し、分担を決めます。先ず男の子には室の御掃除、ストーブ用の薪割。ツリーを立てる事、等頼みます。

ツリーは奮発して大きなのを立てます。何時も花やさんに、自分で参りまして、下枝の張つた形の良いものを選び、樽の中に薪でしつかりと十字に止めます。奇麗な包紙で樽を包み、頂上に星を飾り、銀のモールを沢山かけます。雪の綿はいかにも雪が積つた様にのせませんと感じが出ません。そして豆電灯を灯けます。赤や緑のモールも美くしゆう御座いますが、宅では銀一色に致します。当日は家族だけでなく、東京に勉学に来て居ります親戚の男の子等も、招きます。主人にも早目に帰つて頂き、娘夫婦に孫達も賑かに集ります。人数が揃い、準備が出来ましたら灯を消し、ローソクを各自手にして、「もろびとこぞりて」のさんびかを歌い乍らピアノの室に集ります。そして、終り頃食堂に入ります。食前の祈りを捧げ、ブドー酒の杯をあげて、メリークリスマスを、申しまして、食卓に着きます。後は賑かに、心尽しの御馳走を頂き乍ら歓談致します。後片附けは男の人も手伝つて呉れますので、案外早く片附きます。女の人達はその間に御化粧を直して出て参ります。又皆でさんびかを歌つたり、ゲームをしたり、のど自慢やらで、爆笑が湧き、それに驚いて、赤ちやんが泣き出す始末、パ、マ、の様子を見て、孫達は大はしやぎで、飛び廻ります。

咽が乾きますと、誰かゞ、お茶に致しません?と、云い出します。待つてましたと、飾つて御座いますケーキを持ち出すのは高校生の次男、ツリーの下には何時の間にか沢山の、プレゼントが積まれて居ります。この時一人一人の名前を呼んで分けるのが長男の役で御座います。御小遣いの中から、心懸けて、溜めたお金で、御互いに気附かれない様に、こつそりと、その人の欲しそうな物を苦心して買い集めたプレゼントで御座います。自分の欲しいものも買わずに、父や母に、上げるものを、姉や弟の、欲しい物をと、本当に、何時用意したので御座いましようか、その心がうれしくて思わず涙ぐんで仕舞います。殊に御手伝いの人に対しては、こんな時淋しい思いをさせまいと一番多くプレゼントが渡されます。

普断は無関心に見える、あの子の何処にこんな優しい心遣いがあつたのかと感心したり致します。最後に、子供達一同より両親へ心を籠めた贈物が渡され、一同拍手の中に感激して頂きます。子供の幼い頃、寝しずまるのを待つて抜き足、さし足、ベッドの枕元に贈物を置いて、主人と目くばせして室を出て行つた日のこと、翌朝の歓声、「マ、本当にサンタのお爺さんこんなに持つて来て下さつたのよ」と寝巻のまゝ呼吸はずませて走つて来た姿、皆昨日のように鮮かに想い出します。今こうして親を喜ばせようと、皆で心を遣つて呉れるのを見ます時、幸福とはこのような、ひとときの事かと思い、パチ〳〵と燃え続けるストーブの火が、いつしかボーッとうるんで見えなくなつて仕舞うので御座います。

（ライオン油脂監査役小林多平治氏夫人）

クリスマスの想い出

中原淳一

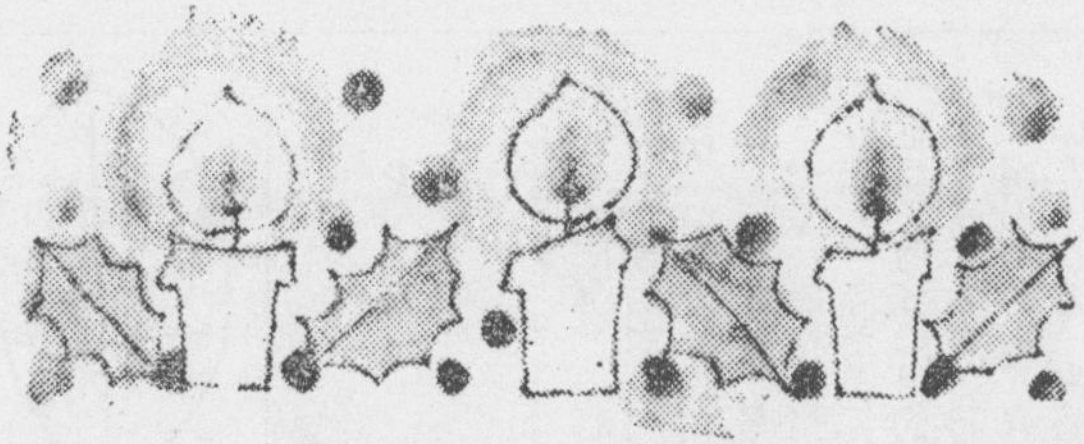

私はクリスマスをかならずしもキリスト教に結びつける必要は感じないが、たゞキャバレーの商業政策と夜通し飲み歩き族の騒ぎ廻る一夜となつて、紙帽子をかぶつた酔いどれたちのクリスマスにだけなるのは、私には苦々しいことの様に思えるのだが——。

十五、六才の頃から教会のクリスマスの飾りつけといえばいつの間にか私の役目になつて、来る年毎にそれに工夫をこらし、もう十二月に入つた頃ともなれば、さて今年はどんな風にしたものだろうかと、ひまさえあればそのことを考えて、夜、床の中に入つてもそのことでなかなか眠れなかつたものだつた。

童話劇をオペレッタ風に自分で脚色をして、やはり教会の青年で音楽の勉強をしているI君に作曲を頼み、学校からの帰りは毎日、直接教会によつて、そこで日曜学校の生徒たちと、日の暮れるまでその劇の練習をした。こうして演出？や、舞台装置に毎日毎日忙しい日であつたが、日曜学校の生徒たちを学年別に分けて、皆の贈物のことなど考えるのも私の役目であつた。明日がクリスマスという前日ともなれば、子供たちと最後の稽古を続け、終つたら子供たちと手をつないで、教会から近い順に一人一人を家におくりとどけ、その後は教会の青年たちの手で飾りつけに夜の更けるのを忘れていた。それは何といつても私には楽しくまた美しい想い出としてよみがえつてくる。

クリスマスプレゼント、と言えばそれにまつわる色々な楽しい想い出もなつかしいが、まだ小学生の頃、「さあ今年は誰と誰にどんなものを贈ろうか」と頭をひねつて、それを買いに街に出る、その楽しさは今も生き生きとして私の胸によみがえつてくるものだ。——それは、時々貰うお小遣いを母にあずけておいて、クリスマス近くにまとめて貰うのだが、それがどの位の金額であつたかはつきり覚えていない。そのお金を手にして、先生、友だち、家族などと、親しい人たちを列挙してそのお小遣いを人数割りしてみると一人あたり三十銭位になつたように記憶する。その当時の三十銭といえば今の六十円位かもしれないが、ともかく金額がきまると私は姉たちや又友だちと街に出かけて、文房具屋とか小間物店などで、まず姉たちのために抒情封筒が二十五銭、友だちには焼き絵の筆箱が二十五銭、鉛筆が一ダース二十一銭、母にはこれ位の金額で何が買えるかと、頭に浮んでくる。それを受取る人たちのことを頭にえがきながら研究してみた。あの人にはこれを、この人にはこんなものをと、私は限られた予算の中で、あれこれ思いめぐらせるのだが、さて買うものがきまると「ちよつと外に出ていてくれなきやいやだ」と姉や友だちは、お互に店の外に出て貰つて、何を買つたのかわからない様にする。そうしてやつと皆のプレゼントを買込むのだが、さあそれからが又一苦労である。というのは、誰に何を贈るかが人に判つてしまつてはつまらない。ところが姉たちと一緒の子供部屋の中で、誰にも見られないように、一つ一つ工夫をこらして包装するのは、幼い私にとつて一大難事業であつた。しかしその苦心というのも、まごころをこめてものを贈るという、そのよろこびで充分報いられるのだつた。

こうして、さてクリスマスの朝を迎えると、何だかその日はわくわくして胸がおどる。まず、母姉たちの家族の者から、又、教会関係の人たちや学友の贈物を受取るその大きな喜びは、そんな経験のない人たちにはとても理解できないものではないだろうか。緑の葉のひいらぎの小枝をそえた、赤い紙包み、又白い紙包みの、白や赤のリボンをとくそのうれしさ。そうして、前日に姉弟で飾りつけたクリスマスの木のそばで讃美歌を歌つて、お祈りをして——その一日は床に入るまでそわそわと落ちつかないほどに自分が豊かになつた様な楽しさで胸がいつぱいである。

賑々しいクリスマスを私は好まないのでもないけれども、そして又、別に宗教的な目的のようなものはなくてもいいのだけれど、日本にクリスマスと云う日があるのなら、明るくて健康に皆で楽しむクリスマスは忘れてはならないように思う。

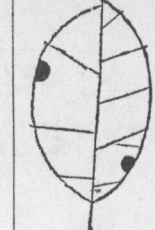

最近の言葉から —その8—

P・R

Public Relations(公的関係)の略語でアメリカが本場。日本に入つたのは昭和二十四、五年だが、最近ようやく一般化してきた宣伝の一種だが、販売拡張を直接の目的とせず、まず大衆の善意をつかんでから、さてというやり方。歯磨会社の口腔衛生運動、新聞社の災害地見舞金募集等々、実際的には古くから行われているのもある。

生産性向上運動

〃生産を増大して価格を下げ、実収入をふやすため企業経営を全面的に合理化する〃運動。〃狭い国内で過剰な人口が生活するための最後の方法〃と説く人もある。今夏あたりから大企業筋は大さわぎしているが、労働団体の方は一向気乗りしない。合理化といえば、必ず労働強化と人員整理がつきものだからだ。先生は例によつてアメリカ。

三十円ビール

ビールの小売値は百三十五円。ふつうの飲食店では百五、六十円頂戴する。客が瓶に飲みのこしたのを集め、重曹を放りこんで栓をしたのが、この三十円ビール。栓を抜けば結構泡を吹く。アルコール分は若干うすいが、何しろ値段がモノをいつて大歓迎。ただし、どこでもここでも飲めるわけではなく、本場は浅草で、しかも屋台店。

教育映画祭

教育映画振興のための会議、優秀教育映画の審査、授賞、優秀作品製作者の表彰などがその主なスケジュール。本年は第二回目で、十一月九日から一週間、東京ほか数ケ所で開かれた。日本で製作される教育短篇映画数は年間四百八十本、数では世界一、二という盛況。最近は色彩物や長篇物もふえて前途洋洋。主催者は教育映画総合協会。

エルマン・トーン

ミッシャ・エルマン独得の甘美なヴァイオリンの音色。電波にのせると、せつかくのトーンもだいなしになるというので、今秋日活スポーツセンターで五千人を前にして演奏した時も、拡声器を使わなかつた。ラジオの場合も特に〃ハイファイ〃という方法を採用し、出来得るかぎりナマの音に近くして放送したという、宝玉的音色。

国際家族計画会議

世界中の良識を集めて、人口過剰を解決しようとするもの。その第五回が今秋東京で開かれたが、バース・コントロール(B・C=産児制限)という呼称の創始者マーガレット・サンガー夫人が議長となつた。参加国は日本、オーストラリア、アメリカ、タイ等々の十五ケ国で、産児奨励にヤッキとなつているフランスは、さすがに出なかつた。

撚縮(けんしゆく)スフ

名前はいかめしいが、大部分のサージ、ギャバジン、モスリン、ギンガムなどがこれで作られている。以前のスフ糸のように真直ぐでなく、綿糸のようにねじれ、羊毛のように縮れているもの。肌ざわりがやわらかく、温いばかりでなく、値段も人造繊維のうちでいちばん安い。昭和十五年京大隅田武彦博士が製法を発明した。

反毛

中共の毛沢東主席に反抗する、という意味ではない。羊の毛のくずのことで、純毛ものの古服をつぶして再生する場合、その中古純毛のくずのことも、やはり反毛という。本物が高価なので、この中古反毛を再生する業者がワンサとふえ、おたがいに経営が苦しくなつてきたので、今や調整組合をつくつて、生産や出荷を制限している。

最近の言葉から —その8—

申(さる)年

子《ね》、丑《うし》、寅《とら》、卯《う》、辰《たつ》、巳《み》、午《うま》、未《ひつじ》、申《さる》、酉《とり》、戌《いぬ》、亥の十二支のうちの申で、昭和三十一年がそれに当る。「さる」は「去る」に通ずるところから、この年の結婚は不縁になるという迷信があり、くり上げ結婚で昭和三十年は空前の結婚ブームを現出した。するめをあたりめ、梨(無し)を有りの実、葦(悪し)をよしというたぐいのナンセンス。

ノイローゼ

代表的現代病で神経症ともいう。刃物を見るとサッと切られそうに感じたり、自動車に乗ると必ず便意を催して飛降りたりはまだ生易しい方で、不潔感から一日に何十回も手を洗つたり、呼吸困難になつたり、心臓がとまつたりで仕事も出来なくなるのもある。刺激過剰の現代生活が生んだ一種の恐怖病で、特に心臓系統に多く現れる。

ストレス

たとえば一枚の薄板をねじるとする。すぐ手をはなすと元へもどるが、いつまでもねじつているともどらなくなる。いわばその復元力のようなもので自然療能ともいう。病気現象だけを相手とする近代医学の対症療法にあきたらず、この自然の復元力を助長しようというのがストレス学説。ただし、東洋医学では何千年も前から実施している。

法定鉱物

鉱業法に指定された鉱物。原子炉造築、濃縮ウラン受入等々で、一般の人の話題にも出るようになつたウラン鉱が、最近これに指定された。これで、金、銀、銅、石炭などをはじめ、法定鉱物は四十になつた。この鉱物は土地買入、採掘等の面で国家的な保護を受ける。ウラン鉱増産に、政府もよくやく本気になつてきたというわけ。

サルタナ・ルック

トルコの王妃、つまりサルタン妃に似せたお化粧の意。眉を山型にし、目尻と唇の両端をつり上げて描き、肌を少々赤つぽく塗るのがその要領の由。ただし、服装の方がアメリカ調ではトンチンカンで、この方もオリエンタルに整える必要がある。ウシュカダラだの、イスタンブールだののトルコ調流行歌のお次がこれというわけ。

ボンション

西ドイツの復興のめざましさは世界の驚異だ。その首都がボン。ハクつけに〝洋行〟する日本の代議士や政治家は我も我もとボン参りして大統領に面会を申込む。面会したところで別に何を話すでもない。ただ握手しているところを写真に撮り、選挙民への宣伝に使うぐらいのところ。終戦直後の〝アメション〟に代るニューフェース。

百円銀貨

五十円硬貨が出廻つた頃、ヒョイと公表されたのが百円銀貨発行計画。まず、百円札の原料ミツマタを栽培している農家三万戸がインネンをつけ、百円札を刷つている印刷局従業員が死活問題だとイキリ立つた。一方百円銀貨をつくる造幣局従業員の方は、これこそタナボタと大喜び。政府も途方にくれて、この銀貨目下〝生れ出る悩み〟中。

世界人権宣言

ルーズヴェルト夫人を委員長として起草され、国連第三回総会で採決されたもので、「すべての人間は生れながら自由であり、尊さと権利において平等である。人種や皮膚の色、性、言葉、宗教等によつて差別されてはならない」という、くすぐつたくなるほど結構な主旨で、忘れた時分に、まるで虫干しするみたいに引張り出される。

新聞小説というもの

瀬沼茂樹

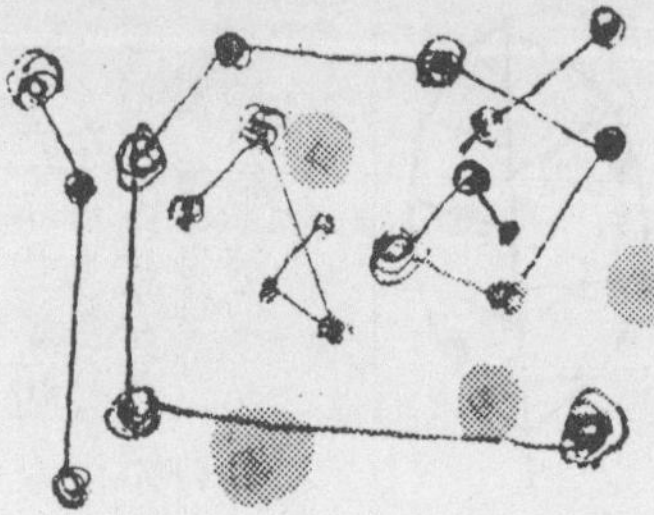

新しい冒険の可能性

新聞小説というものは、あらゆる階層の茶の間に入りこんで、家庭の話題になるものです。どこの家庭の、どんな人たちでも、好んで口にできるような、わたしたちの生活の約束、すなわち道徳意識という厄介なものをまもつているという暗默の諒解をもつています。誰でも、自分たちのもつている生活意識を紊したくないという、一つの健全な良識を用意しています。新聞小説は、そのようなものを最大の公約数として、いよいよ拡つていく読者層をとらえていくのだということが、まず最低の前提としてあります。

しかし、誰でもすぐ気がつくことは、それなら道徳的な世界の話に魅力を感じているのかといえば、決してそうではありますまい。山本有三の一連の新聞小説のように、一種の人間形成の小説、或いは立身出世の小説に興味を感じたとしても、それは修身としての面白さを認めてのことではありません。むしろ社会の道徳的秩序からふみはずして、生命の意志にしたがつて活々と生きているような生き方に、不逞な魅力を感じているといつたら、妙な言い方だと批難されるでしょうか。実は、小説は、日本でも、西洋でも、女性によつて、女性のために生まれた芸術ですが、女性にそのような不逞な魅力を提供するところに、発達したのですし、新聞小説も、今日では、そのような「悪の愉しみ」を秘かにもつていないとはいえないのです。そこに新聞小説の、今日の新しい冒険の可能性がひらかれているとも、考えられます。

三面記事的な性格

考えてもごらんなさい。茶の間の話題といつても、実に千差万別です。しかし、その話題は、たいてい向う三軒両隣りのような他人様の事件、早いところで、新聞の三面記事のような事件がいい話題ではありませんか。そして三面記事に美談がないわけではないのですが、結構、他人様の不幸が食卓を無事に賑わす良い話題であつたりするのです。こんな言い方は悪趣味だと思われるかもしれませんが、実は他人様の不幸のうちに、生活のくすんだ秩序をやぶつた生命の潑溂とした力を認めて、そこに怪しい魅力をそゝられているのではないでしょうか。「嫌アネ」などと当惑した表情をみせながら、結構、面白い話題だというわけです。その底に、自分たちの生活の秩序は守られているという安心感があつてのことだということは、この場合、別につけ加えるまでもありますまい。

道徳的な話題というものは、それとしては、面白くも、可笑しくも、あるはずのものではありません。わたしたちの日常を律している秩序は、とりわけ、退屈なものです。読む方でも聞く方でも、わたしたちの生活の秩序は決して荒だててほしくはないのですが、だからといつて、他人の紋切り型の話は話にもならないでしょう。だから、大変妙な言い方になるのですが、中庸な生活意識としての道徳を最低の線として、良識としてもつているかぎり、むしろわたしたちが日常行いがたい道徳を越えた千変万化の生き方のほうが不思議な魅力をもつてくるという理屈にもなるのです。

その上、わたしたちの日常の道徳も、敗戦から、たいへん変つてきています。もちろん今日でも、昔の家族制度の道徳が風俗習慣として生き残つていないわけではありません

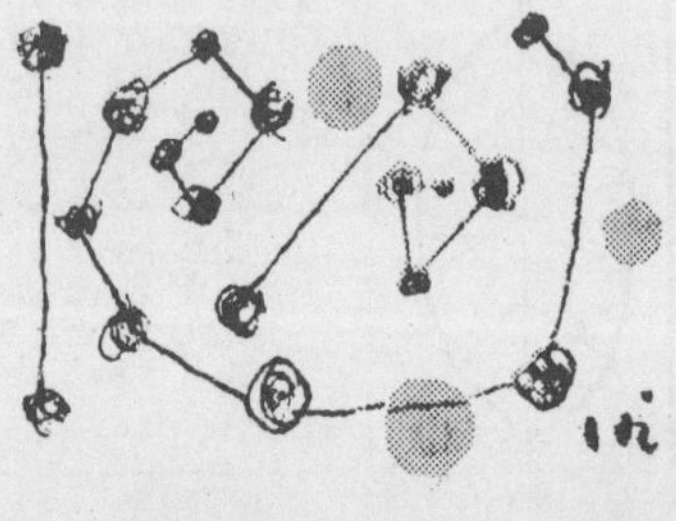

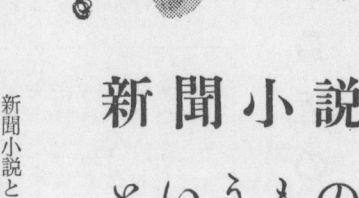

し、新聞雑誌の身の上相談も多くはそうです。しかしそれは、今日では、必ずしもわたしたちの守らなければならない最低の道徳というようなものではなくなつているのです。早い話が、明治の昔、新聞小説は家庭小説でしたし、その家庭小説は、当時ベスト・セラーとなつた『不如帰』（徳富芦花）『魔風恋風』（小杉天外）に代表されているような家庭悲劇——一言でいえば、家族制度下の女性の悲劇でした。大正の新聞小説の改革者菊池寛の代表作『真珠夫人』もまた、家族制度があつて、その裏返しとしての男性に対する女性の復讐でありますが、今日の新聞小説はどちらかと云えば、そのような家族道徳から自由に、いわば人間性に即して、一種の人間の道のようなものを前提として考えているのではありますまいか。新聞小説で今日の家庭小説として喜ばれている林房雄の青春もの（『妻の青春』その他）をとつてみても、「家庭」そのものの意味が変つてきていることは、たやすく考えられます。尾崎一雄の『冬眠先生慌てる』の喜ばれた所以は、夫婦を中心とする家庭の平和な生活がユウモラスに表現されているからで、「家の悲劇」は少くとも重要なテエマとしての価値を失つています。

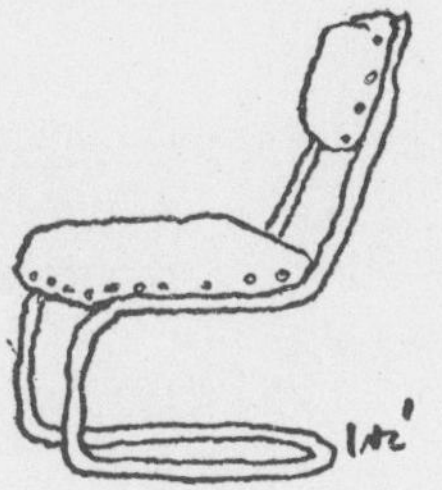

現代の悪徳を追求する

ところで、今日、わたしたちに強烈な興味を呼んでいるものは、なんといつても、普通の良識や道徳をとびこえた生命の力の開示となつている新聞小説で、日常の道徳に小心におしつぶされているわたしたちに人生の広い展望をみせてくれるものです。生活の外殻としてある道徳は、必ずしも生活の実質としてある生命にとつては、人生の豊かな意義を教えてくれるものではありません。当代一流の作家ともなれば、固い生活の外殻が亀裂をみせている今日、わたしたちのうちにある生命の力を実感させるように、多少の危険を冒しても、その生命に活路を与えるところに、創造の喜びを感じないことはあるまいと考えるのです。ここに、今日の第一線の溌溂とした作家が、新聞小説に、思いもかけぬ新しい生面をひらいているということができます。

すでに読者はおきづきでしようが、石川達三が、『悪の愉しさ』や『自分の穴の中で』において、およそ新聞小説の常識を超えたような方向に進んでいることを、暗に考慮にいれていつていたのです。わたしは、石川が戦時の暗黒政治下における知識階級の運命を描いた『風にそよぐ葦』のような一大社会小説が新聞小説として異常な成功をおさめた——そして、これは紀念すべき作品となつたことと併せて、それを考えたいのです。『風にそよぐ葦』は、考え方を変えてみれば、政治の悪にいびつになつた人間の群像です。そこで、広瀬や邦雄のような小悪党を書き、そういう悪に飜弄される可憐な女性榕子を配して、読者の同情を吸引していつた手法とその成功とが、作者に敢て今日の社会の悪徳を追求する可能性をひらいたのではないでしようか。

悪の愉しみを味わいつくす

元来、悪の愉しさということは、それ自身、道徳や秩序にたいする挑戦でありますし、読者の健全な良識からいえば、反感を買うような性質のものです。作者は、実際また反感も買つたのですが、作品そのものの力で、これにうちかつて、話を面白いものにしたてているのです。その話は奇想天外の面白さではなく、今日の三面記事の面白さで、戦後の風俗小説が多くとりあげたものと、そうたいしてちがつてはいません。異るところは、今日の社会には生きる目的がなく、その日その日を、ちつぽけな罪業にちつぽけな愉しみを重ねながら、そんな悪の愉しみのなかにある生命のデカダンスに意味づけを行つていくことにあつたというべきです。つまり、悪の愉しみを味いつくすような生命力の強さというものが、結局は生命の盲目性に他ならず、はかないものだということに落ちつくことを教えるのです。殺人という罪業によつて、生命の怖れにめざめ、敗れるのです。ここにも、文学そのもののヒュウマニズムが最低の良識として、発揮されているといつたらよいのではありますまいか。作者は、案外、抜目なく巧者なものです。

姦通小説の角度

『悪の愉しさ』や『自分の穴の中で』は、テエマを抽象的にとり出してきますと、一種ドギツイものになつてみえますが、この作者特有の心理、論理的にたゝみこむ文体が、案外、読者の反撥をおさえつける手練にもなつています。だから、ここにも戦後のめだつた

井上　靖の女性の理想像

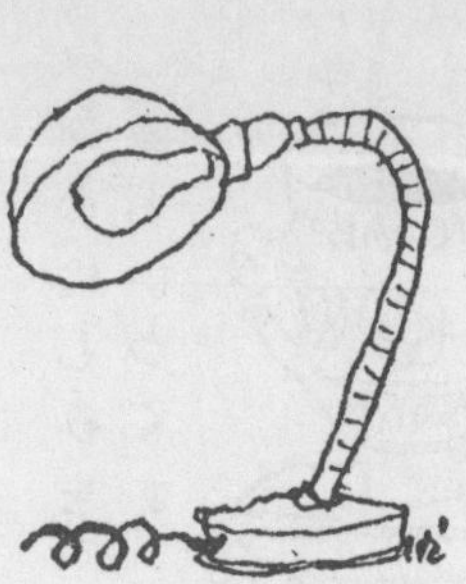

テエマ、姦通がとりあげられているのですが、それが『青い山脈』などを書いた石坂洋次郎の新聞小説の場合のように、抵抗らしい抵抗におかないのです。石坂は、ご承知のように、戦後、新聞小説に成功した作家で、それも戦後の民主主義の啓蒙を、諷刺と諧謔を含めて行つたところにあります。戦前の『若い人』系の小説を通俗化したような傾向もあつて、いわば普通の新聞小説にすぎません。社会小説としては、むしろ獅子文六の『自由学校』などが成功したものと思うのですが、案外、時間の蚕蝕を早く貿つているのは、時勢粧にたいする作者の批判が底の浅いためかもしれません。

石川達三と方向を異にしながら、やはり姦通がテエマの一つとなつている井上靖の行き方を、新聞小説として考えなければなりますまい。井上は『昨日と明日の間』『あした来る人』その他の新聞小説で、そこに作者の理想的女性を写したような人妻と、立派な才腕をもつた実行型の実業人とを交渉させながら、その不即不離なような関係に、小説の進展の鍵をひそめています。作者が描く人妻は知性のすぐれた、いわば清純な女性像で、およそ二、三の型に分類されるでしょう。新聞小説ではありませんが、最近の書きおろし長篇小説『黒い蝶』のようなものをとつてみても、『昨日と明日の間』の白戸魁太郎と彩田蕗子との関係を、三田村伸作と舟木みゆきとの関係に再現しているように思われます。井上の作品は、主人公を通じて社会性または時事性を濃厚に展開させて、ストオリイに幅をもたせながら、この人妻との有るか無きかの関係を、美しく抒情の中に流すのが通例です。

井上の女性の理想像は、これも新聞小説ではないが、『風村火山』の諏訪由布姫に、かえつてよく現れているのではないかと思います。武田信玄の謀将山本勘助が、西洋の騎士道のように献身する由布姫は、孤独で、清純で、高貴で、初めから主筋としておいたつた特別の女性です。作者は、山本がいたわるように、この女主人公をいたわつています。この封建的な騎士的礼節が、現代の若い女性像にたいしても、作者の終始といつている態度なのです。作者の描く女性は、作者にいたわられ、かしずかれた美しい、賢い女性なので、女性読者には自分の夢がいたわられ、実現しているような気がするのではないでしょうか。そこで、井上の女性は、作者の偶像であるとともに、読者の偶像でもあり、そういうものとして、現代女性気質を代表しているというべきでしょう。

或る意味で、井上靖の新聞小説は古い型のロマンスを追つているともいえるのです。そこに彼の新聞小説の成功があるのかもしれません。男女の姦通がテエマになつても、石川達三のように、肉体的な関係において、どぎつく書くことをしません、精神的なあこがれのうちに、その詩的な美しさのうちに、昇華していきますので、なにか宿命的な、どうにもならぬ運命のような、はかない暗さをたゞよわせながら、美しい人の世の姿になつているのです。そこに、彼は世間の良識から多く踏み外すことをしないで、しかもわたしたちがひよつとすると抱いているかもしれぬ邪な欲望を救つてくれるのではないでしょうか。実に、文学がもつているカタルシスはこんなところにもあるのだし、それは文学の効用といつてよいのではありますまいか。

「東京の人」に描かれた女性

井上靖が抒情のうちに救いあげた人生を、もつとアモラルな美の世界に追いつめていつたのが、川端康成の『東京の人』のような新聞小説ではないでしょうか。戦後『舞姫』のような新聞小説で追求した矢木と波子との夫婦関係は、やはり異常なものですし、波子についていえば、二十年も心に秘めた愛人があり、この二重の関係が娘のバレリーナのうちに宿つていきます。『東京の人』のばら園の女主人公白井敬子と島木俊三との関係、俊三の連れ子弓子への異常な打ちこみ方、——わたしは続篇以下を読んでいないのですが——になるのですし、ここに類似の構図がみられます。弓子に反撥する敬子の実子朝子、その兄の清、医者の昭男など、青春群像のしなやかな美しさは、「日本の哀れさ」といつた彼の美学の所産だと一口に片づけてしまうわけにはいきますまい。彼は、井上靖が男主人公の側から書いたのとちがつて、いつも女主人公の側から照明をあてたようにみえ、それも外形の美を抽象して、内部の世界のインデックスに仕上げていくので、おのずから人間の秩序をこえることが可能なのでありましょう。彼にとつて、いわば美的サンセリテがモラ

新聞小説の行方

ルに代つた作用をしているといつてよいのです。

この女ばかりの家における「愛情ごつこ」——たいへん、いいお母さんと、たいへんあどけない娘のお芝居と、朝子の許した敬子と弓子との関係、川端文学における義母子関係の美的価値は、たしかに一種の不逞な倒錯にちがいありません。重要なことは、この倒錯が愛慾やその他の欲望を醇化するということで、そこに読者を救いあげていく関係もあるのではないでしょうか。実際をいうと、弓子は人形として、作者の傀儡としての様相をもつていて、なにか、そのために、救われるというものがあるのです。一種の美的昇華で、必ずしも今日の若い女性の生きた姿を写したのではないのですが、作者の新聞小説としての意匠から、読者は結構、自己の偶像を見出せるのではないでしょうか。そういう点からいえば、みずから弓子にたいして可愛げのない娘になつていつたという朝子こそ、むしろ開かれた近代女性気質があるというのかもしれません。

新聞小説が近代女性気質を描くということは、今日のように、女性読者が強い発言権をもつている時において、当然の作家の努力といつてよいのです。昭和初年において菊池寛が新聞小説に成功したのは、小説の話の面白さも勿論あつたのですが、なんといつても、所謂モダン・ガアルの描出において、新機軸をひらいたからです。すぐれた知的な女性は彼の新聞小説において新しい生命を得たのです。ところで、今日、女性を描くことでは、『白い魔魚』の船橋聖一を挙げなければなりますまい。高見順も女性を描くことに巧妙な作家なのですが、新聞小説では、どうも、これはという傑出したものが認められません。彼は意匠に凝つて、思案に及ばずというような出来栄えに終ることが多いからです。

ところで『白い魔魚』の竜子は、新しい女子大学生を描いて、夏子もの以上に、彼の思いもかけぬ暢達さをみせて、読者を驚かせたようです。つまり、戦後の女子学生気質がそこに見事に描かれているからでしょう。しかし、それは作者の当然もつている芸なので、新聞小説としての新生面だとは、必ずしも思われないのです。わたしは、それよりも、あまり人が問題にしない伊藤整の『花ひらく』の方が、その本のあとがきにつけた新聞小説論とともに、形式的には、多くの実験を含んでいたと思います。新聞小説の特色は、毎日に山をもち、会話を十分に活かし、構成的に展開することで、船橋のような戯曲家出身には、比較的に面白いものが多くできるのです。山本有三、岸田国士、船橋聖一と考えてごらんなさい。これにたいして、会話の少い石川達三や伊藤整は例外にちがいないのですが、さらに社会のメカニズムと、その中の人間の役割、或いは非人間化というような、今日の痛切な問題を問うということも、新聞小説としての新しい企図だつたと思います。このように、新聞小説が枠をひろげて、わたしたちの秘かな願望を、小説的構図のなかにひろげることがますます大きくなつたところに、その愉しみも複雑に叶えられるようになつたのだと云えるでしょう。

（筆者は評論家）

おしやれ随想

貧しいおしやれの心

幸田文（随筆家）

おしやれのしかたは人さま〴〵ですが、何と云つてもその人の性格と生活が裏打ちされていることはいなめません。私のおしやれ心は貧乏くさいものなのです。

若かつた時、私はよく働いて家事はなんでもやつてのけました。ですから毎日の水使いで手は赤く、白い手がうらやましいのでした。でも仕方がありません。しみ〴〵と赤い手をみつめて指輪は似合わないと思い、叔母があわれがつて何彼と云つてくれるのも、ほしくないと断りました。その代り赤い手はせめて人目を庇いたいから手袋を買つてくれとねだりました。これが私のおしやれ心です。

そのずんぐりした赤い手も、夏になるといくらか荒れがましになります。そして家中のきものを洗張りします。洗張りは辛い仕事ではありませんが楽しい作業ともいえません。私は紅絹《もみ》をいちばんあと廻しにして、楽しみにします。もみを張れば紅の色が下《お》りて指は染まります。五本の指の腹へ紅がうつれば、美しくない指でもさすがに華やいでみえるのです。私は指先の紅の薄れて行くのを惜しみました。これも私のまずしいおしやれでした。

貧しいおしやれの心は、しかしずつと永続きして今日まで変りません。朝の庭にぽた〳〵と落ちているくちなしの花を拾い集めて襟のなかへ入れておけば、終に息づいて匂つてくれます。「母さまが今朝から何だかいい匂いがする」と娘が云います。それでいいのだと思います。昨日今日はしきりに木の葉が落ちます。楓といちようと桜の葉をひろつて来ました。その葉を不断着の襟や袖に待針でとめて、鏡に映してみるのです。すると、同じ直径の大きさでも、いちようの三角より桜のほそながより、楓の切れ込みの多いギザ〳〵は、五十という年配に似合う模様だということが分るのです。でも、ぜひその柄《がら》のきものが着たいという「おしやれ慾」にまで発展するのでもありません。ただそんなふうにして、五十才という若くもなし年寄りでもなしというむずかしい年頃を大切にしたいのです。多分一生まずしくて一生おしやれ心をすてないとおもいます。

アメリカとパリの女性たち

藤原あき（随筆家）

午後六時にニューヨークの飛行場を発つて、翌朝の九時にはパリに着いている。時間的には、こんなに近いところになつているのに、パリの街を歩いてみると、女達の服装、お洒落をする方法が、実にはつきりと大きく違つているのがわかる。

アメリカでは服はすべて既製品で、二弗三弗のワンピースから数百弗もするイヴニング・ドレスまで、すべて既製品がぶら下つている。三ケ月ごとのシーズンに合せて、製造会社が大量に生産するのだから、その季節の最新流行の型が、はつきり出ている。それを着て街を歩いている女達は、安ものにもせよ、高級品にもせよ、同じように最新流行の線をあまりはずれていない。自然、髪形まで服のスタイルとの調和を考えるためか、似たようなスタイルが一すじの流れをなしている。

ところが、パリの街にはディオール調はおろか、最新流行の服と見て目をみはるような女はさつぱり歩いていない。それかといつて、皆が流行にはずれた、もつさりした服装をしているわけではない。女達は流行という魔術師に引きずりまわされる前に、自分の個性をはつきりと摑んでいるのだ。何がよく似合うか、どうすれば一番美しく見えるか、鏡に向つてそれをよく研究している。フオーブル・サントノレ街の有名な喫茶店のお茶の時間に、集つてくる婦人達の贅沢な服装やお化粧ぶりが見たくて、私は数回立ちよつた。お茶とマロンのおいしいお菓子をつつきながらながめていると、思い〳〵に凝つたお洒落をした人達が、私によい勉強をさせてくれる。いまも目に浮ぶ一人の中年の婦人は、茶色一色の濃淡でまとめた服、髪はパーマなしの長髪をえりもとに巻き、顔もオークルの濃い調子の化粧、煙草をくゆらしている手さばきまでお洒落がゆきとどいていた。脱いであつた外套を着て立つたのを見たら、服と同じ茶で肩に小さいマントのついた古風な形、靴も今では誂えなくてはあるはずの無い、小さいボタンの並んだ長靴であつた。

ジョルジュ・サンド夫人とはこんな人だつたかしらと、私は颯爽と立ち去るその人の後姿を見送つた。

洒落者ABC

東郷青児（画家）

私の周囲を見渡して男のお洒落を物色するとまず先輩格の大田黒元雄先生、それから原圭一郎と阿部金剛がいる。それに鈴木崧と云う年長の洒落者が巴里と東京を行つたり来たりしている。大田黒さんも原も阿部もイギリス仕込みである。一分の隙もない本格的なお洒落である。鈴木さんはどつちかと云うと仏蘭西風のお洒落で、前の三人に比べたら、ややくつろぎのあるお洒落だ。

お洒落にもいろいろあつて、ルンペンにもルンペンなりのお洒落があるのだから、お

洒落の品さだめは大変むずかしい。

私は従来ブルーが好きだつた。

何から何までブルーずくめで、ブルーの中に埋つていると気が落ち着いた。

それが年齢と共に漂白されて、グレーだとか白だとかが好きになつた。

靴はもつぱらスエードの、底皮の薄いのをはいている。

私は身の廻りをそれほど気にしない男だが、それでも洒落つ気の多い部類に属すことは事実だろう。散髪は米倉、手袋はベッカリーと云つたら一流だけれど、私のお洒落はひどく気まぐれである。

イギリス風の窮屈なことも我慢出来ないし、フランス風の甜め廻すようなお洒落もぴつたりしない。結局、少しアメリカ風で、少し仏蘭西風で、少しイギリス風と云う御都合主義のカクテルだろう。

終戦直後、まだ男と云う男がみんなくたぶれたような国民服を着ていた頃、ウーステッドのぱりつとしたのを着て、銀座をやつて来る紳士がいるので、眼を見張つたら大田黒先生だつた。

原も阿部も、それほどきわ立つた風俗をしている訳でもないが、どんなに暑くてもノーネクタイなどと云う植民地的な恰好に身を持ちくずしたりはしない。体につけているものが古くともきちんと折目が正しく、一応にも二応にも筋の通つたものを揃えている。

私の知り合いで、死んだ蜂須賀さんが大変な洒落者だつた。この人はイギリスの所謂ブルー・ブラッド気風が骨の髄まで浸み込んだような人で、その方面の活字引のような人だつた。熱海の別荘に於ける彼の晩年は怪奇なものだつたが、だんだんあのような人物は跡を絶つて了うだろう。

私は趣味としてイギリス風の風俗習慣に対するストウィックな気風が好きだけれど、これは云うべくしてなかなか行い難いことである。永い伝統と集団的な訓練を積まなければ、出来ないことだろうが、曽つての封建日本にはそれがあつたように思える。鎖国封建はごめんだが自由の廃頽も有難くない。

私は仏蘭西に十五年ほどいて、その間に買いためたネクタイが五百本ほどあつた。

それが日本ではどうしても結べないような派手なものばかりだつたが、その中でただ二本、ロンドンで買つたエッサァとヴォバックスのネクタイだけは既に二十年も経つた今日でも、飽きずに時々結んでいる。

洋服は最上等の生地を探すことに苦心して随分無理を重ねたものだが、近頃は安い生地を好みの仕立で体に合せ、一年で着捨てて了う主義に替えて了つた。

日本のような湿度の高いところでは、どんな上等の生地でも、三年着たら変色して了う。それに、男のモードも段々婦人並みに、めまぐるしくなり、そう古い型の洋服を後生大事には着てはいられなくなつて来た。

この年配で、かりそめにもこんな事を考えるのだから、私もれつきとした洒落者には違いないが、そうかと云つて、今流行のマンボスタイルを押しつけられたら、後も見ずに逃げ出すだろう。

清潔な下着と足袋を

山田五十鈴（女優）

お洒落談議とは——困つてしまいます。なにも取り立ててそんな談議のある様なお洒落はしてないのですから——。お洒落だ、とかこつた服装をしているとか色々と皆様から云われますが、自分ではそれ程にこつた服装をするともお洒落をしているとも思つていないのですが。ただ、私は、私の好きな色、それから私を一番に美しく見せてくれるものを見つけたいのです。でも、それは自己満足かもしれませんが。

私が一番気を使つている事と云えば下着の事。私は木綿のものが大変好きですし、ほとんどの生活はきものですから、従つて下着も日本風のものですが、襦袢なども木綿でさつぱりとした清潔なものを身につけます。下着の美しさ、決して上等のものと云うのでなく、真白な美しく清潔な下着、それこそ本当に気持の良いお洒落です。私のお洒落と云えばその事かもしれません。若い人達にも下着の美しさと云う事は考えて頂きたいと思います。美しいきものをきても、汚れた下着では困ります。下着の美しさと云う事は当然女のたしなみとして誰もが考え知つておくべき事なのですが、案外忘れがちになるのではないでしょうか。美しい下着をつければ心まで清潔になる様な気持になります。私はどんなに忙しくても、なにをするのが面倒でも、必ず下着だけは取り替えます。それによつて、くじけがちな気持をしやんとさせる様な、そんな所に、私のささやかなお洒落があると思われます。

それから、妙な事かもしれませんが、足袋のお洒落です。真白な足袋は美しいものです。よく、悪い事を足元を見られると申しますが、まつたく、手落ちの出る所は足元です。美しいきものも汚れた足袋ではだいなしです。足元から清潔さを保つて行きたいと思います。私のお洒落観と云えば、いやに清潔と云う事ばかりを申した様ですが、結局お洒落をすると云う事は、私から云いかえれば、清潔にしたいと云う事になるのですから仕方がありません。

無関心のままに

吉村公三郎（映画監督）

最近の女の人のおしやれは総体的によくなつて来たように思う。というのは誰もが生活との調和を考えて、言いかえれば身分相応の服装を選ぶようになつたということではないだろうか。ぼくは商売がら若い女の人の服装とか趣味とかについては敏感だし、一ぱしの意見も持つているし、またどうかするとその道のベテランであるように言われたりする。ところが、「私のおしやれ」などと開き直られると、こと自分の事に関してはそうはいかず、ただ有るものを着て、持つものを持つというだけのことである。「なりふりをかまわぬおしやれ」ではなく、全く身なりに気を留めないのだ。ところが映画の仕事などしていると自分は別に気にもしないのに回りの人が気をつかつてくれる。あんまりいい加減なかつこうをしているので、若い女の人など一緒に歩くのに自分の気がひけるのかも知れない。乙羽さんが見かねてボロカバンのかわりにとダレスバッグのようなものをくれた。日高さんがワイシャツをくれた。という具合で、ぼくの服装は決して自分で選んで自分でおしやれしているのではなく、回りの人たちがやつてくれるというわけだ。

そんなわけだから、人から「茶色がお好きなんですね」ときかれて考えてみると、ぼ

くは茶色のものばかり持つていることに気がつく。これも人に貰つたのが茶だつたり、洋服屋が勝手に茶色の生地を持つてきてその中から選んだりするので、自然にそうなつただけのことだ。

どうもやはりぼくは「おしやれ」ではなさそうだ。第一鏡が嫌いで、ヒゲを剃るときも鏡をよくみない。だから、街でショウウィンドのガラスに変な太つた人間が立つているなと思つてよくみると自分のみつともない姿だつたりする。といつても太つた人間が恐縮したりしては如何にもみつともないから、人が迷惑しなければ別にいいんぢやないかなどとかまえて、これからも、こと「私のおしやれ」に関しては一切無関心でゆこうと思つている。

おしやれは心の余裕

池部良（俳優）

おしやれの定義なんて、僕には、分らないけれど、丁度、笑いと同じ様に、笑いたいから笑うのだし、笑えば、大変愉快になるという、アノ気持と一緒の様な気がします。つまり愉快になりたいと云う事よりも、愉快なのであると云う処でしよう。おしやれには、随分と巾のある、誰にでも持てると言うのが、特長のようですが、又、誰にでも出来るというもののようです。斯ういつたことは、すでに、誰方でも知つていることなのですが、僕は此の特長の裏に、とても重要な土台があると思うのです。学術の論文ではないのですからスジが通るかどうか分りませんが、確かに一つ大切なものがあると思います。

おしやれと言う言葉を作り出した頃より以前に、おしやれは充分あつた事だと思います。古い話乍ら、軍隊のようなサツバツな処でさえ、おしやれははびこつていましたから確実な証拠があると考えます。

「心の余裕」だと思います。此の言葉が当て嵌まるか、一寸難しいのですが、何となく、此んな言葉が必要になつて来ると思うのです。

僕達の暮しの茶飯事の中で、気持がトゲトゲしい時に、おしやれナンテ、不思議なものを「行つて」みたいと云う気にならない。

例えばですよ。お小遣を沢山持つて楽な心持のときにでさえも、お母さんとケンカしたとか、お友達に悪い事をしたという場合、「おしやれ」という特殊なものは忘れてしまいます。つまらない例ですが、一事が万事という事です。然し、此れと反対に、お金がなくても、ケンカもしないし、悪い事もしない、妙な野心も持たないときには、おしやれは身について生れて来ると思うのです。おしやれは服装ばかりとは限りませんから、髪の形を少しばかり、直してみたいと思つたりする事です。

と言う訳で、おしやれは、ゼイタクな性質を持つている、我がままな奴ですから、おしやれをしてみたいときにまずまず、「心の余裕」が保てる様にしたいと、僕は思つています。

笑いと同じだと言うのは、「心の余裕」のアル無しに関係するという事で一緒だと思うのです。

愉快になりたいよりも、愉快なのでアル。結果的に見て、愉快になるのですから、まア出来る限りの、おしやれはしたいものです。

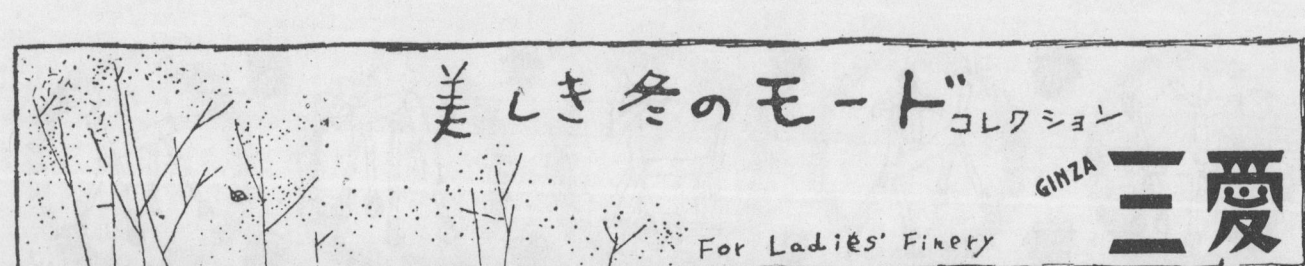

見えないところに気を配る

大塚末子（服飾研究家）

わたしのおしやれ！　えらい詰問にお答しなければならない破目になつて、なんだかおもはゆい気で一応自分を見なおしています。おしやれなんて、年甲斐もないといいながら、やつぱり相応のおしやれ心がある自分を知ります。

年よりだけに、見えないところに気くばりがある、これが私のおしやれ哲学です。これでも三、四年前はパーマネントも掛けたのですが、掛けたてのちり〳〵毛が気になつたりして、最近ではそれに無精もたたつてお婆さんの束ね髪、これは入浴の度に一日中のほこりをタオルで蒸しとれるからでもあります。お風呂だけは毎日かかしません。

つい派手な美しい柄、美しい色のきものに一度は気も引かれるのですが、子供の時から友禅よりも男の子のような絣や縞が似合つて、ちつとも女らしくない、元祿袖のきものより筒袖のきものを着せられたことが今尚習い性となつたのか、結城やお召などのかたいものが好きで、絵羽づけなど欲しいという気にもなれず、たま〳〵小紋を着てもどこやら江戸小紋の方が好きで京友禅のやわらかさにとけ込めないのがわたしの姿です。

若い頃好きだつた紺も黒も年をとつてくるとおつかなくて着こなせないのが不思議千万。どうやら落着けるのが茶の世界です。薄茶、ねずみがかつた茶、そうした色が主体になつて濃淡の縞や絣が時たま暗い茶紫だの辛子色の交つた位がわたしのおいろけというところでしよう。絣も縞も至つて簡単なものほど好き。袷のものの袖のふりにはやつぱり紅絹が今尚捨てがたいのはどういう気か判らないのです。

着つけにいたつては、いつも着たてからなんだか抜けてゆきそうな着附が肩のこりを忘れさせます。どこかにぎゆうと紐のつれるのは一日中不愉快で困ります。

北陸に生れたわたしは子供の時はフランネルのお腰巻に袷の長襦袢、綿入のきもの、綿入れの羽織を着たのを覚えています。今ではそれが下ばきはつけますけれど、ベンベルグのペチコートに、肌着と単衣の長襦袢でずつと通していて風邪も引かないのも、おしやれから生れた健康法ともいえることでしようね。

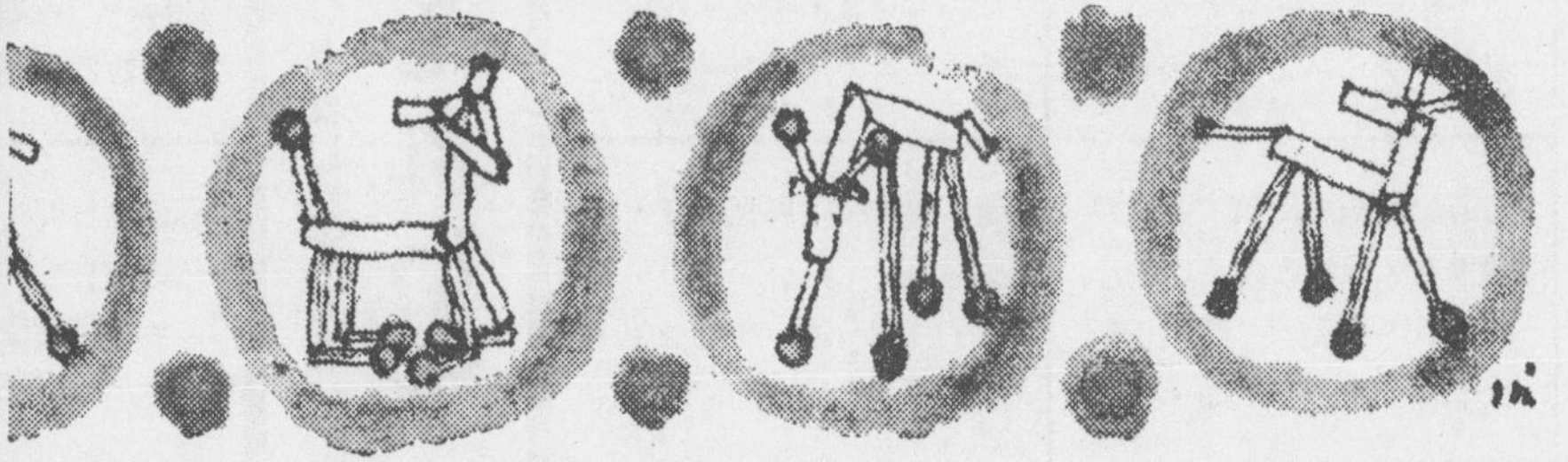

ひまわり会ニュース

HIMAWARI

中原先生を囲み盛大な発会式

——京都支部 10月7日発足——

全国の皆様お元気ですか。今度、私達の京都にも〝ひまわり会〟が発足しました。そして去る十月七日の夜、お忙しい中をわざわざおいで下つた中原先生を囲んで、新京極の森永喫茶店で予想以上の沢山のお友達と楽しいひと時を過すことが出来ました。

中原先生の他にミスタージュニアの伊東さんを交えて話題は流行のあり方、私達若い女性の服装計画、又、色彩感覚について、等々、最後には男性の服装批判迄質問が飛び出し、なごやかなそれでいて熱心な雰囲気に包まれて時の経つのも忘れて仕舞いました。そして十時頃、皆んなが中原先生に美しい絵とサインをして頂いて本当に幸せそうに、その夜の思い出を胸に秘め乍ら帰途につきました。私達は当日わざ〳〵ご出席下さつた中原先生を始め、その為にご尽力下つた伊東さん、委員の坪井さん、梅沢さんに心から御礼を申上げる一方、この京都に芽生えた私達の会をより一層愉しく、美しいものにしたいと念じております。

（京都市下京区綾小路通新町西入矢田町一一六 杉本友子さん記）

▽会員募集△

ひまわり会は、気高く、強く美しく、という〝ひまわり〟の花言葉によつて結ばれた同好の方達の会です。会員の方には毎月ひまわり新聞をお送りします又、ひまわり会の企画する講座音楽会、試写会等の文化的な催しにご招待申上げます。

☆入会方法

ご入会は、入会金及び会費（一年分又は半年分）を

東京都中央区銀座東八の四
ひまわり社内 ひまわり会

宛にお送り下さい。会員証と美麗バースデイブックをお送り致します。

入会金 三〇円
会費 一年分 一三〇円
半年分 六〇円

☆ひまわり会バッジをご希望の方は純銀製又は銅製とご指定の上ご送金下さい。

純銀製 一二〇円
銅製 五〇円

（上掲の写真は京都支部発会式の記念写真）

二つの新しい星
新町真策君と松島啓介君

美しさを発見する才能、美しさを生み出す才能——二人は美術学校で絵の勉強をしているのだが、その才能をただ絵を描く事だけにかたよせないで、自分の生活の、いや人間の生活の色々な面にその才能を表現しようとする。つまり、衣、食、住のどれもみな美しくあらせたいと云うのだから『それいゆ』の中から生れた様な二人。それは新町真策君（左）と松島啓介君（右）

私は、今こゝでこの二人の新人を紹介出来る事を、非常に大きな喜びとし、又心楽しい。

新町真策君と松島啓介君、この二人は共に、二十二才になったばかりで、京都美術大学を来春に卆業しようと云う若い青年であるが、二人は、それぞれ異ったはっきりとした個性をもちながら、その才能には共通な点が多い。

二人共ともに洋画科で、油絵を学んでいるかたわら、一週一度藤川延子さんの学校で、デザインを勉強している。二人共バリトンとテノールの中間位の美しい声（つまりハイバリトンですネ。と二人は云う）で歌を唄い、ポロンポロンとピアノを弾く。音楽が大好きである。二人は二重唱でアニーローリーをうたい、モォッアルトの子守歌をうたい、帰れソレントをうたい、又シャンソンも大好きだと云ってくちずさむ。

そして、今秋の二科会に出品したら、又二人共初入選をしたのだから、どこまでも仲良く揃っているのは、はたにいる私までが楽しくなってしまった。

新町君は、「裏庭」と題する静物、松島君は「メヌエット」と題してピアノに向った少女達の絵で、その二つの絵は全く違った個性をもっているが、共に二人は若々しい明るい性格であり、そこから生れたものである点は共通なところがある。

一人っ子である新町君は、我儘なところもある様であるが、松島君は、それを認めていて、いつもお互に気儘な事をしやべったりそれでいて、いつでも仲がいいと云うのは、結局はお互いに無意識の内に相手を尊敬しているのだと私は思っている。

新町君はお母様と早く死別して、お父様と二人の暮して、実にお父様思いの息子であり、松島君は兄弟は多いがお父様を失なって、お母様との暮してあると云うのも、多少共通な点があるとも云える。

ところで、松島君の作った人形は、すでに先号『黄色の服』で紹介ずみであり、今号の『花を持つ少女』はますますその芸術的香りをましたし、新町君は、新鮮な筆致のカットを今号でみられる。それよりも、この二人のデザインによるドレスを皆さんにお目にかけたいと思う。

ちやんと計算と計画のとれた、そのデザインは、廿才をほんの少し出たばかりの若い男性のものとは思えない程に、ゆきとどいたものだし、二人共に芸術的な香りと純粋な美しさの創造からなるものは、真の意味で、日本のデイザイナー界の二つの大きな星になる日も遠くないであろうと私は信じている。

二人のデザインの根本的に異っている点と云えば、松島君の方は、ずっと実際的であり、新町君の方は、舞台衣裳などの方に進むと、もっとその才能が生かされてのびるのではないかと云う点である。

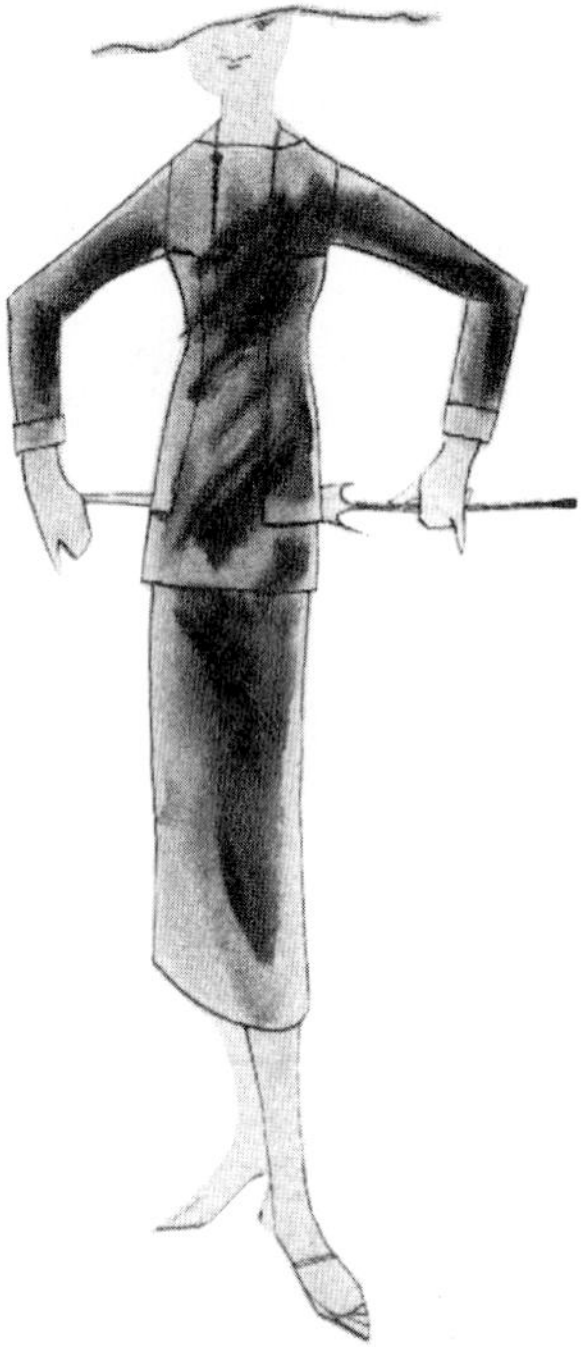

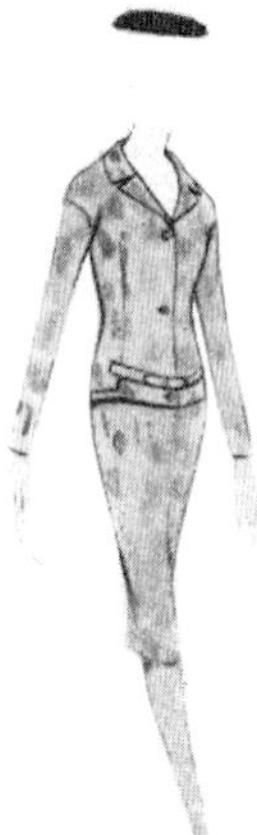

右が新町君のデザインしたもので、色は、今年の流行の煙黒色。チユーニック風の上衣が、衿元が垂直に開き、後明で大きなボタンで止めてある。ゆるくしぼったダーツが裾に近くなって、フラップを思わせる様に浮き上っているのが印象的。衿元は大きく開けたまゝでもいゝが、薄いグレーの毛糸のハイネックを着ている。

布地提供　東邦レーヨン株式会社（アセテートグログラン）

若い二人はこれから実社会に踏み出して、色々な障害にぶつかるであろうし、又それぞれの道を選んで、今きた様に『学生』と云うワクの中で、何でも一諸に行動していた様な訳にはゆかないと思うが、私は、二人がいつまでも仲良く、それぞれの道で大きく強く伸びてゆく事を心より祈ってやまない。

中原淳一

左が松島君のもので、やはりマダム風のスタイル。余り衿越しのないカラーに三つボタン。これもダーツの線が、裾でフラップを思わせる様に浮き上り、それをおさえるかの様に、細いベルトが前で止っている。上衣の裾の線に微妙なカーブを持たせてあるのが、新鮮である。

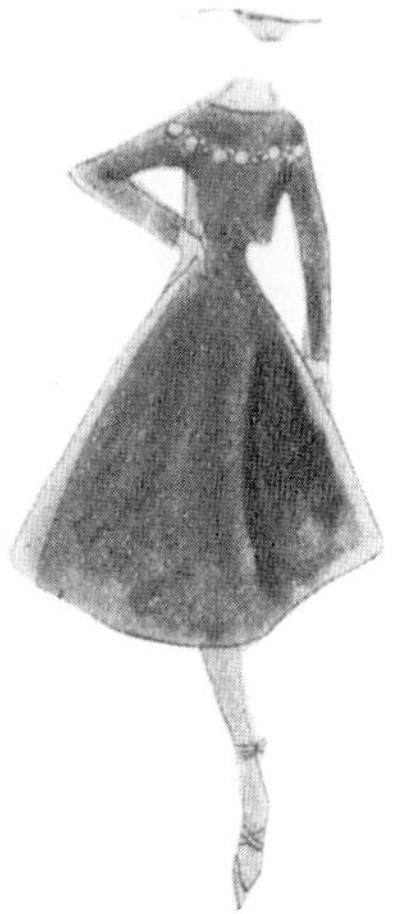

松島君のもので、グリーンに白の細い縞のある布地。ダーツの上端の止りに、浮き上った帯を置いて、それが後に廻っている。ちようどその位置にボタンを置いて、そして一番上のボタンまでと、下に向って同じ間隔にそこにボタンを置くと、それが腰骨のあたりになり、そして裾はしにもう一つのボタンを置いた。そのボタンの位置の計算が面白い。

ダーツが三つ目のボタンまでが縫止っていて、その下は浮き上っていて、ヒップラインの美しさを強調している。

布地提供　市田株式会社

⇦

モデル

渥美延

大きくの

松本弘子

新町君のデザインのもので、色は茶味を帯びたグレー。プリンセスラインを持ったジャンパスカートの上に、後明のボレロ風の上衣を着ている。衿ぐりに添って丸い花のアップリケがしてあるが、少しドロップした袖附は、その花の影にかくされている。上衣の裾と袖口に四角の切り込みを入れた所に舞台衣裳的な感覚がうかがわれる。

⇧

こんなネッカチーフの被り方は？

内藤瑠根

或るフランスのマヌキャンがカンヌの浜辺で偶然被ったこの新らしいネッカチーフの結び方は、どんな顔をも、ぐっと美しく見せるという点で絵でいったら額縁の役目を持っている。こうしてまとめて結ぶとあなたは若々しく躍動的だ。

右の写真は白のデシンを強調するために手袋とセーターを白にして、結び目に、ブローチをとめつけてみる。雪の中の白うさぎのように印象的だ。

下の写真も黒で統一したものだが水玉模様が可愛らしい雰囲気を見せる。

左の写真は着物にもこの結び方をくり返したらと大きな無地の風呂敷でたっぷり結んだものがこんな美しい線をかもしだした。懐かしいお高祖頭布を新らしい意味で、再現した

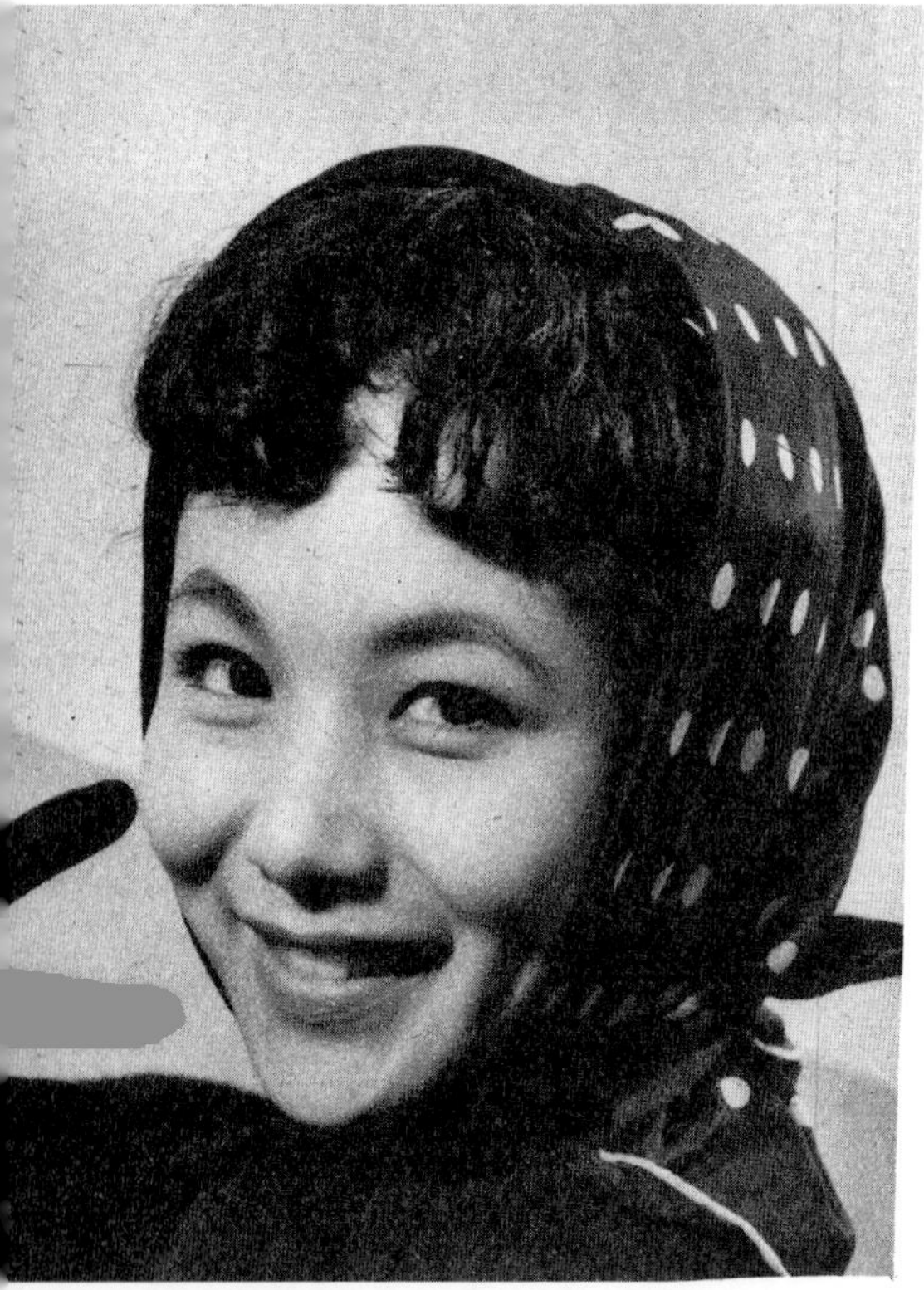

ように、いぶし銀のような魅力にあふれている。
こんなネッカチーフの被り方は？

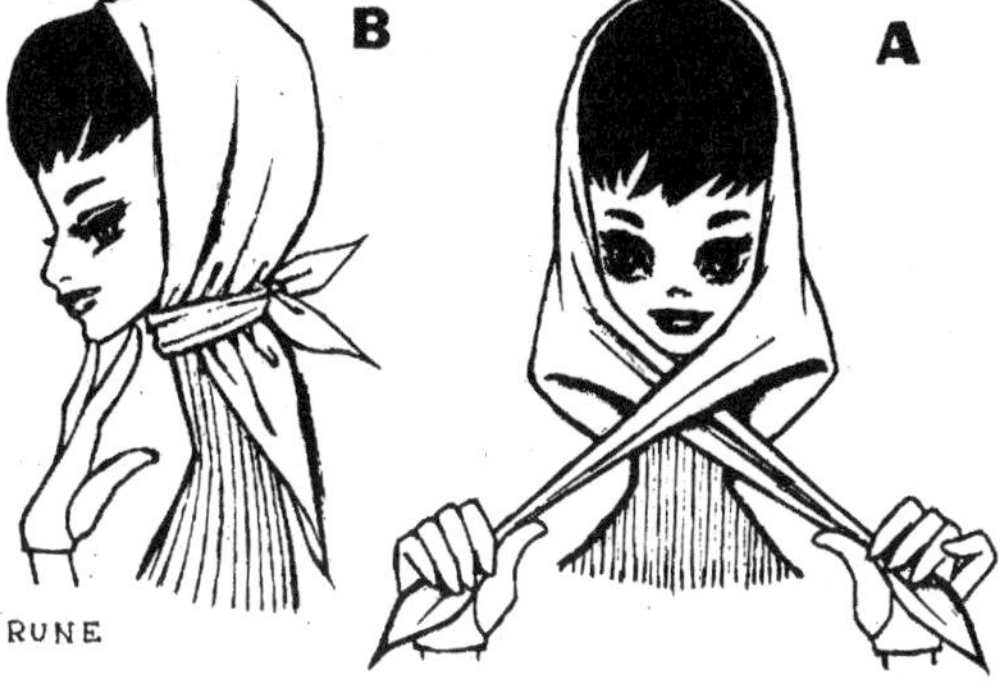

モデル 中原美紗緒 (歌手)

若さの溢れる橋爪四郎さんの新居を訪ねて

丘の上の白い柵の家

「ぼくは小さい時から小高い丘の上の白い柵のある家に住みたいと思っていたのです」という橋爪さんの希望通りのこの可愛いい瀟洒な家が、この三月結婚なさったお二人の新居です。東京の郊外、自由ヶ丘の高台の一角に建てられたこの家は、お二人の結婚に先だって一昨年四月に完成し、暫らく橋爪さんが一人で住んでおられたそうですが、「全部ぼくの設計なんですよ」といわれるように、隅々まで愛情のいきわたった住みやすそうな家です。

「家を建てることに決まってから設計図が出来上るまで、一年半もかかっちゃったんです。先輩なんかの家へ遊びに行くときにはポケットにはいつも設計図が入っていて、これは面白い設計だと思うものは全部メモしておいて、いい点はとりいれました。風の向きや日の射す角度も研究しました。それにぼくは六尺もあるでし

橋爪四郎さん　テーブルに所せましと並べられたメダルやトロフィを前にしたこの写真を御覧のみなさんには、今更御紹介するまでもなく御存じのはずです。そうです。フジヤマの飛魚と謳われた古橋広之進選手と共にめざましい記録をたてて日本人の血潮を湧きたたせた、曾っての水の王者橋爪四郎さんです。その数々の記録のあとを物語るこれらのメダルを整理しながらハワイ、アメリカ、南米、そして一九五二年オリンピックと想い出話はつきません。現在ではAIU（アメリカの保険会社）の海上部に勤めるサラリーマンの橋爪さんは、お家ではまたよき御主人です。「水泳は個人競技だから誰の力も借りられない、たゞ自分の力を尽すだけです。」と語る橋爪さんは生活でも自力を尽すことをモットーとしていられます。

節子さん　古い読者なら覚えているでしょう。それいゆの一昨年の夏の誌上で紹介された沖縄の三人姉妹のことを。その一番下のお嬢さんが、今は橋爪夫人の節子さんなのです。デザイナーへの志望も今では自分の服を作ることとクロッキーの勉強だけ、すべてを二人の家庭の建設へ捧げておいでの昨今です。「ゆっくり憩える、二人で楽しく暮せる家庭が作りたいんです。家の仕事も留守のうちにすませて、四郎さんが帰ってからは二人だけの生活を作りたいんです。」とおっしやる節子さんの胸には輝かしい記念のメダルで作ったペンダントがゆれています。

よう。ところが今までの日本家屋の建具は五尺七寸なんて、それを全部六尺一寸にしました。そうして家具を全部作りつけにしました。こうすると部屋がフルに使えるんです。でも節子が持って来た道具が入りきらなくて出っぱっちやったんですよ」と橋爪さんは設計の苦心の一端を洩らされました。お二人が結婚なさるに当っては寝室を建て増して台所を一寸改造しただけだそうです。この若さと愛情に充ち溢れたお家の中を見せて頂き、一部屋ごとの設計の御苦心とその住みごこちを伺ってみました。

節子さんは結婚前にはイヤリングやネックレスなどアクセサリーを集めるのがお好きでしたが「家庭に入るとこういうものをつけるにも限度があるので思いついたのがこのテーブルの上の飾りです。ヒトデの様なこの灰皿に金属、ガラス、陶器、又は木など色々のアクセサリーを入れてみると思いがけなく美しいものになりました」と時々入れかえては愉しみこの部屋のアクセサリーとしていられます

玄関を入ると一目で見渡せるこの応接間は非常に開放的。真白い壁に囲まれたこの部屋のセットが籐製なので、普通の絨氈では不似合だし、といって何もなくては冬は寒々とするし、と思いつかれたのがこの縄絨氈。これは橋爪さんのお兄様の贈物。気分を換えるため二ヶ月に一度は各部屋の模様替えをなさって新しい気分を作られるよし。

橋爪さんの趣味の一つは灰皿。まだ集め出して間がないそうですが、この灰皿を花瓶がわりにしたり、部屋のアクセサリーとしてもつかいます。

玄関　応接間　「ここは日大の合宿所がすぐ近くにあるんで後輩がよく遊びに来ますが皆若い、元気のいい連中だから頑丈な家でないとまいっちやうんです。この応接間も普通の板床じや駄目だろうと思ってモザイクの様な厚い床にしました。この床にはベニヤ板の天井は調引しないんだそうで、フラックスというのにしたんです。これは防音、保温になるそうですが、部屋が明るくなりました」とのことです。応接間の玄関の境の棚は、玄関からは靴箱、応接間からは飾り棚になっていますが、これは未完成で、少し貯金が出来たら棚から天井まで両端に二本のパイプをとりつけてカーテンをはる計画だそうです。左下の写真は各部屋に通ずる廊下ですが、応接間と同じ床をはり、境にドアをつけてないので応接間といってもよくあるお客様だけの部屋でなく、お二人の憩いの場ともなります。

日本間と着替室に置かれた二つの鏡が、新婚家庭らしい匂やかさを漂わせています。洋服の時が多く、着替室にあるので三面鏡の方がいつでも使われるそうです。疲れて帰られる御主人にいつも新らしい感じでと、時にはヘヤピースをつけたりなさるとか。日本間の姿見は実用よりむしろ部屋の装飾です。

日本間　「いなかから母が遊びに来ても洋間ばかりじゃ落着ないだろうと思って一ト間作ったんですが、やはり日本間はいいですね。」この日本間は茶の間兼食堂になっていて一番落着ける部屋です。寝室との境にタンスのはめこんであるところは実は床の間のつもりで一帖分の空間を作っておいたところ、向う側に寝室を建増して作りつけの洋服ダンスを作ったため、この空間がつぶされてタンス置場が生れたのだそうです。電燈は普通部屋の真中にあるものですが、この部屋では切りゴタツを一年中テーブル兼用に使うのでコタツの真上になっています。

着替室　橋爪さんが一人で住んでいらっしゃった頃はこの部屋は寝室に使っていました。あ

ベランダ　応接間と日本間の間にあるこの広いベランダは、お二人の手で作られたものだそうです。トラック二台分の赤土を買ってこられ、ローラーなどはもちろんないので、その土の上で縄跳びをしたり、愛犬のリキとまり遊びをしたりして固め、砂利を入れて鉄平石をはめこむまで、すっかりお二人でなさったのだそうです。といってもこれも未完成で、少し貯金がまとまったら丸太を買って白く塗り、小さな柵を作る計画です。お二人は楽しみが先に来て、後に苦しみが残る月賦で物を買う方法は最も嫌いで、毎月定期預金をなさって、まとまってから必要なものを買うという堅実な歩み方をしていらっしゃる。

押入れは、タオル・靴下・下着などと全部分類してしまえるように沢山のひき出しがついています。

右は寝室から着替室を見た所、左は反対側から。もとはこの窓から庭に続いていたのを寝室を建て増したときに窓はそのまま残したもので、面白い部屋の構図になっています。庭に面した窓は三枚戸に三本レールでガラスが全部戸袋に入る。ご自慢の一つ

のスペンサー・トレーシイやエリザベス・テイラーが私たちに微笑をもたらしてくれた「花嫁の父」という映画の中の子供部屋の様に、部屋の上の方の壁には、橋爪さんが各国に遠征した時の記念のペナントが飾られて学生時代、はなばなしい水上の王者時代の名残りをとどめています。

「一切家具がなくてもいいようにと思って、この部屋の戸棚の中を洋服ダンスと整理ダンスとに使えるように仕切ったんです。ところが、節子が持ってきた三面鏡やミシンなどで、とうとうベッドが入らなくなって寝室を建増することになってしまいました」ということです。

寝室　左端の三枚の写真で判るように、この部屋の飾り棚や整理ダンスは全部出窓式に作られているので、八帖の部屋が無駄なく使えて大変広く感じられます。これは橋爪さんの設計のご自慢の所です。淡いピンクの壁に囲まれこの部屋のカーテンはエンジ色のビロードで、橋爪さんがミシンを踏み、裾飾りは節子さんがつけるといったお二人の合作によるものだそうです

寝室の片側の出窓。両側の飾り棚には橋爪さんの努力をものがたるさまざまのもの――千代の山と同時に貰ったアサヒスポーツ賞、オリンピック出発の写真、リオデジャネイロのお土産の蝶の翅で出来た美しい額オリンピックの千五百米のトロフィ、――といったものが飾られています。

その飾り棚に続く出窓には整理棚が作りつけになっていて、フルに部屋を使うという設計者の心づかいがうかがわれます。棚の上の方にぎっしりとつまれたのは全部写真のアルバムで、時々開いてみては想い出にふけります。

台所　「狭いながらとても使いよく出来ているので、無駄に体を動かさないですむので助かりますの」と節子さんがおっしやる様に、天井までの作りつけの戸棚、調理台の引き出し、流しの下の棚と便利に作られていて、いつも気持よく片付けておくことが出来ます。もとは流しの前はすぐ窓で仕事をしていると鼻がつかえそうでしたので出窓にして棚を作り、作りつけの戸棚も作られたのだそうです。それにしてもせっかくお客様がいらっしやってもこの台所ではどうしても台所に引込みがちになってしまいますので、将来は玄関と台所の境をとりはらって応接間と台所を一室にして、玄関を応接間の道に面した側へつける計画だそうです

浴室・洗面所　この辺りはまだガス

出窓を利用して作られたこの戸棚は節子さんの案によるもので、戸につけられた小さな箱には調味料が入り便利に出来ています。

が引かれていないので炊事はプロパンガスを使い、お風呂は石油風呂です。

「一番失敗した設計はこの風呂場のドアです。風呂場の方へ開くようにすればよかったのに、廊下の方へ開くので着替室から出てくるのによくぶつかるんです。それが朝急いでいる時よくやっちやうんですよ。」と橋爪さんは頭をかきながらおっしやいます。

台所からお風呂場までこの家に到るところに花が活けてあります。この花はみんなお二人が庭の花壇で作ったものばかりです。飾られた花の為ばかりでなく、いつも花を絶やさないようにしているお二人の努力と心づかいがこの若いお二人の家を明るくしているのでしよう

こうしてお二人の家の御紹介は終ります。しかし橋爪さんはこの家について「随分親のすねをかじってしまいました」とにが笑いされていました。

たしかにお二人は非常にめぐまれた環境にあるのですが、その土台の上により一層立派な家庭の花を咲かせるべく努力していらっしやいます。

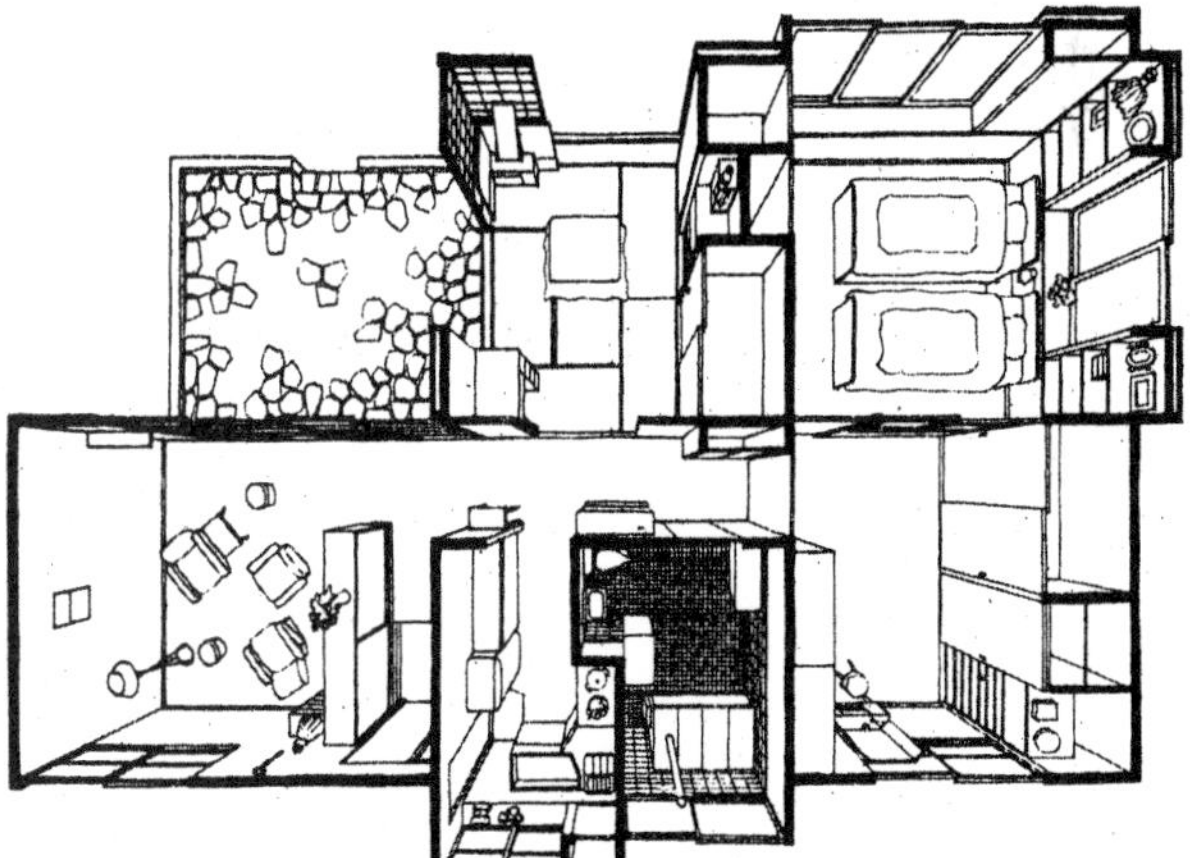

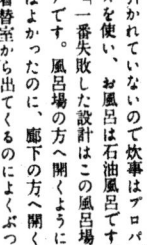

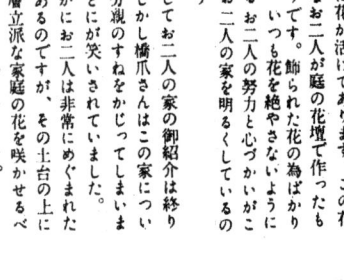

つみ木のような洗濯ばさみ

中原淳一

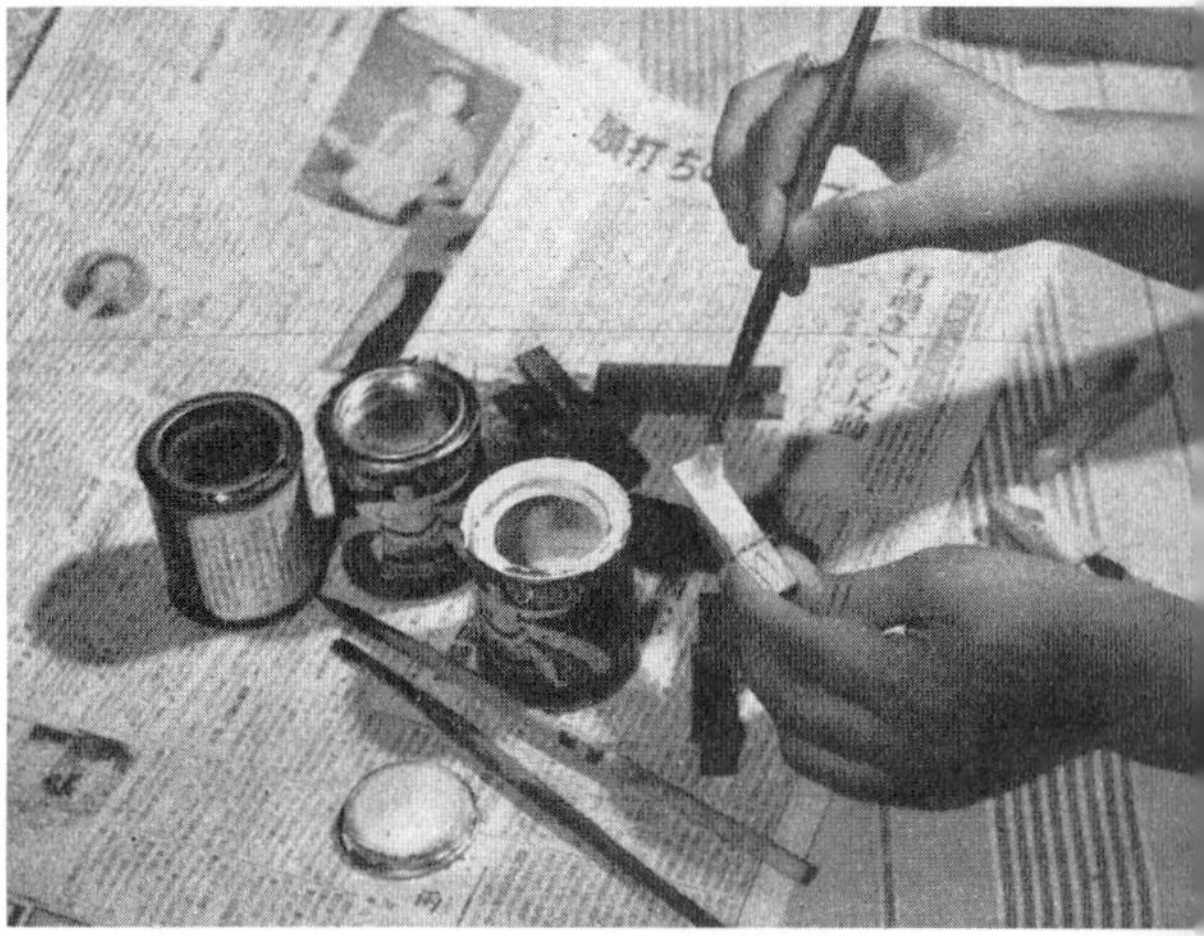

売物屋の店先に洗濯バサミをぶらさげて売っているのを見ると、素朴でとても可愛いいと思う。一組、廿円の安いものだが、これをただ洗濯物を干す時だけに使わないで、何か部屋のアクセサリーとしても使えないものだろうかと、いろいろ考えてみた。

この白木の洗濯バサミをラッカー・ペイントを買ってきて、赤、黄、ブルー、白、黒の五色に塗ってみたら、積木のような思いがけない楽しいものが生れた。

わざわざこれだけのためにラッカーを買うのではもったいないと思うかもしれないが、これだけの色を揃えておけば、家具や、部屋の模様がえをしたいと思う時、ラッカーを一寸塗れば、すっかり違った感じになるから重宝だ。

毎日のラジオの番組を切り抜いて、黒く塗った →

この頃の新聞を見ると、読みたいと思う新刊書籍の

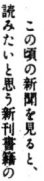

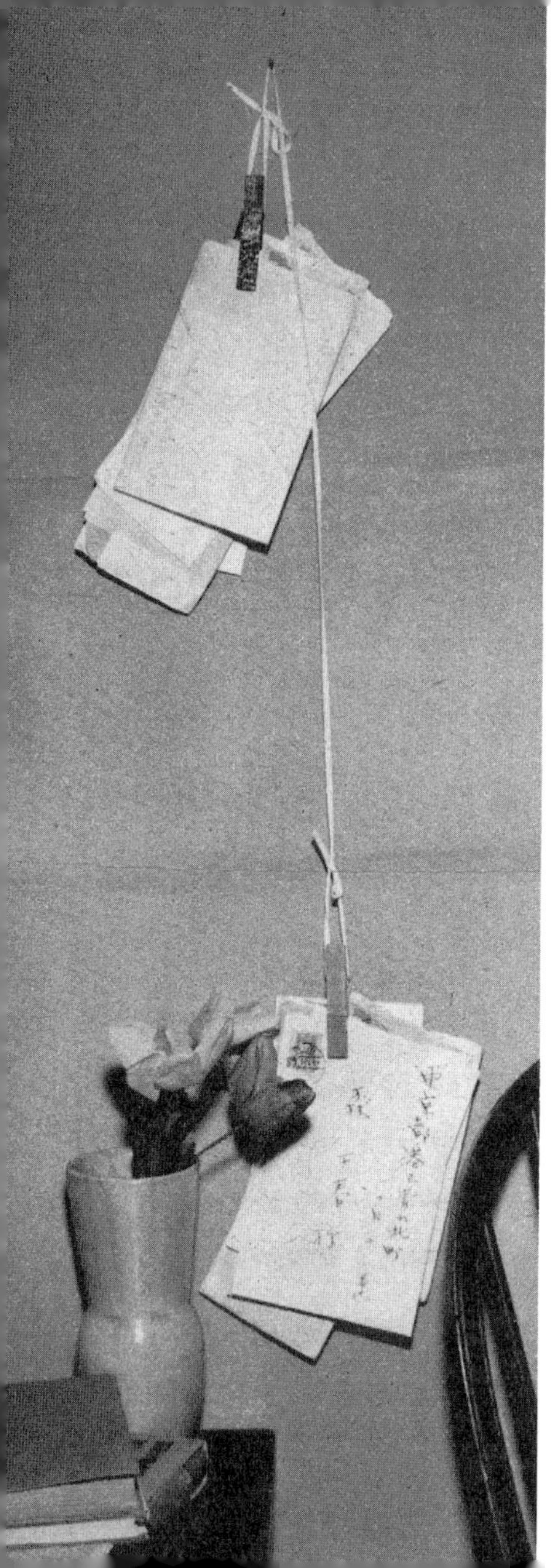

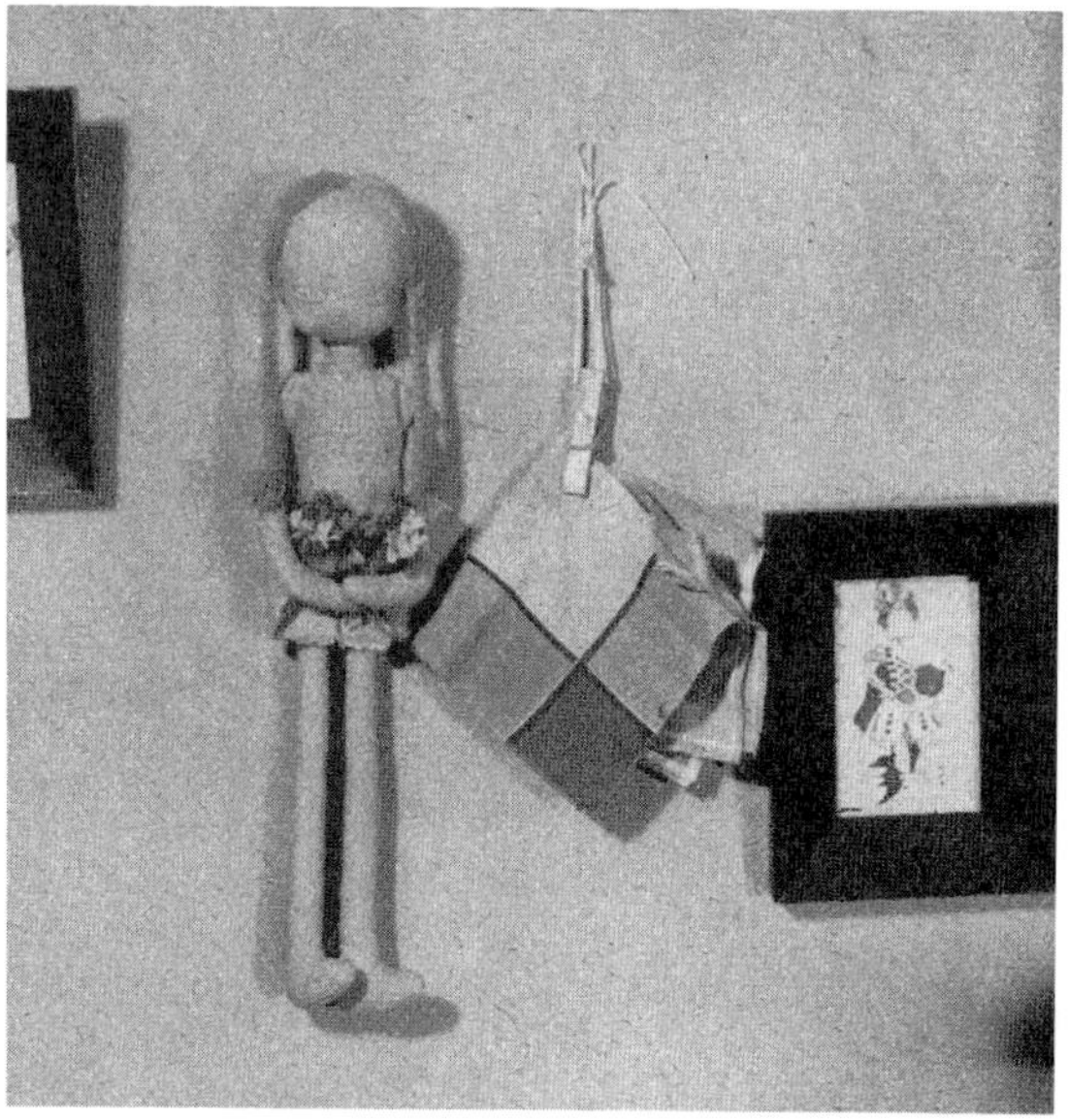

洗濯バサミで挟んでみた。この頃の様に沢山の放送局が出来ると、朝新聞を見た時は今日はこの番組を聞きたいな、と思ってよく覚えているつもりでも、つい一つの放送局を掛けっぱなしにして聞きのがしてしまう事があるものだ。そこでラジオに近い柱にでもこの様に下げておけば、これを見ながらいろいろダイアルを廻せて具合がいい。

広告が実に沢山出ている。ところがうっかりしていると覚えていたつもりでも忘れて買いそこねてしまう事がよくあるものだ。そこで、真白く塗った洗濯バサミに、買いたいと思う本があったら、このように切り抜いて挟んで机の前の壁にでも下げておく。小遣いに少し余裕が出来たらこの中から選んで買う様にすれば、無駄なく計画的に買う事が出来る。

↓

ブルーに塗った洗濯バサミに水色のリボンをつけてみた。あなたはハンカチを幾枚持っていますか。そのハンカチをきちんと机の引出しにしまっておくのもいいが、五枚位一遍に挟んで、この様に壁に飾ってみるのも、部屋の装飾にもなって楽しいものだ。ハンカチの色から今日はあの服を、このハンカチに合せて、などとその日のドレスの計画がたつかもしれない。

←

手紙を貰ったり、出したりするのは楽しいものだ。手紙を貰った時にそれを見ながら、この返事にはこれも、あれも、書こうと思いながらも、すぐ書かないで、文箱や机の中にしまってしまうと、出す機会を失う事がよくある。そこで赤いリボンでツルベ井戸の様に赤と黄の洗濯バサミを下げて、貰った手紙は上の赤に、返事を出したものは下の黄に挟む様にしてみたらどうだろう。これはその人の手紙の量によって、一ケ月ごとにでも整理する。

4 黒ん坊

2 黒猫

1 プードル

5 ペンギン鳥

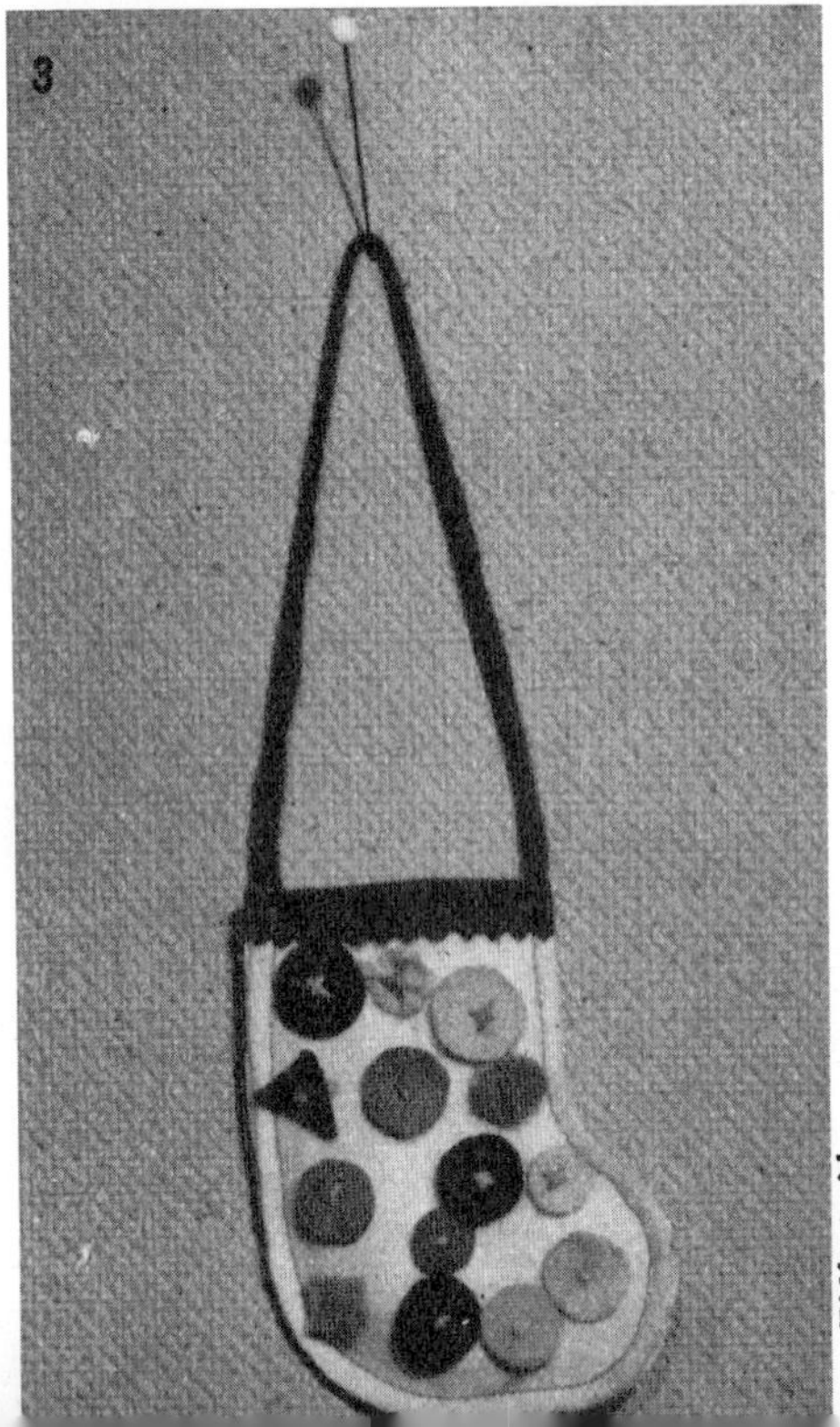

3 花の長靴

フェルトの手芸は簡単に出来る

7 …………………………… 中原淳一
1，2，3，4，5，6 …… 内藤瑠根

7

女の子

6

おしゃれ兎

これは型紙さえあれば誰にでも出来て、ほんの短かい時間で作れるフェルトの手芸。

型紙どおりに切りぬいたフェルトのまわりを、綿の入る口だけ開けてミシンで縫い、その中にうすく綿をふくませてから、又その口を縫う。

たったそれだけだけれど、壁にはれば壁飾りになり、クッションなどに止めつけても可愛いいものになる。

子供用のバッグなどにつけてもいゝし、小さい形のものならブローチにもなる。

作り方は一五四頁

形のいゝスラックスを作りましよう

寒い冬になると、スラックスがなつかしくなる。そして冬には是非ともスラックスをはきたいものだ。しかしスカートならその丈が長くなったとか短かくなるとか。又色々とその流行に敏感になるのに、スラックスだと三年も前のものでも平気ではいている場合が多いようだ。やはりスラックスも流行があるのだから、新しい形のものをスマートなものをはきたいものだ。今まであったスラックスでもこんな細い型の良いものにしたら、ずっと此の冬は愉しくすごせるのではないだろうか。

モデル　大きくの

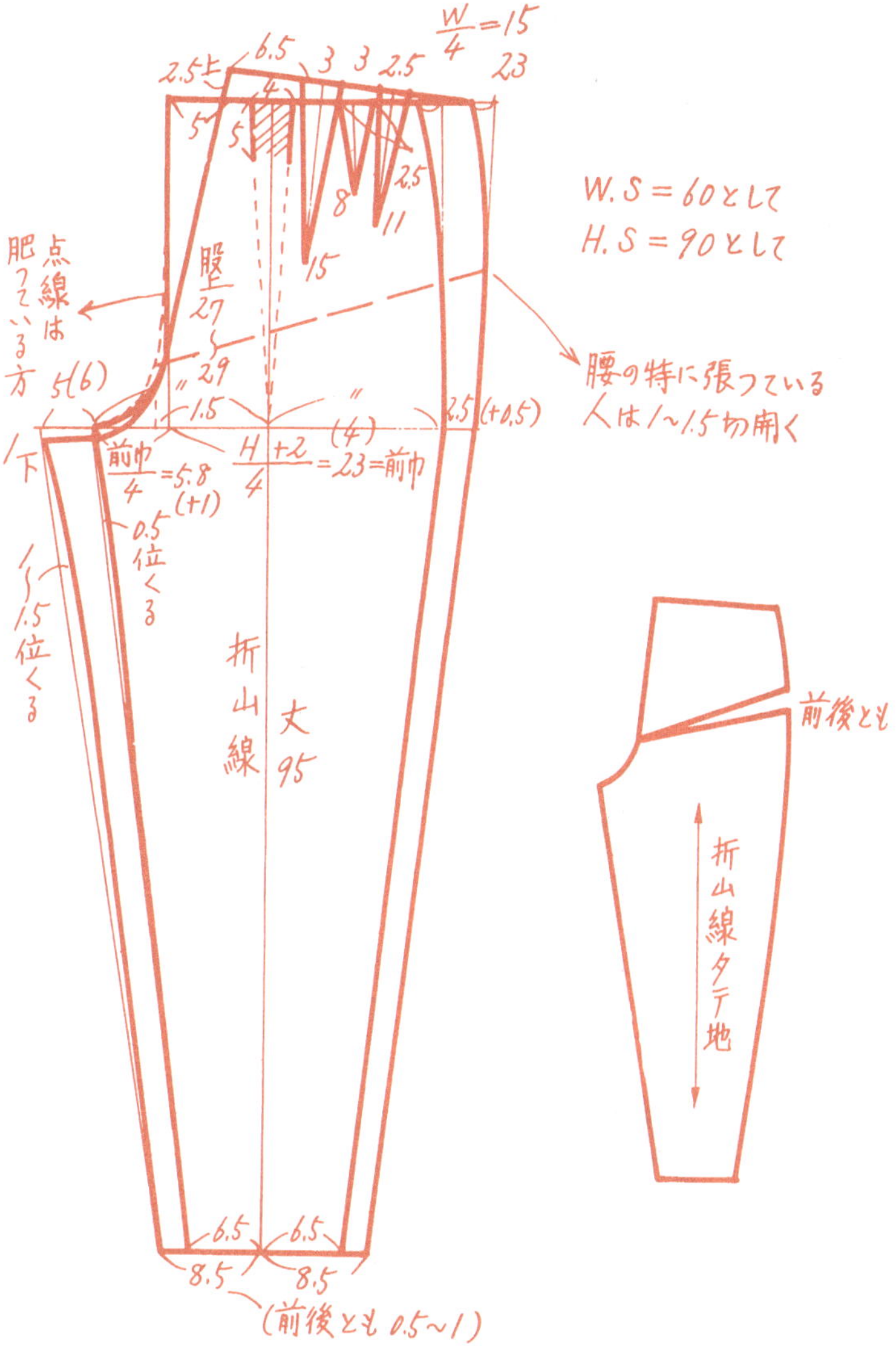

スラックス　作り方

前後の股上をアイロンでよくのばす。

アイロンで前折目線を折り、タックを寸法通りに縫って中心へ片返す（肥った人は脇へ返す）

前ウエストダーツを縫い、脇へ片返す。

前股上を縫合せて二度ミシンをかけ、カーブに切込みを入れてアイロンでよく割る。

後ウエストダーツを縫い、後中心に片返す

後股上を合せてのばし乍ら二度ミシンをかけ、縫代カーブ切込みを入れてアイロンで割る。

両脇を縫い（左脇明き18~16糎を残して）割る。

股下を左右続けて縫合せ、縫代を割る。

裾を折りまげてまつる（厚地の場合は千鳥る）

ウエストにインサイドベルトを縫つけ、脇明きにファスナーをつけ。

股上と股下の交叉した位置にバイヤスのシックをつけて出来上る。

オーバー・スーツ・ワンピース

中原淳一

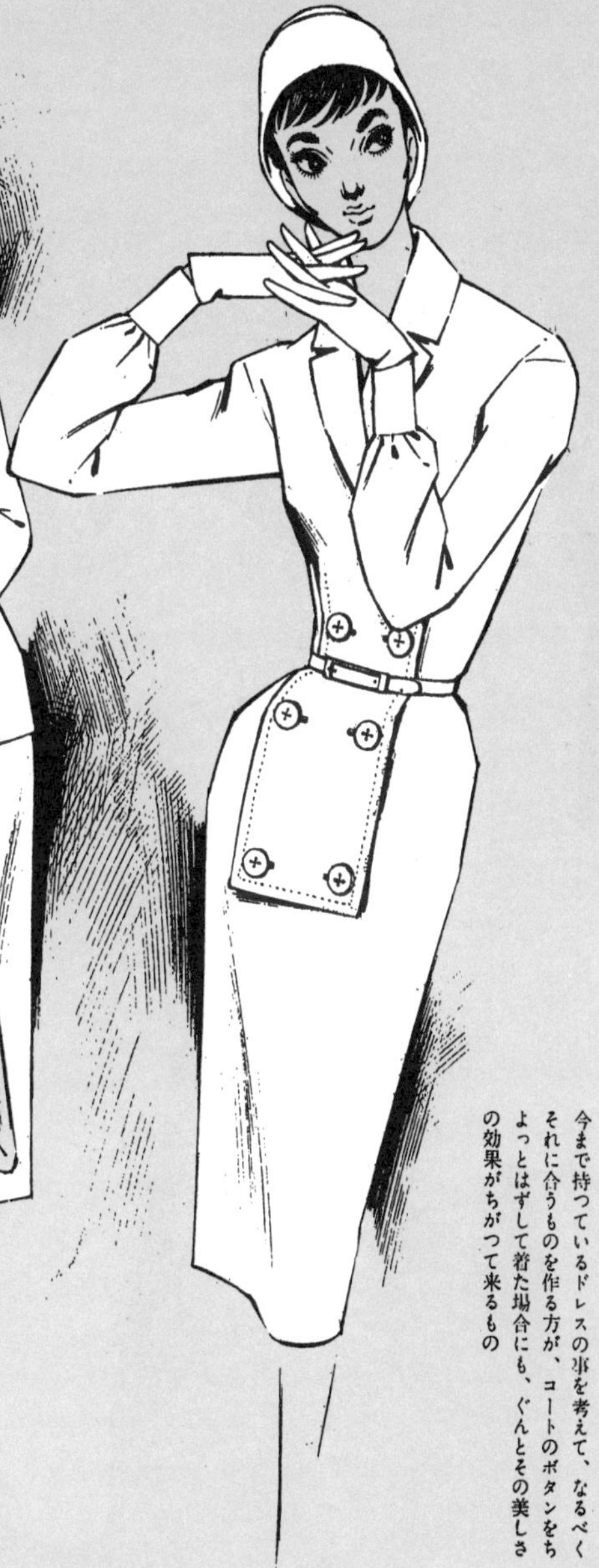

今まで着ていた古いものを新しくよみがえらせたり、ちよっと一部分をなおしたり、とに角、一番美しく着たいものだし、これから新調する場合には、あなたの生活をよく考えて、一番合理的に着られる様なものを選ぶこと。

たとえば、あまり目立つ柄のある布地のものは、何着もっている人でなければ、いつでもその一枚を着ている様で、それがどんなに素晴しくても見ている方も退屈してしまうし、又、ツウピースを二着作る場合はその二着を組合せて又別の美しい効果を出すような色を選ぶ事。

又布地になるべく何色にでもとけ合う黒やグレイを選んで、スカーフや帽子のあしらいで色々の美しさを見せたり、又オーバーを作る場合にも、今まで持つているドレスの事を考えて、なるべくそれに合うものを作る方が、コートのボタンをちよっとはずして着た場合にも、ぐんとその美しさの効果がちがつて来るもの

冬をあたたかく――

我が家のだんらん料理

常夜鍋

女優
髙杉早苗

寒い夜に不意のお客様があったとき、おすすめして喜ばれている料理です。

浅いお鍋にお湯を入れて火にかけ、生姜汁と御酒を少々入れておきます。

この中へ入れる材料として、豚肉の普通のところを小間切りにしたもの、ホウレン草、白菜を用意します。ホウレン草は柔かいものなら長いまゝ、白菜はザクザクと大きく切っておきます。この材料を少しずつ入れて、柔らかくなったところを、別に用意しておいた大根おろしで頂きます。

これは名前の様に毎晩頂いてもあきない鍋料理という、さっぱりしたものですから、油っぽいものが嫌いな人にも、肉の好きな人でも、お酒の肴にも向くものです。五分くらいの短い時間で出来るものですから、お勤めで忙しい方にもいゝのではないでしょうか。

きりたんぽ

作家耕治人氏夫人
耕よし子

郷土の名物料理で賑かな楽しい御馳走です。新米が穫れるのを待兼て香りのよいそのお米で作ります。母から娘に伝わる料理、それで私も大変得意です。

五六人なら御飯一升、若鶏一羽、香りの高い新牛蒡、芹、椎茸、葱などの野菜と焼豆腐を用意します。炊上げた御飯をお釜の中で突きつぶし、太い竹串に竹輪のように握りつけ、（一升で八本位）炭火でぐるりをこんがり焼いて冷し、一本を六つ七つに切る。

これがきりたんぽ。さゝがき牛蒡、斜切り葱、その他の材料は好みに切ります。

大きい深鍋に、煮出汁、醤油、味醂、もつでたっぷり濃味の汁を煮立て、鶏と具の品々を煮ながら、きりたんぽを入れては、熱くなったところを具ともども汁ごと掬いあげて頂きます。

きりたんぽは煮ないところがさらりとおいしいので、煮えて形がくずれると味が半減します

変り湯豆腐

舞踊家中川三郎氏夫人
中川まり子

冬になると懐しくなるあの「湯豆腐」も少々あきてきましたので、この頃はこんな自己流の「湯豆腐」料理をしていますが子供達に大へん評判がいゝようです。

普通の「湯豆腐」と同じ様に底の浅い鍋に昆布を敷いて、水を入れて火にかけ、煮たってきたら生鱈を三切（普通の大きさの切身）入れて、大き目のヤッコに切った豆腐と、油揚げを眞中央から二つに切って、それを一糎巾の短冊に切ったものを入れて、煮たったところを用意したタレで頂きます。

タレの作り方は、深目の器にお醤油と細かく切った（又はすりおろす）ユズと、味の素と、モミ海苔か鰹ぶしを入れたものを鍋の中央に入れて温め、酢をほんの少し注ぎます。他に細かく切ったネギをそれぞれ小鉢に入れて出しておき、このタレを注いでお鍋のものを頂きます。

私の所の様に大家族ですと、普通の湯豆腐の様に鍋の中にタレの入った器をおいて、それをつけながら頂く方法ですと、頂きにくいし、タレが薄くなりますので、各々器にタレを取るようにしています。

全部頂いた後、お鍋の汁にタレを入れますとおいしいお汁が出来ます。

やき肉

評論家小松清氏夫人
小松好子

うちの子供達は大へんやき肉が好きで、冬になると、火鉢を囲んで、こんなやき肉を喜んでいただきます。

先ず大きい火鉢を用意しますというのは油が飛んでお座敷をよごすのと、火をきつくするために。

塗りのお弁当箱に御飯を盛りお漬物を添えておきます。子供達は火鉢のまわりで、お箸とお弁当箱をかかえて待機します。

牛肉はフイレ。ロースならば油をつけないで、すきやきの肉より厚い目にきります。油身が多いと油が燃えて部屋中煙だらけになって目が痛くなります。

かといつて、牛そのものは油ののつたいい牛を選ばなければ何のやき肉ぞや、ということになります。

かんかんおこつた火の上にあみをのせ、肉片をのせては返します。のせた途端にこげつくほどの火力で。

外側がこげて、中はまだ生というところが美味しいのです。

しよう油と砂糖、お酒少々まぜた中へ、じゆっとつけて、御飯の上にのせます。

そして、焼くのが間に合わない程です。

わが家のボルシエー

石黒敬七氏夫人
石黒偉智子

冬になると、なんとなく見た目にも温かそうなものが頂きたくなります。

ロシヤ料理にボルシエーと云うのがありますが、それのまねをして作ってみたこんなお料理は如何でしようか。

鶏のがらでスープを作っておきます。野菜（玉ねぎ、人参なんでもありあわせで結構）バタいためにして、牛肉もお店で切って貰つたままで結構ですから、サッとバタいためをしておきます。野菜と肉をいためましたらスープに入れてトマトケチャップか、トマトソースを入れて良く煮ます。ヨーグルトがあればそれを一瓶、なければ牛乳一本を入れてよくかきまぜて降します。舌も焼ける様に熱い時に、自分達で適当な味附けをしてけ（食塩胡淑で）頂きます。これは、スープなべをかけたまゝで何ばもお変りをして頂きます。

温い鍋料理

俳優山内明氏夫人
山内住江

簡単で温かい鍋料理を二つ御紹介いたしましよう。

その一、寄せ鍋——はまぐり、いか、えびを叩いて卵をまぜだんごにしたもの、ねぎ、豆腐を大きな鍋で水で煮ます。

たれは生醤油に一度煮たてた油をたらし、辛子、唐辛子など好みの薬味を添え、これをつけて頂きます。

その二、モツ鍋——モツと豆腐を水煮致します。

この鍋の中に湯豆腐をする時のように小丼をいれてタレを湯煎にします。

だしはとらずに生醤油に味の素を入れ、卵の黄味だけを落しかたまらないようによくかきまぜます。

薬味はねぎをきざんだものがよく合います。

急なお客にもすぐ間に合つて大へん便利なものです。

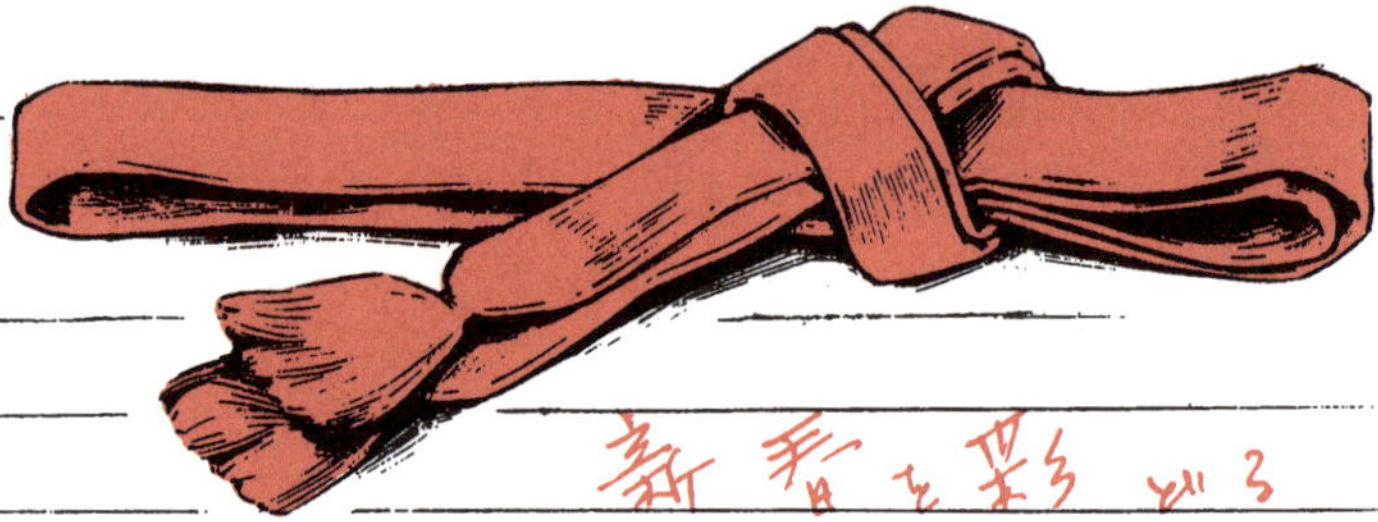

新春を彩どる
紐をかざる髪

中原淳一

この号の"それいゆ"の表紙の絵の、あの髪がこの紐をかざる髪です。

紐、と云つても、この紐は和服の帯にしめる帯じめです。

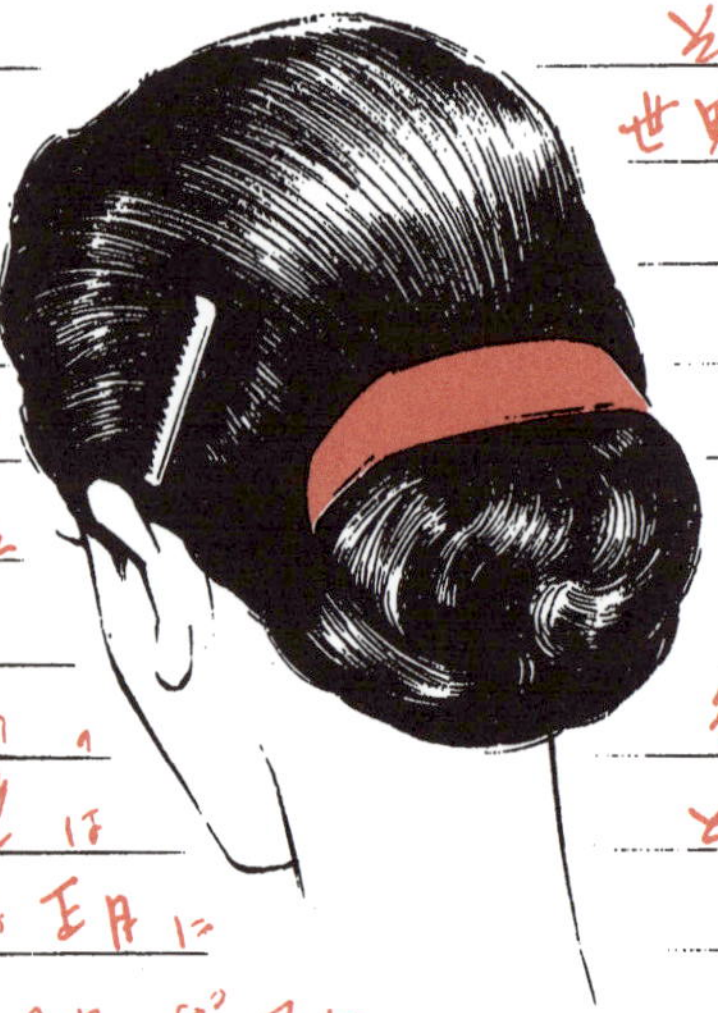

あの帯じめを見ていると、ほんとうに美しいのに今さらのように驚いています。

そして、古い傳統を伝える和服が、世界的に美しい衣服とされているのも、なるほど、と思いかえしてみる。

そして又、この帯じめは、どんな着物でも皆同じ物にその奥ゆかしさと気品をそなえているのだから驚ろく。

その美しい紐をその日に着る着ものの色にそろえて選んで、髪にかざってみる髪型はどうだろう。

お正月になると、新日髪(お)に結う人は少いけれど、ヘヤーピースにこの紐を色々にからませて結ってみるのは又お正月にふさわしい美しさではないかと思う。

この飾をかざる髪は、和服に勿論ですが　洋　装によく
似合うし　前髪の感じや　組の色によって若　い人にも
中年　の人にも向くものになるでしょ　う。
しかし　この髪は不常着には向　かな
いも　ので、いかにも晴着らしい　雰
囲　気をかもし出すのです。
それは、この帯じめというも　のが
髪にか　ざってみると、リボンなど　よりず
と重みが　あって豪華だからです。
さて、こ　の帯じめの値段は　ピンからキリまで　あって、
木綿のも　のにくらべて、人絹のものは　ぐんと安い位ですが、とに
角、髪にかざるものは色が一番大切な事　です。

それから、けも　ひろいものや、せ　まいものや、いろいろあ
る様ですが　それはその時　の気分でどちら
でもいいし　それらし　わざわざ新し
いのを買い　こまかくても　和服を着ない
ちない着る　方が家の中に　一人居ると結び目
がもついた　んだ様なも　のもキュット一本にあ
ると思います。　それの、手び　きれいなところだけ
切取って、へ　ヤーピースに上手にからま　せて、毛の下になって
てかくれると　ころでしっかりと止めつ　けて下さい。
さあ、この　お正月にはぜひとも一度はこの組をかざる髪を結い
てみて下さい。　キュット、あなたの着物姿がいっそう一段と豪華な
雰囲気をます　事でしょう。

三菱テックス

服地や毛布のお買物の際には、メーカー名に御注意なさるのが新しい常識となりました責任のある⛬のマークに御留意の上お買上げ下さい。ほんとうにお買い易いお手頃の値段で、しかも純毛に変らぬ三菱の化繊こそ貴女の御生活の合理化を計画通りにすゝめるものと信じております。

化繊で
豊かな
衣生活

提供ラジオ番組
「ギターは歌う」
バッキー白片と
アロハ・ハワイアンズ
毎週 月曜～金曜
ニッポン放送 午後4.15～4.30
新日本放送 午後1.05～1.20

楽しい夢・温い毛布……

三菱毛布
（ウーリー加工）

三菱レイヨン

それいゆテーマ短篇小説

お洒落と暮し その1

薔薇の芽

永井龍男

A

「薔薇という花は、庭に咲いた時は小さく見えるが、剪つて部屋に差すと、なかなか大輪なものです。」

ステッキを膝の間に突き、その握りに両手を委せた老人が、東京駅のホームのベンチで、隣りの老人にそんな話をしている。

二人とも礼服を着ている。

薔薇の話が出たのは、相手の老人の膝に、パラピン紙でくるんだ花束がのせてあるからだ。

「今年の花は、いつもより小さいかな、と思つていて、テーブルの上なぞへ持つてくると、なあにあなた、実に立派なものでね。」

「沢山、お作りになつていらつしやるんでしような。」

「いいえ、ほんの十二三株です。以前のようには、手が廻りませんからな。」

結婚式が済んで、自分達も帰りの電車に乗りかたがた、新郎新婦の見送りにきたのだということは、ホームの様子を眺めれば分る。

若い人達は人達で、花束を抱えながら立話をしている。

そこへ、一足遅れた新郎新婦が、数人の近親に附添われて、階段を上つてきた。

だが、新郎新婦も、見送りの人達も、その一組だけではなかつた。すでに明るく車内灯をともし、発車時刻を待つている熱海行きの二等車には、数組の新婚者が席を占め、車外の見送り人達と窓越しに語り会つていた。

すでに結婚してしまつた人々も、これから結婚するであろう若い人々も、今は祝福され

た二人を中心に、はなやかな発車時刻を待つている。

一年中乗り降りしている駅の構内を、あらためて見廻わすのもこんな晩である。

黒びろうどの宝石箱と、細い細い銀の首飾りの鎖。

赤や青の、無数のシグナルをちりばめて、闇の先きざきまで美しい。やがて列車は、輝かしい二条のレールの上を、静かに走り始める。

新郎新婦を乗せた列車は、今宵この大都会を、そんな風にして離れて行つた。

品川駅を過ぎて、新郎も新婦も自分の呼吸を取り戻す。

どの一組を見ても、新婦は新郎より数段生き生きして見えてくる。

「薔薇という花は、庭に咲いた時は小さく見えるが、剪つて部屋に差すと、なかなか大輪なものです。」

と、云うのは、ついさつきの老人の言葉だが、どの新郎も、向い合つた自分の薔薇の水水しさに、極めて新鮮な驚きを感じる。

結婚式前後の数日間、二人は落着いて言葉を交わす暇がなかつたに違いない。まだ、見送りの人々の歓声が、追い駆けてくるような錯覚もあるが、それはもう二人切りの喜びに通じる気忙しさに過ぎない。

「疲れた？」

どの新郎も、いたわりの言葉から口を解きはじめる。

新婦は微笑し、黙つて頭を振る。新郎の顔から、眼は離さずに。

しかしその夜、自分の薔薇の美しさに、新郎がほんとうに胸をとどろかすのは、例の老人も云つた通り、自分達の部屋で二人切りになつてからのことだつた。

B

その中の一組の、ささやか話。

「他のことは、出来るだけ倹約して、その代り新婚旅行だけは、優秀にやりたいと思うんだけど、あなたはどう思う？」

「賛成よ、そうして、あたくしも貯金する。」

婚約時代にそんな話合いがあつた通り、熱海で一泊、次ぎの日は伊東、帰路に湯河原と、快適な旅行だつた。旅館は東京から電話で予約してあつたし、二人の人柄にも、如何にも新婚らしい端正さが、おのずとほの見えて、熱海でも伊東でも、気持のよいサービスをうけた。

東京へ四時過ぎに着く湘南電車で、二人は湯河原を発つた。

この辺でとれる青い蜜柑の籠が、いくつか網棚にのつているような時期で、湯河原を発つ時は明るい午後だつたのに、横浜を過ぎる頃から、急に夕方めく日の短かさだつた。

往きとは違つて、大きな喜びの後の翳《かげ》とでもいつたものが、新婦の胸のうちに湧いた。なに一つ悪いことはないのだが、いつまでも新郎に寄り添つていたいような頼りなさが、新婦の気持を沈ませる。

恰度そんな気分の処で、

「僕達の旅行は、もう一晩あるんだぜ。」

と、新郎が云つた。

電車はすでに、品川駅に近いのだし、新婦にはなんのことだか分りはしなかつた。

「もう一晩つて?」

「今夜、もう一晩、ホテルへ泊るのさ。」

「どこのホテルへ?」

新郎はたのしさうに笑つた。

「君を、びつくりさせようと思つて、いままで黙つていたのさ。どこのホテルへ泊ると思う?」

新婦も、気をはずませているのが、顔色にまで出ていた。

「上野から向う? それとも、信州の方かしら。」

「東京のホテルへ泊るんだ。」

「ええ?」

「これから、赤坂にあるホテルへ行つて、荷物を預けて、銀座のどこかで御飯をたべる。それから映画を観て、ホテルへ帰る。実は、こんどの旅行プランには、最初から東京一泊が組み入れてあつた。君の知らないうちに、湯河原からホテルへ電話もしてある。どお、気が利いてると思わない?」

「素晴しいわ。まつすぐ、家へ帰るんだとばつかり……。」

東京一泊は、確かに思いつきだつた。

四五日見なかつた銀座は、宵の灯色が新鮮だつたし、映画館の椅子は、先日来た時とはまるで違つた落着きを、二人に与えた。

映画館を出てから、新婦は自分が、映画の中の人物のような気がしていた。家へ帰るのではなく、ホテルへ行くのだということが、夢見心地へ誘うのである。

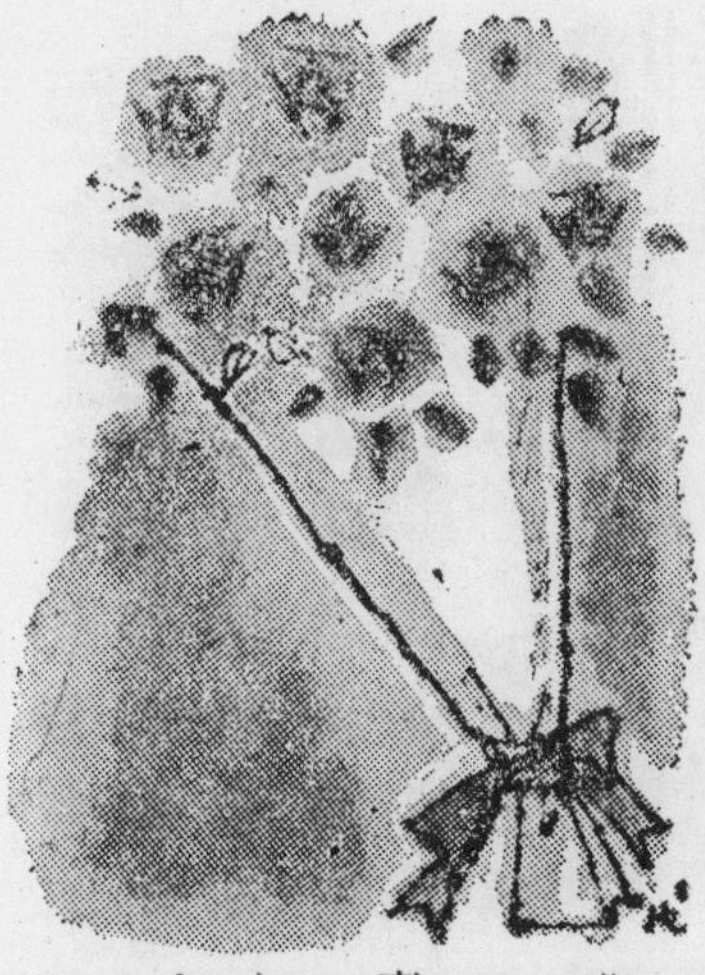

「まあ、いいお部屋!」
ボーイが去つた途端に、新婦がはしゃいだ声をあげた。
「こんなアパート、アメリカ映画によく出てくるわね。ずうつと、こんな処に住めたら、たのしいでしょうね。」
新郎は煙草に火をつけ、新婦のよろこびをにこやかに見ていた。

映画ならば、この辺で二人は永い接吻をするかも知れない。映画でなくても、お好み次第だが……。

東京にも、こんな静かなホテルがあるかと誰も思う。

バスもついているし、照明の具合いも柔かだ。

さて、ピジャマに着換えた新郎が、ベッドに腰をかけて、寝化粧をすませる新婦を待つ時間がきた。

これも、ピジャマ姿の新婦が、やがてバスルームの灯を消して出てくると、

「えり子、ここへいらつしやい。」

と、新郎がはじめて（多分、そう云つてよいだらう）新婦の名を呼び捨てにした。

「はい。」

素直に、新婦も並んでかけた。

「僕が、東京で一泊する気持、分る？」

「さあ……。」

「今日までは、夢の世界。……明日の朝、家へ帰えるところから、いよいよ二人の現実生活がはじまる。家には、僕のお袋が待つている（お袋という言葉も、新郎はこの時はじめて使つた。）夢の世界から、急に現実の中へ入ると、ショックが強すぎると思つて、このホテルに泊つた訳。……頼む。」

と、新郎が手をさし出した。

新婦がその手をとり、

「大丈夫よ。しつかりやるから。」

と、応えた。

このコントでは、ここで二人を抱擁させたい。

C

一年経つた、結婚記念日の日にも、銀座で夕食をとり、映画を観て、二人はこのホテルに一泊した。

一週間前から予約しておいたので、なつかしい部屋を取ることが出来た。

「二度しか、泊つたことはないのに、まるで、あたし達のお部屋へ帰つたような気がする。」

えり子はそう云つて、ホテルの雰囲気をたのしんだ。

「お袋」には、湯河原へ行くと云つて、家を出てきたのだから、えり子のバスが多少永くかかつても仕方がない。

「……ねえ、湯上げタオル、そつちへ持つていらしつた？」

と、この辺で、バス・ルームのドアを細目にあけ、えり子が裸の肩ごと、夫の部屋をのぞいてもさしつかえない。

一年経つているアクトだからである。

「この香水、あの時使つてたのと、同じかしら……。」

ベッドに寝て煙草をくゆらす夫は、えり子の化粧をしている間に、天井へ向いてそんなセリフを云う。


結婚三周年の記念日にも、二人はここへ泊つた。

勤め先きから、銀座へ出てくる夫を、えり子は待ち合わせて、映画を観た。「お袋」には、湯河原へ行くと云つて家を出た。

「……まあ、いつまでものんきな人達だこと。」

と、お袋はそれだけ云つた。

「また、あたし達のお部屋へ帰つてきたんだわ。」

えり子は、少しばかり疲れを見せて、しかしなつかしそうに、部屋の雰囲気をたのしんだ。

一口に疲れと云うが、軽い疲れは若い女を却つて美しく見せることがある。結婚三年目の味は、そんな処にもあるかも知れない。

バスの栓をひねると、熱い湯が湯気ごとほどばしるし、ベッドサイドに深紅のスタンドを灯して、夫は煙草をくゆらしていた。

総てが、一年前二年前と同じことだつた。二人の愛情が、さらに深まつていることを除けば……。

ただ一つ、真夜のえり子が、夫をゆり起した点だけ、まる切り違つた出来ごとだつた。

「ねえ、眠れないのよ。」


夫は眼を覚して、まじまじとえり子の顔を見た。

「どうか、した？」

「ゆこが、どうしてるかと思うと、ちつとも眠れないの。」

えり子は、子供の名を云い、淋しそうに笑つてみせた。

「あしたの朝、早く帰りましようよ。」

「……ああ、ゆこの匂いがする。」

そう云つたと思うと、夫は矢庭にえり子を抱き、えり子の首と胸の間に、自分の顔を押しつけた。

三年目の薔薇に、新芽が伸びはじめていたのだ。

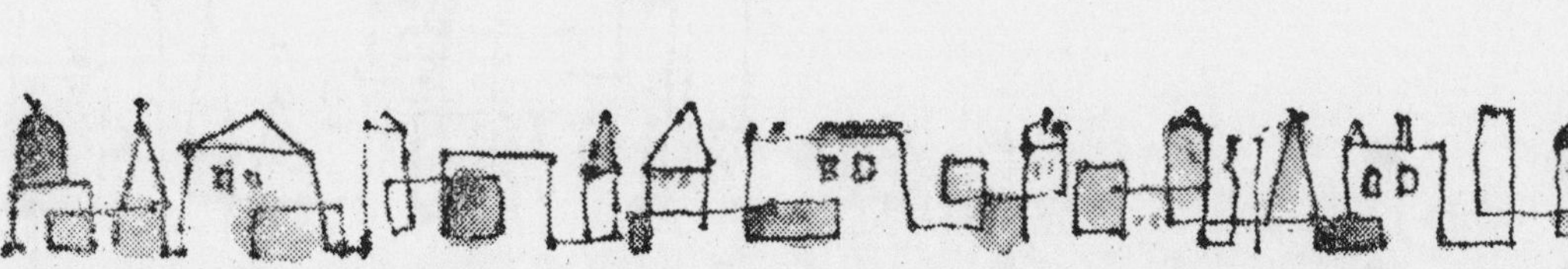

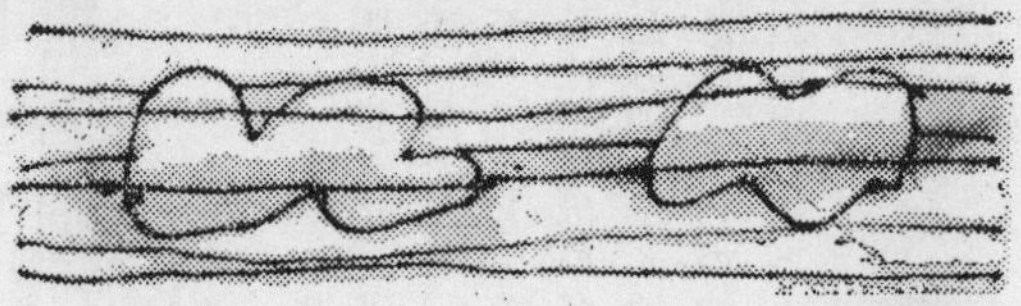

朝のヒアシンス

お洒落と暮し　その2

阿部艶子

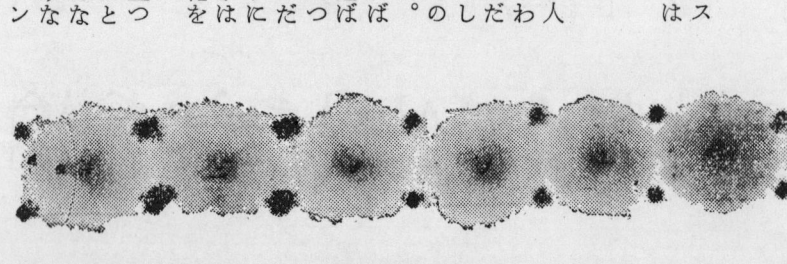

「こんなところにヒアシンスが咲いてる」

さと子は一人で歩いていることも忘れて、思わず大きな声を出した。

足許に小さなヒアシンスの花を見つけたのである。それは温室で育てられたヒアシンスのように沢山花がついていなかつたが、まぎれもなくヒアシンスの花であつた。さと子はそこにしやがみこんで、今度は声に出さなかつたけれど
「よくまあこんな固い土の中で、人に踏まれもしないで、咲くことが出来たのねえ」

と、可愛い猫にでも話しかけるように、その花を見やつた。

そこはさと子の家から荻窪の駅に出る途中なのだが、片側が空地で、片側が長い塀の人通りのない淋しい道だつた。さと子は駅に行くのに近道をすれば七分で行かれるのに、わざわざ遠まわりをして、淋しい人通りのない道を選び、十五分もかかつて歩くのが毎日だつた。道の両側は雑草が生い茂り、夏などは人がやつと一人通れる小径のようになつてしまうのであつた。今も砂利の間に生えた雑草は季節を間違える位に沢山生えている。その砂利の間に、どうしたことか嘘のようにヒアシンスが小さな花をつけているのであつた。

種をまいて咲く草花と違つて、ヒアシンスとかチウリップは球根を大事に育てなければ花が咲かない。温室がないとしたらフレームでかこう位のことは必要な筈だ。それが道ばたの、しかも砂利と雑草の間で、どうしてヒアシンスが咲いたのかほんとうに不思議だつた。子供がいたずらに道に球根を埋めたのだろうか、誰かが落したものが何かのはずみにうまく土がかぶさつたのだろうか。さと子は暫くは立ち去ることも出来ずに、小さな花をみつめたままだつた。

「おそくなる」と気がついて、やつと立つた。何かで堀つて鉢にでも移し植えようかと思つたが、会社に行く途中だつたし、こんな珍しい中で折角咲いたものを移すのもいけないような気がした。誰かが「道でもヒアシン

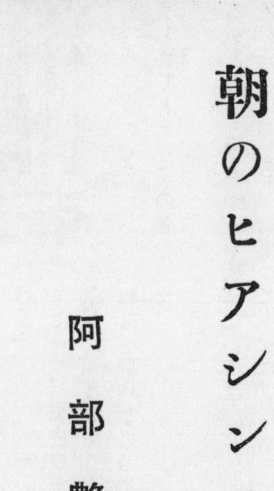

スが咲くかどうか」と、気まぐれなかけをしたのでないとも限らない。私がとつて行く権利はないだろう、そんなことを考え、後を振り返り振り返り駅の方に歩いて行つた。

ラッシュアヮーの荻窪駅はいつもに変らぬ人混みであつたが、花の前にかがみこんでいた時間はかなりかかつたと見えて、いつもより人の数が少かつた。

「おくれちやつたかな」

さと子は折からプラットフォームにはいつて来た電車に滑るようにして乗りこんだ。

さと子はK商事のタイピストとして、もう六年も通勤していた。毎日機械的にタイプライターをたたくこと、と中央線の電車で家と会社の間を往復すること。それ以外に六年の間、彼女はなんにもしなかつたと云つても嘘ではない位、人づきあいもなく、変り者で通つていた。会社でも変り者、家でも変り者、何が変り者かと云えば、無口なことと、なんの仲間にもはいらないことであつた。同僚も、上の人達もさと子を不気味に思つていることを彼女自身よく知つていた。会社の旅行、仲間の送別会、そういう集りに、自分が加わると一座の空気を暗くする、さと子はそう信じきつていた。だからどんなことにも口実を作つて自分だけ仲間外れになるように仕向けていた。そんな陰気なさと子が、とにかくもいくらかでも月給も上つて行くのは、彼女の人並はずれたタイプライターの腕であつた。速さと正確さで、さと子に勝るものは会社始つて以来ないという評判であつた。

さと子には一つ違いの兄がいた。彼は流行の俳優の誰彼に似ていると噂されるような美貌の持主だつた。海老蔵に似ていると云われたこともあるし、錦之助に似ているとも云われる。○○にも○○にも似ていると云われる。そんな風に違う顔立ちに、それぞれ似ていると云われるのは、誰かしらに似ているとでも云わなくては気が済まないように目立つて美しい顔をしていたからであつた。

さと子の父は、さと子が小さい時から二人を並べては

「新太郎とさと子は男と女とさかさまだつたらよかつたなあ」

と嘆息した。母も

「ほんとうにねえ、さと子の行末が思いやられますよ」

とそばから云つた。四つ五つの時、さと子は何で自分が兄とかわればいいのか納得が行かなかつたが、幼稚園に二人揃つて行くようになつてから、子供心にそれがわかつて来た。

「まあ、色の白い可愛い坊ちやま」

他所の小母さまたちがきまつて云うのである。そしてつけたりのように

「さと子ちやんだつて、もう少したてばお兄ちやまみたいに白くなるでしようよ」

と云つたりした。

新太郎は男の子だが顔のことを云々されることは得意で、何かというと

「やい、黒カボチャ、お前の顔そつくりなのがあるよ」とか

「やあい、カボチャがリボンかけてらあ」

などとはやしたて、自分は美男、妹は不器量ときめてかかるのだつた。兄にからかわれてふくれ面をすると

「ああカボチャがふくれました、ふくれました。風船のようになりました。これは普通の

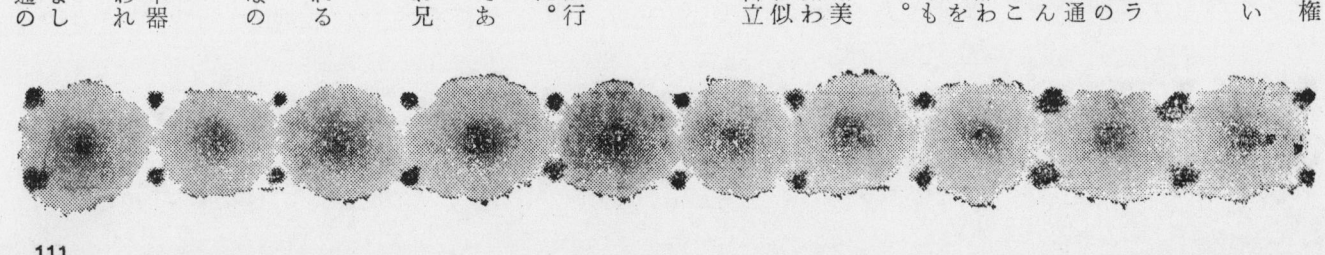

ゴム風船ではなくおたふく風船と云います」、とラヂオの実況放送を真似て喋る。父も母も「新太郎！」とたしなめはするものの「カボチャさん」というあだ名はみとめたように、さと子がたまたまとうなすを食べていると笑い出すような始末であつた。さと子の母は美しい新太郎が可愛くて堪らず、不器量なさと子を決して憎むわけではないが、「この子が大きくなつてお嫁に貰い手があるだろうか」ということが心配の種であつたらしい。

　そんな幼時を過したさと子は「何を着せても引立たない」「可愛いなりをさせると余計色の黒いのが目立つ」と云う親の言葉を敏感に先に受けとり、着るものも欲しがらない、髪のかたちも考えない、鏡さえ見ない少女から大人になつて来たのであつた。さと子は人嫌いで、人とつきあうことは勿論、道を歩く見知らぬ通行人さえわずらわしかつた。時間の都合で混んだ電車には仕方なく乗るけれど、家までの道は駅から大急ぎで横丁を曲り、例の人の通らない道の方を、毎日の往き来の道としていた。

　さと子は人とあんまり喋らないから、外側は孤独であつたが、心の内では毎日々々いろんなことを考えていた。自分が人に見られることも嫌いなので、人の顔もあんまり見たことがなかつたが、それでも美しい人には好感が持てた。いつも自分をからかつていた兄などは、ほんとうに美しい偉い人に思われた。

まだ二十六歳という若さで、一度結婚に失敗し、今は次の結婚をしている新太郎の生活も、相手の女が悪いからだと思い込んでいた。新太郎は顔がきれいだから映画俳優にと云われたこともあつたが、本人がそれにはなりたくなく、学校も早くやめて一向に職がきまらず、会社につとめたり、自分で商売をやると云つてやめて見たり、今は仕事と恋愛と両方のことから関西に行つているのだが、美しい兄のすることはなんでも正しいようにも思つていた。そんなにひたすらに尊敬する兄であつたが、もう十六位の時からほとんど口をきいたこともなかつた。同じ家にいても、兄とは顔を合わさないようにしているのだつた。

『美しい人は心も美しいに違いない』とさと子はいつも思つて、自分の暗い性格を、容貌とともに憎んでいた。「誰に似たのだろう」と思うのだが、不思議なことに、父も母も、新太郎ほど美しくはなく、さと子ほど目立つて色が黒くもないのだつた。

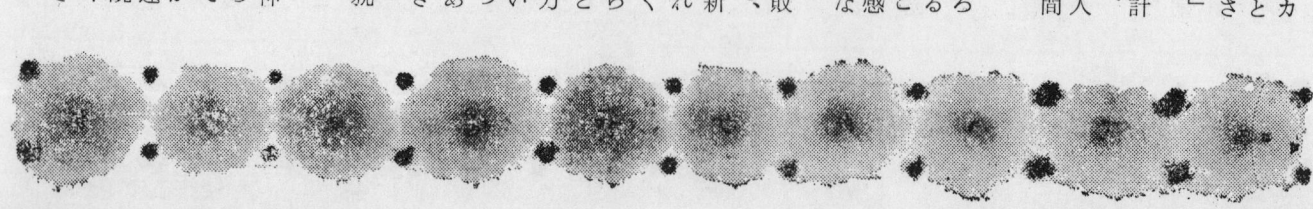

「あたしも綺麗だつたら」どんなに世の中を見る眼が違つていただろうと思いもし、「神様に祈つて美しくなれるものなら」と恨めしい気持で祈りもした。がもうこの四、五年の間はそんなことを思うこともなくなつた。美しい人とあたしとは別の世界だ、ときめてしまつた。『醜女の日記』という小説を新聞の書評でふと眼にし、読んで見たい気持にかられたが、それもわざとやめた。醜い女が恋をして美しくなるという奇跡も、彼女には遠い雲の上の話である。「恋」などということが、自分に振りかかることもない。恋人が醜い自分の中に美しさをみとめて呉れるということも、或は恋するためにかたちまで美しくなるということも、どちらも「恋人」の力を借りている訳だ。あたしはそんな人のおなさけで、仮そめの錯覚になんかおちいらない。そうかたくなに思い込んでいるさと子であつ

た。彼女は会社の中にたつた一人好きだと思う男の人がいたが、日頃の考えからその人には一度も口をきいたこともなく、受けとる仕事さえも殊更に粗雑に扱つたりしていた。

次の駅でさと子の前の人が降りて、坐ることが出来た。毎日立ち通しで窓から外に顔を向けたまま東京駅まで行くのだが、素直に前の空席に坐つたことは自分でも珍しいことだつた。中野から、電車は急行になり、途中の駅をとばしてスピードを増した。そのゆれ方に体をまかせながら、さと子は不思議に心がはずんで来るのであつた。

「どうしてヒアシンスの球根が芽を出して花が咲いたのかしら」と考えるとおかしくて、一人で頰のあたりが笑えて来る。「あれは大事に育てたつてなかなかうまく咲かない花なのに」さと子はそればかり考えつづけ、感じいつていた。

「ね、ヒアシンスが、小つちやな雛型みたいなヒアシンスがね、道に一人で咲いていたのよ。どうしたつていうんでしょう」

友達がいたら、そんな風に話かけただろう。「まぁ珍しい」と云われても「そんなことで大騒ぎをして」と笑われても、友達だつたら愉しいだろう。あたしには誰もいないから。一人でそう思つてはタイプライターを打ち、その日は普段よりも能率をあげた。さと子は暗くならないうちにあの道を通つて、早くもう一度あの花を見たいと思つた。

帰り道、いつもと同じにやつぱり人通りはない、大抵の女なら恐がるような淋しいその道を、さと子はかけるように歩いて行つた。桃色のヒアシンスの花は、折紙細工のようにちやんとそのままでいた。もう薄暗くなりかけていたが、それははつきり見えていた。

「ちやんと、待つていて呉れたの。誰にも踏まれも、抜かれもしなかつたの。よかつたわねえ」

ひとしきり、小さな花に話しかけると、

「じやあ、明日、又ね」

と、立つてさと子は家路についた。

「ただいま」

とさと子は珍しく家族のものに声をかけた。

「お帰りなさい。早かつたのね」

けげんな顔の母親が、明るい笑顔で答えた。

「御飯、もうすぐよ」

「ええ」と答えて、さと子は自分の部屋に這入り、外出着をぬいで軽いセーターに着かえた。そして洗面所に行つて、ふと鏡を見た。鏡の中の自分の顔を、ゆつくり見たのは珍しいことだつた。いつでも髪さえ鏡を見ずにとかしていたのだから。

生き生きとした嬉しそうな顔がこつちを見ていた。六年前に編んだねずみ色のセーターがうす汚れていた。

「もう少しいい色のセーターをつくろう」

さと子は鏡の中の自分にそう云つて見た。

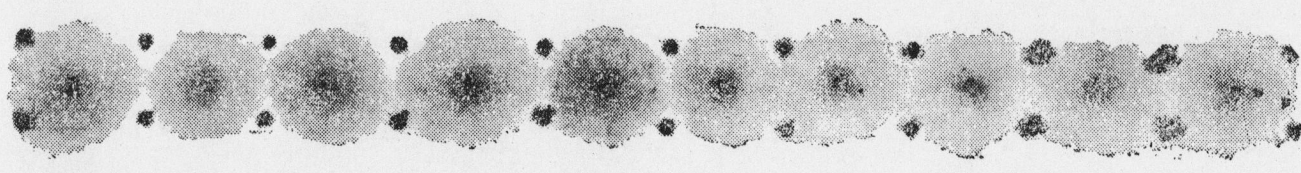

「そうね」

と鏡の中のさと子は返事をした。自分の話しかけたい友達のような顔だつた。

「今日、砂利の中にね」と昼間から誰かに話したかつたことを、眼で鏡の中に云うと「さと子つてば、一日ヒアシンスのことばつかり」とからかうように笑い出した。その顔は髪をもう少し短く切つたら、もつと親しい友達になれそうに思える。そしてちやんとコールドウエーヴをかけて、額のところはこういう風に横にかき上げようかしら。くしとブラシで髪をいろいろに動かして見た。前にとかすより、ここは上に上げた方が似合う。それに唇がもう少し赤かつたら。

「さとちやん。御飯ですよ」

茶の間から母親の呼ぶ声がした。鏡の前のさと子の会話はそこでとぎれて、彼女は食卓についた。

翌日、さと子はほんの少しお化粧をして出かけた。お昼休みに、同じビルの一階の店を見て廻つて茶色とベージのジヤージ織のきれを買つた。自分の顔の色をこれならひき立たせられる、と彼女は日頃の読書の知識で考えたのだ。モード雑誌ではなく色彩学だつた。どんなかたちに、と思うと、さと子は急にビルの中を往き交うオフィスガール達に眼をやつた。きちんとした格好、だらしのない服装とりどりの人がいた。身なりの気持のいい人は、眼ざしもやさしく美しかつた。今更のように、誰の顔も見ないように、こそこそ歩いていた自分の姿が、眼に浮び、吐き捨てたい嫌悪感を覚えた。

今買つたきれ地を抱えて、「茶色とベージの洋服が出来たら、もつと胸をはつて歩かなくてはいけない。出来ない今だつてそうだわ」と一人言を心の中で云いながら、エレヴェーターに乗つた。さと子のたつた一人好きだと思う人が、一足おくれて這入つて来た。さと子は顔が赤くなるのを感じたが、いつものようにつんとあらためて横を向くことはしなかつた。

「木部さん。昨日の仕事早かつたなあ。おかげで助かりましたよ」

口をきいたことのないその人が、エレヴェーターの中で話しかけた。

さと子は無言で返事のかわりに微笑んだ。

夕方、いつもの道を、さと子は又急ぎ足で歩いた。人に逢うのを避けるためではなく、さと子をかたくなな地獄から救い出して呉れたヒアシンスに逢いに行くためだ。

「日曜日までそのままだつたら、もうあたしの部屋の鉢植にしてもいいかしら」

彼女は植物にというよりはヒアシンスさんという友達に話すように地面を見ていた。

「あたしは綺麗になるわ。誰の力を借りなくたつて。自分で美しくなるわね。あなたが、こんなところで咲くんだつて、どんなにか大変だつたでしょうねえ。あたしだつて、毎日せつせと綺麗になるようにするわ。あたし幸福になつて来たらしいの」

そう云つているさと子は、事実若く美しい女性であつた。

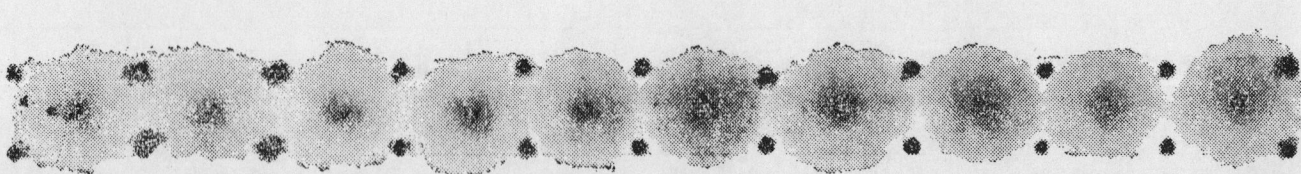

木綿の会

木綿と云う着るものから、その素朴な良さをお互の心の中に育てゝ行きたいと、そんな気持で、松本幸四郎氏夫人、高見順氏夫人他五人の仲の良い方々で集いを作られた。〝木綿の会〟と云う名のごとく、素朴な木綿の味のように、しっとりと落着た集いである。会と云うより、仲良しの集いと云った方が良いような打ち解けた家庭的な雰囲気である。川口氏夫人と幸四郎氏夫人は、少女時代からの御友達で、豊かな御趣味も一致された本当に親しい間柄の様に御見受けする。高見氏夫人、森氏夫人とは、幸四郎氏夫人のお友達で、御二人共深い木綿愛好家。そうした本当に木綿を愛する御夫人方によって、毎月二回程定期的に集いの時を作られた。着物の話しだけでなく、芝居の話、小説の研究、茶、華道、書道、料理と御夫人方の教養に関する話題でこの憩の一時が過ごされる。教養の集いと云う感の深い本当にしっとりと落着いた会である。洋紙問屋をして居られる川口氏の出入りされる画家鳥海青児氏宅で、飛鳥時代の古布や、支那の布と色々珍らしい古布の蒐集を拝見になり、その古色豊かな味を木綿の中にも生かせたらと、木綿の会の為に色々鳥海氏の御指導をお願いになった。そんな所から、鳥海氏夫人作家美川きよ氏もこの集いに参加される様になった。そうして、この会はもう何年も続いて来てるがいよいよお互の進歩の為に教養の為に研究を続けられている。「会なんて大げさな。おしやべり会ですわ。」と笑って居られる御夫人方だが、たゞおしやべりをして、お洒落を楽しむだけの会ではなく、〝木綿の会〟と云う呼び名のごとく、木綿の様に奥ゆかしい御夫人方の集いである。

この会を紹介させて頂くと共に、会員である五人の方達にいろいろ工夫された木綿のきものを何点か見せて頂いた。

作家 高見順氏夫人 秋子さん　画家 鳥海青児氏夫人 作家 美川きよさん　洋紙問屋 川口正二氏夫人 ひろ子さん

映画俳優 森雅之氏夫人 有島順江さん　歌舞伎俳優 松本幸四郎氏夫人 藤間正子さん

(左より写真順)

松本幸四郎氏夫人の場合

右、普通の紺がすりの着物に羽織。こんな平凡なものが、又いかにも木綿の愉しさがあって、大変御愛用との事。いかにも素朴で、こうした忘れ去られたような紺がすりを若々しい感じに着てみると、ぐっと新鮮な愉しさがあり、溌剌としたお嬢さん方にも是非気軽に着て頂きたいと話して居られた。

この紺がすりは、何度洗い張りしたかわからないと云われるが、そこが木綿の良さで紺の色がいよいよ深く味が出て渋さの中に新鮮な美しさがある。昔の品だがこんな市松模様は、いつ見てもあきのこないもので、そんな所にも木綿の良さがあるのだろうと云われた。下の写真は、鉄色でうずの様な模様の面白く変った品だが、着物にしたら本当に珍らしい物になったとのお話しだが、一般に考えられている木綿とは思えない程すっきりとした装いである。帯は、茶と緑と縞と云った極く普通の布団縞の木綿を利用されているが、この帯が誠にこっくりとした落着きを見せて、この装いに和紙の様な渋い味を添えていて、実に見事な美しさを見せていて愉しい。帯などもこんな工夫をすれば随分趣味豊かな愉しい品物が出来るわけである。

森雅之氏夫人の場合　夫人は、毎日がほとんど洋服の生活をしておいでだそうで、木綿でも冬物の洋服を作って居られた。こゝに発表された二点のスーツはいずれもゆかた地である。上の写真は森氏のゆかたを全部裏打ちしてスーツに仕立てたもの、平凡な藍色の格子縞のゆかた地だが、深い色がウールにない美しい色調を見せている。裏打ちしてあるので充分保温力もあり薄手のウールよりずっと温かだと云われていた。洗う事も簡単だし、アイロンもかけやすく、大変便利との事。皺は裏地にデシンや人絹の様な柔かな布地を使えば、ほとんど大丈夫だと云われる。それに大変軽いと云う事、それに誰も着ていないと云う事は大きな魅力である。こうした工夫で洗いざらしたゆかた地などで案外に愉しい冬物のスーツ、ワンピースを作る事が出来れば随分経済的ではないかと思われる。なんと云っても、木綿はウールよりも色彩的にずっと鮮明なものが多いから、そんな美しい色を一年中着る事が出来れば本当に愉しく明るい生活が出来る事であろう。左の写真は、深い藍色で芍薬を染め出したもので、極くシンプルなデザインだが洋服布地にない面白い模様が又大変印象的で、華やかな装いである。夫人は面白いゆかた地などで、若い人が冬に着るスーツやワンピースを作って愉しんでごらんになったら随分経済的であるし愉しい事であろうと云われていた。

木綿のよさを良く理解しておられるからこそ、こうした愉しい装いの工夫が出来るのであろう。趣味豊かなものとして、是非、私達も冬の服装計画の一つに〝木綿のドレス〟を入れてみたいものである。一反八百円のゆかたでそれに裏地の布、仕立代とすればウールの約半額でこんな美しい装いが出来るわけである。木綿の明るい色彩で暗くなり勝な冬を大いに愉しみたいものである。

夫人は、洋服類ばかりでなく、色々なものに木綿を利用されている。もちろん着物にも使って居られる。

木綿の会の夫人方の着物の裏は、大変に面白い物を附けて居られる。洋服の柄デシンなど裾廻しに使ったり、水玉模様のベンベルグを使ったりされるが、大体裏地はすべりの良い品を利用されて居られる。又、木綿のきものゝ手入れ方法だが、一回着たら、すぐにきっちんと畳んで置く事である。どうしても、少しの皺は避け難いので、手入れ良くしておかないと、木綿のきものにありがちな、腰の出た様なだらしない感じになりやすい事は気を附けたい事。安価な木綿で冬物の着物を何枚か作れば、高価な絹物の着物一枚を何回か着るよりもずっと目新しく清潔な美しさがあるのではないだろうか。

川口氏夫人の場合　木綿と云うものは、まったくさっぱりとしてあきのこないものである。そして渋いその色調はどんなものにも出ない良さであり、豊かなものを感じさせるものである。そうした木綿の良さを川口氏夫人は強調して居られた。これは、御夫人方共通の御意見で、右の小さい写真の川口氏夫人、夫人と幸四郎氏夫人のお召しになって居られるきものや帯などは、本当に、しみじみとした木綿の良さがよく表われたものであった。風雨にさらされたまゝになっていたのれんであったと云われるお揃いの帯などは、薄ぼけた様な茶色でその粉をふいた様な感じはなんとも云えない味があり、芸術的なものまで感じさせる。右の写真は着物、帯、袋物と皆木綿のもので、帯は、木綿の大きな風呂敷一枚で出来たもの。深い藍色の唐草模様の面白いもの。袋は、田舎に良くある、はんてんの様なもの〻残り布で、茶と紺がまざり織りの様になったもの。こうして袋に作ってみれば、本当

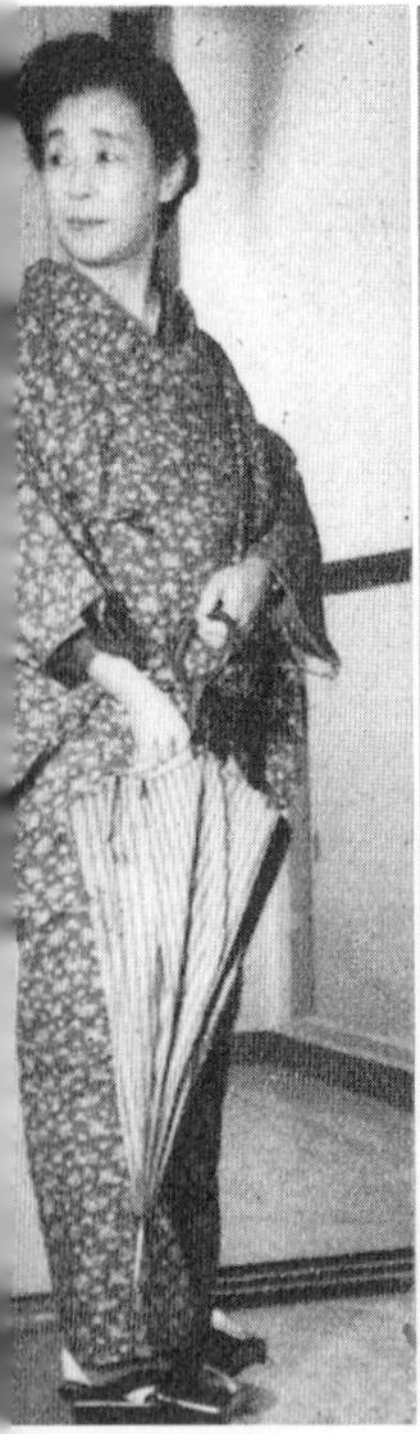

に得がたい楽しい品物になる。

下右の川口氏夫人のお召しになっているきものは、竺仁でみつけられたきものだそうだが、ちよっと木綿とは思えない様な美しい染めでこういう品になるともう立派な芸術作品で、その細かい染色の技術に驚かされる。これは工夫されたものと云うのではないが、木綿のきものと云うものゝ良さを再び認識させられるものである。面白い柄の風呂敷などがあった時に大きい風呂敷なら一枚で出来るから作り附けの帯を作れば随分経済的である。

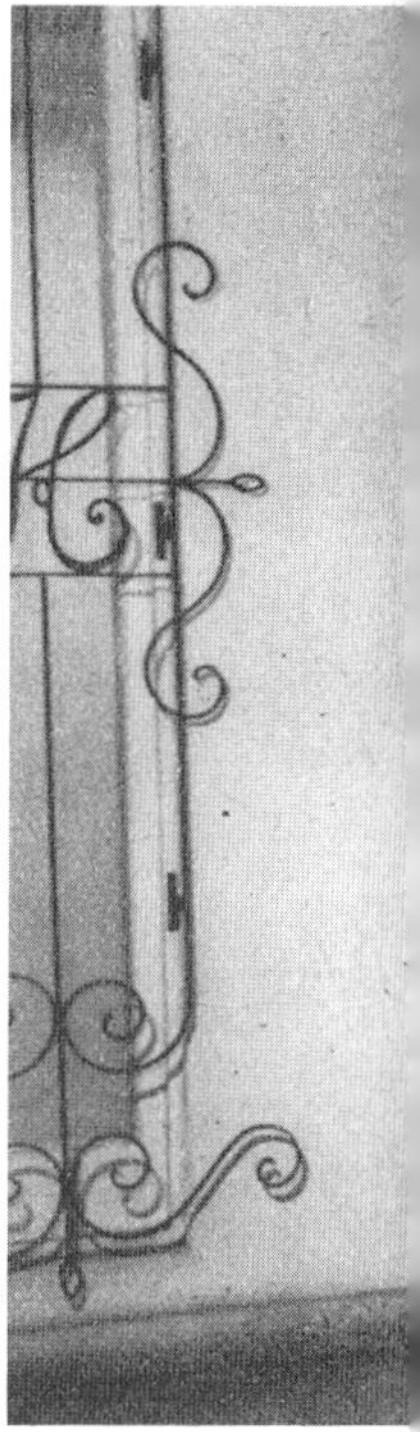

美川きよ先生の場合　上の写真はゴワゴワとした地厚な木綿の手織のきもの。田舎で見附けられた品物だそうで、その素朴なひき茶色の味が、たまに織込まれている黒木綿の糸となんとも云えない美しく渋い味を出していて木綿と云うものゝ良さをつくづく感じさせるものである。右の写真は、木綿の雨ゴートだが、これは、細かい松竹梅の模様を渋いグレー地に緑、紺、黄茶で染め出したもので、和紙に刷った版画の千代紙の様な面白さのあるもので、実にこった品物である。これは、竺仙できもの地に作ったものを求められ防水してコートに仕立てられた。

きもの、様な仕立てゞ、鎌倉時代の被衣の様な感じが、この渋い布地にぴったりとしたもので、これをお召しになる美川先生は、中年の女性の落着いた美しさをみせて居られる。

手に持たれた傘も木綿の縞で鉄色の様な一種特別なその色が又一段とこの装いに風雅を添えてみえる。先生は、すぱっとした木綿の愉しさを大変に貴重なものと話される。直線的なきもの、感じが、いかにも素直でそして味わいの深いものと云われる。美川先生の書かれる御作品の中に伺われる、あたたかいそして素朴で上品な味わいも、きっとこの木綿を愛する心からのもの、様に感じられた。

先生のお召し物はもとより、ハンドバッグ、座布団なども、美しい木綿を利用されている。御旅行にお出掛けになれば、その先々の郷土の木綿を買い求められては、会員の方々と愉しい持物を作られたり、帯を工夫される。田舎にあるいかにも素朴な愉しい布地で、外出のきものを作るなど、本当に楽しい憩いの時間だと云われていた。

高見氏夫人の場合　夫人の素晴しいお召し物の数々は木綿の趣味豊かなもので揃えておられる。布団地の帯、風呂敷の羽織、男の人の紺がすりなど、思いもよらない所に面白い味を見附けられて、つぎつぎと愉しくこったきものをお作りになられる。写真の右は、きものは薄茶地に白く小花を抜いた木綿、羽織と帯はお揃いで紺地に赤緑黄白で琉球模様の地厚な木綿のもの。この一揃はいかにも垢抜けした木綿の持つ愉しさを一ぱいに持った素晴しいお召物。お手入れ中の羽織りは木綿の面白い模様を紺で染めてある布団側で作られたもの。全体がこつくりと落着いた雰団気を感じさせるもの。本当に愉しい装いの数々である。下の写真は、御主人様の細かい紺がすりできものを作られた。羽織りは渋い色彩で一面に花の模様の風呂敷二枚で作られたと云われるもので、木綿とは思えぬ程美しい色彩とやわらかな感じで、お召しになると、いかにもさっぱりとした愉しいきもの。

いかにも柔かな小模様の羽織など数々の愉しい木綿のきものや、袋物、帯などを工夫して居られる。もちろん、着物地でばかりでなく壁掛けとか、のれんとか目につかれた愉しい布地を利用される。生活を楽しく明るくされるための工夫をたえずされているようにお見受けする。

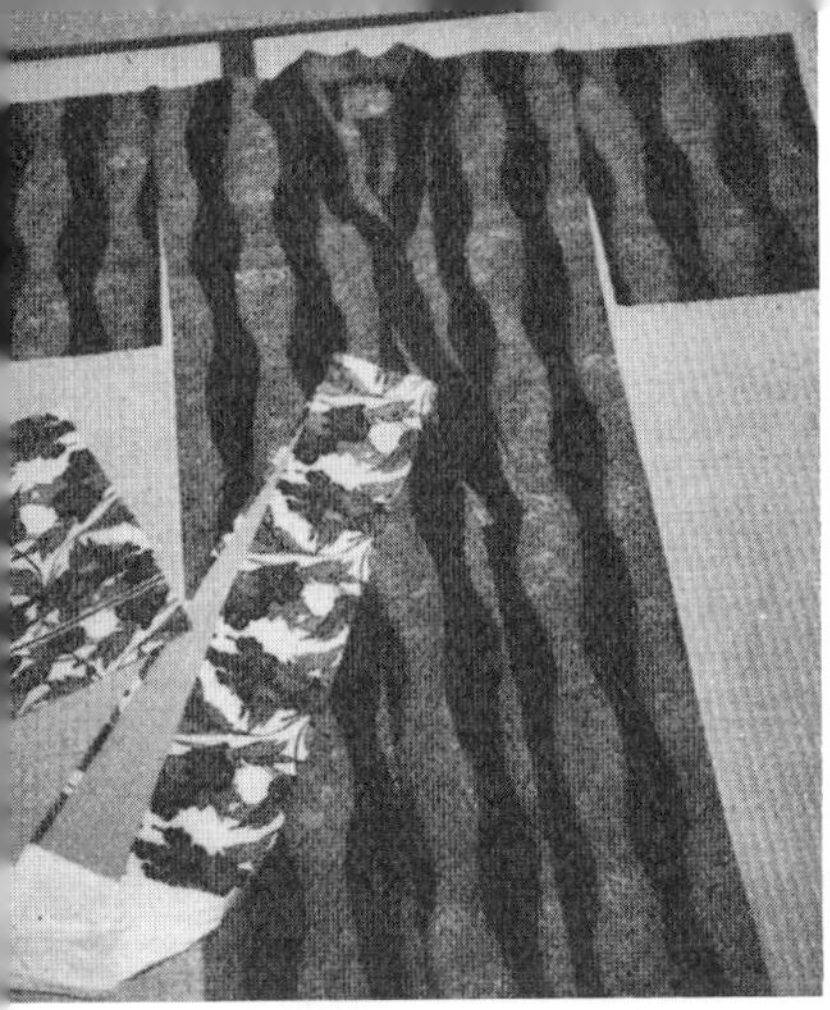

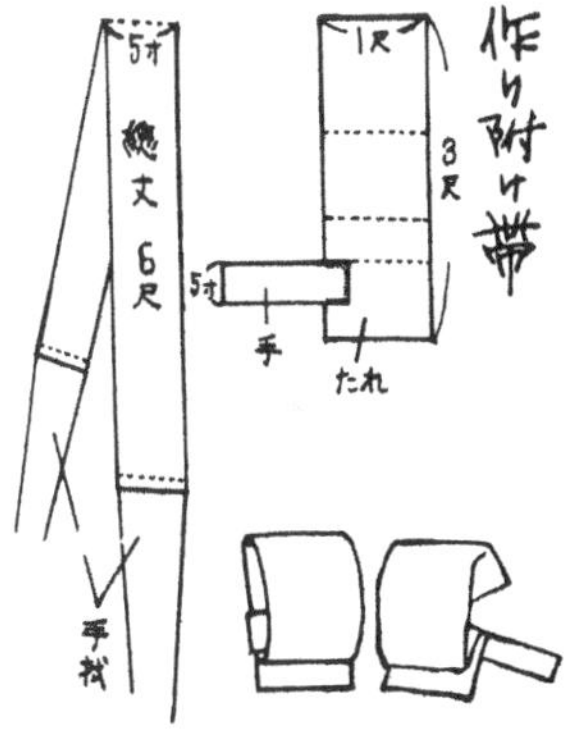

写真上の幸四郎氏夫人の羽織の様に、ジャワ更沙のほんの小さな布地を利用されて作られた、と云われる面白く工夫されたものや、壽と言う字を白く抜いた大きな風呂敷二枚で出来た羽織とか、木綿の会の御夫人方のお召物は実に愉しいものばかりである。贅沢な品物は一つもないのだが、それがいかにも生々として、しっとりと味のある装いばかりなのである。御聞きすれば、前身は布団側とかのれんとか、驚く様なものから実に愉しい独創的な品物をお作りになっている。そして、御夫人方は、若い人達にも是非こうした愉しいきものを気軽な気持で着て頂きたいと云われている。着物といえば、なんとなく作るのも大変な様な高価な感じを受けているけれども、こんな工夫をしたら、随分安価に作る事も出来るわけである。そして、木綿だと、しやんとしていて着安いから、着なれない若い人でもずっと楽に着られるわけである。袖の短かいしやきっとした〃木綿のきもの〃でオフィス通いが出来れば、本当にどんなに愉しい趣味豊かな生活が送れる事だろうか。帯なども、木綿の会の方々の様に作り附けのものならば、結びやすく軽いから本当に手軽にきものを愉しむ事が出来るのではないだろうか。会の方々は、御自分の考案になるものや、面白い見附けものなどを知らせあい作って居られる。一本の帯でお二人分の帯を作られたりなさる。(上の図参照)この作りつけの帯なども、会の方達の考案によるもので、帯の先に二本の手ぬぐいを縫い附けて、結んだ時にゆったりとずれのこない様にしてある所や、おたいこの型を自由に作れる様に四角なまゝにしてあるとか、色々な工夫がされている。こうすれば本当に、経済的にも着附けにも楽なものが出来るわけである。こゝに発表したきものはほんの一つの例で木綿を生活の中に取り入れた、本当に趣味豊かな集いである。左下の写真の三夫人の帯などもお揃いで、高見氏夫人が見附けられた南国の壁掛けで作られた。五尺四方の壁掛け一枚で三本の帯を作るなど、そんな作品が数多い。目新しいと云うものでなく、その木綿の渋さと素朴な味を良く知って、生活の中から割り出された所からの作品である。生活を新しく、愉しくする為の憩いの集いであり〃木綿の会〃と其の名のごとく、奥ゆかしく静かな、そして素朴な集いである。

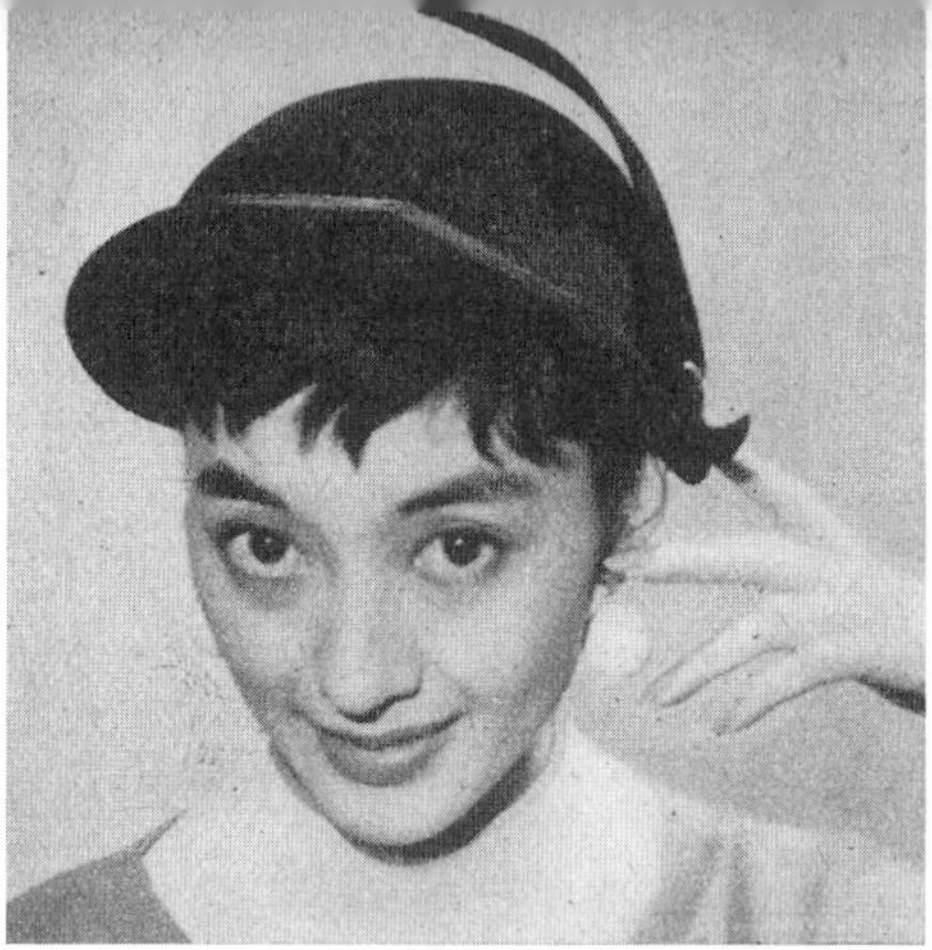

最近　街で帽子をかぶっている姿を相当見かける様になりました。帽子は贅沢なものである、と云った考え方から、帽子も手袋やハンドバッグと同じ様に洋装には必要なアクセサリーである、というふうに変ってきたからでしょう。しかし、夏は日よけをかねてかぶる人も多いのですが、冬にはまだまだ手の出ないものになっているのではないでしょうか。冬の帽子は、既製品でも千円前後か丶りますからちよっと手が届かないという事もわかりますが、でもその帽子が仕立直して何年もかぶれるものだという事を御存じですか。

こ丶に掲げました帽子は、デパートで千円で買った既製品の帽子を、四回作り直してみました。一つの帽子を毎年新しいものにしたと考えても四年間新鮮な気持でかぶれる訳だし、一年間を二百五十円で帽子をかぶった事になります。

外国の婦人が帽子をかぶるのも毎年新しい帽子を買っているわけでなく、洋服と同じ様に古い帽子を作り直している場合も多いのです。帽子を贅沢なものだときめてか丶らないで、あなたの小さい頃の帽子でもどんどん直してかぶって下さい。

帽子は何度でもつくり変えられる

B

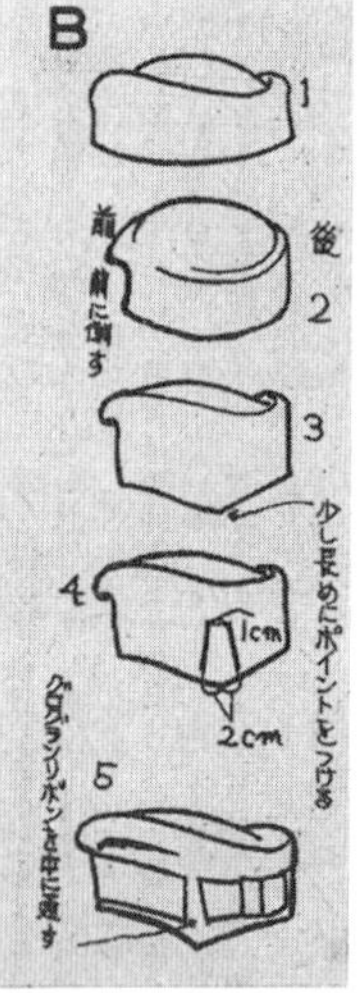

㈠Ⓐの帽子の縁をとり去り、①の様にキヤロットだけ用います。
㈡キヤロットの前の部分にヌレ布

㈣ポイントを中心として④の様に下左右二糎ずつ、上一糎ずつの巾をとってハサミを入れます。

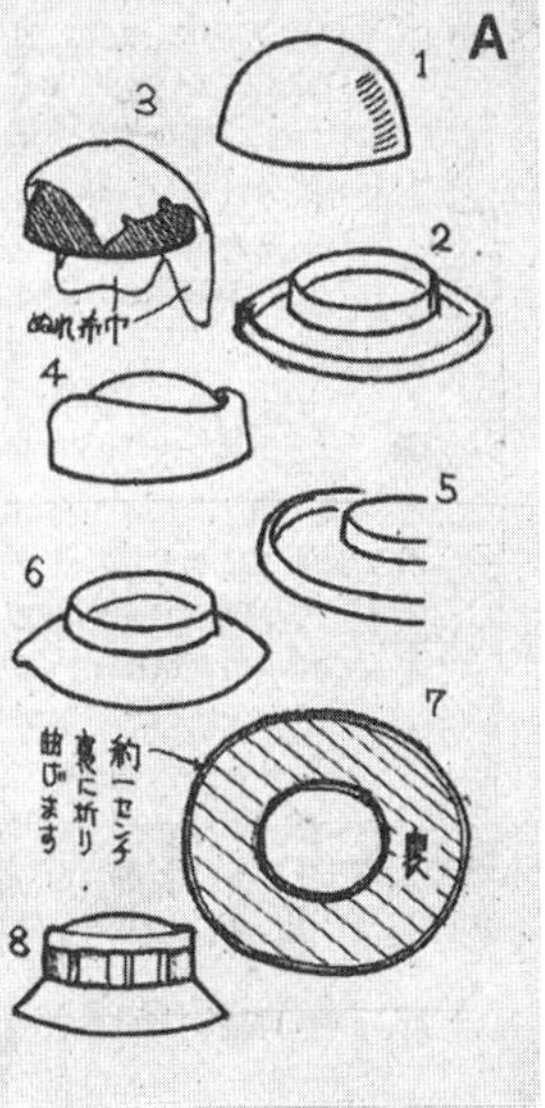

(一)①（キヤロット）と②（縁）を使います。

(二)キヤロットに湿った布巾を中に③の様に入れ、上にもヌレ布巾をかぶせてアイロンで④の様な型に作り直します。

注意＝ヌレ布の下に乾いた布を火傷しない様に厚く入れて下さい。

(三)古い帽子の縁は⑤の様にハネ上っていますので、これにヌレ布巾をあて、、アイロンで⑥の様にのばします。

(四)縁のフチを⑦の様に約一糎裏に折曲げ、ヌレ布巾をあて、アイロンをかけ、ノリではります。

(五)キヤロットと縁を半返しで縫い合わせます。

(六)頭の入る部分に半吋巾のグログラン・リボンを、すべりリボンとして内側にとじつけます。

(七)一吋半巾のグログラン・リボンを⑧の様に飾ります。

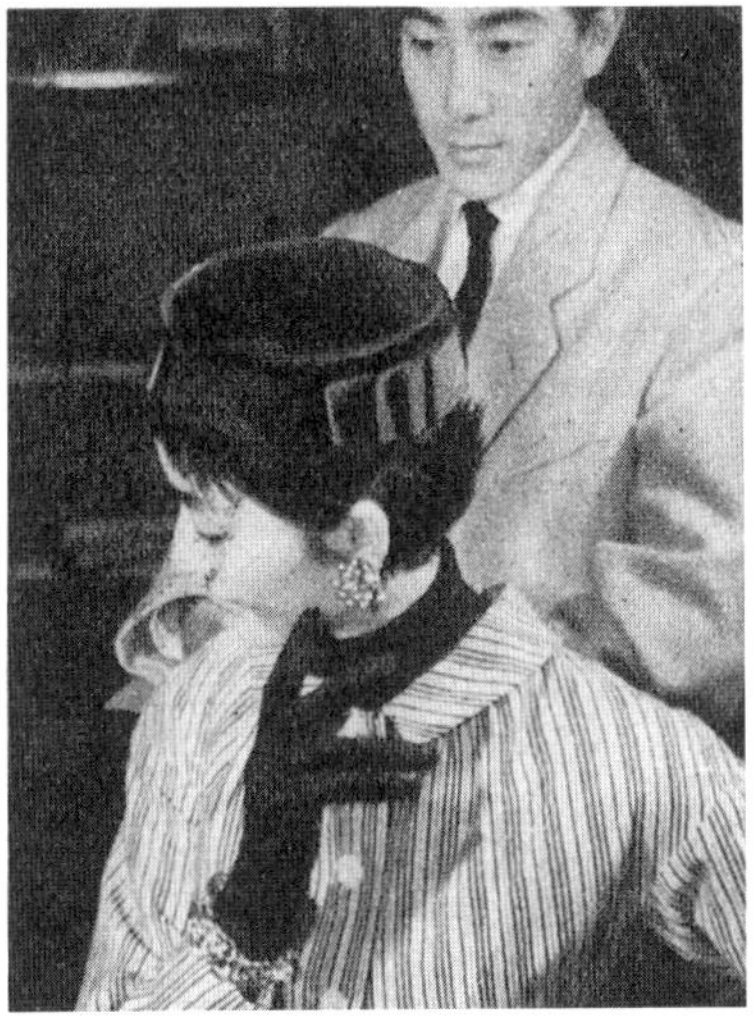

巾を中に入れ②の様に前に倒します。

(二)キヤロットの下を約一糎程折り込み、ヌレ布巾でアイロンをかけます。その時は左右を③の様に少し長目にポイントをつけます。

(五)グログラン・リボン一吋半のを⑤の様に結びます。結び方はAの帽子と同じです

(六)頭の入る部分にすべりリボンとして、半吋のグログラン・リボンをつけます。

A　ツバを下げて、キャロットに深いドレープをつけただけですが、古い帽子のジュニアらしい感じがすっかりなくなりました。丁度男のソフトの様な型で、オーバーやスーツに合わせて気軽にかぶれるシックなスタイルです。これならかぶり方によって、中年の人にも若い方にも広範囲にかぶる事が出来ます。

B　Aのツバを取ってリボンを帽子にくぐらせる様に飾っただけですが、こんなエレガントな帽子になりました。チュールはかぶる方によってはなくてもいゝでしよう。こうなると古い帽子の面影はすっかりなくなってしまいました。木枯の吹く冬の午后、ピッタリ身についたスーツに合わせて、こんな帽子で外出する愉しさを味わって下さい。

C　真白の綿レースを思いきってたっぷり飾ったカーネーションの花の様な帽子。クリスマスやカクテルパーティなどにこんな帽子をかぶればあなたのドレスは一層引き立つことでしよう。これがあの平凡な帽子から生れたものなのです。帽子のフチに針金が入っていますから、頭に合わせてかぶる事が出来ます

D　こんなプチ・シャポー（小さな帽子）を一つ持っていれば、セーターにもオーバーにも、カクテル・ハットとしても広くかぶる事が出来ます。又短い髪にも、長い髪の方にも向く便利なものです。帽子をかぶりなれない方も、この帽子なら気軽にかぶれる事でしよう。帽子を買う時にはあまり切替えのないものを選ぶ方がいろいろに作り替える事が出来ていいと云う事も知っていて下さい。

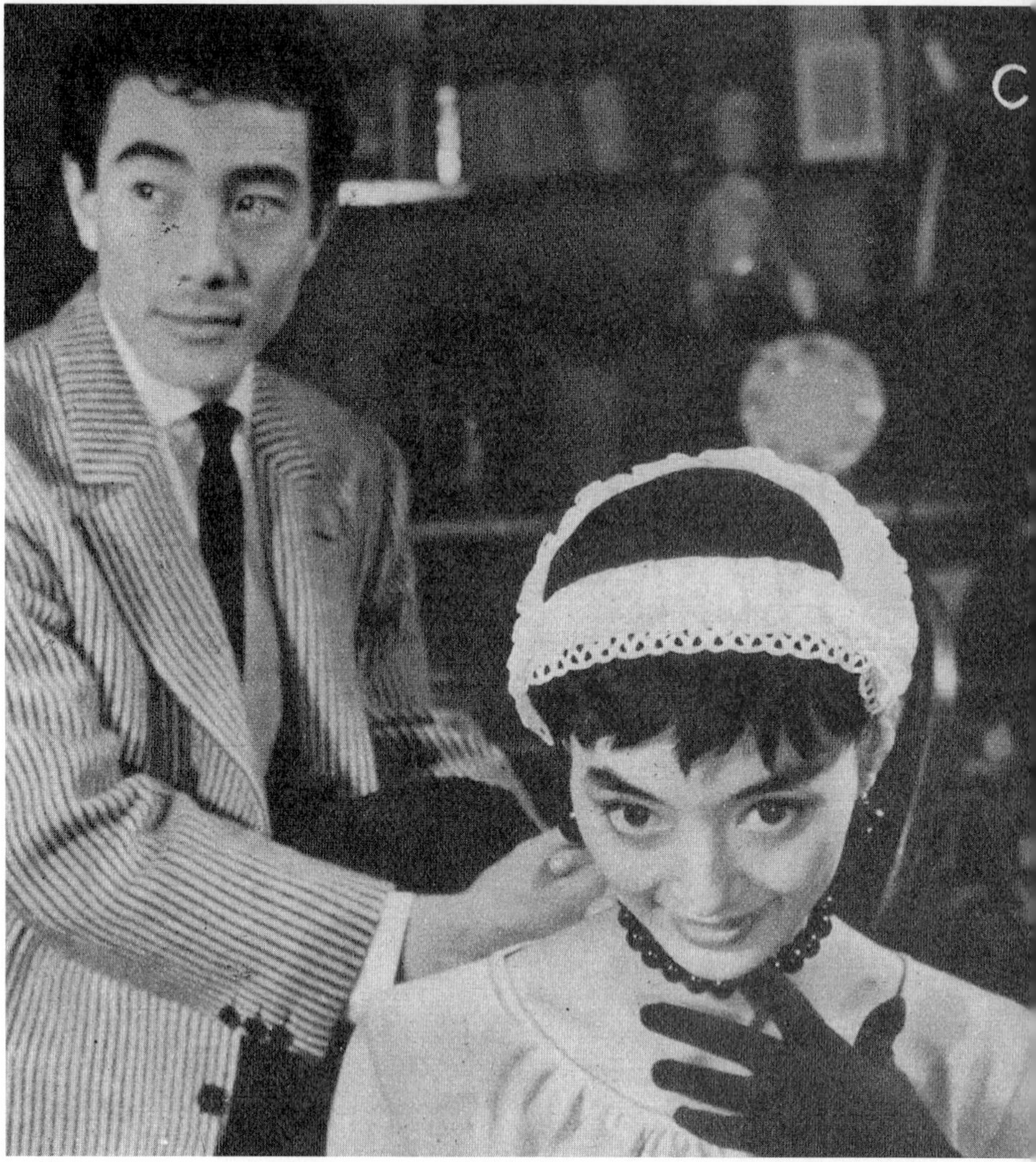

製　作　ジャン・ディゲー
モデル　大内順子
　　　　伊東隆

C

一 Bの帽子のキャロットにヌレ布巾を入れて、アイロンで①の様に丸くします。

二 ②の斜線の部分を切りとります。

三 別に③の斑点の部分を残りのフェルトから図の様に裁ち、②の帽子の方に印をつけておきます。

四 帽子の縁にぐるっと針金をつけますが、④の様に帽子の後中心より針金をつけていきます。針金は帽子の縁の長さに五糎長く切り、之を縫合わせ代とします。

五 更にグログラン・リボン半吋巾のものを後中心から針金を包みながら両面を一緒に半返しで⑤の様に留めていきます。

六 帽子の内側にすべりリボンをつけます。

七 巾約四糎位の綿レースを六米位用意します。これをグシ縫いして、適当に縮めながら⑥の様に、帽子の後中央から縫いつけていきます。

八 ㈢で印をつけておいた所まできましたら止めます。前後左右の寸法が違いますので、そこはレースを切って更に縫いつけます。

九 ㈢で用意した③の斑点の部分のフェルトを、印の所に表から目立たない様につけます。

十 頭の入る部分に半吋巾のグログラン・リボンをつけます。

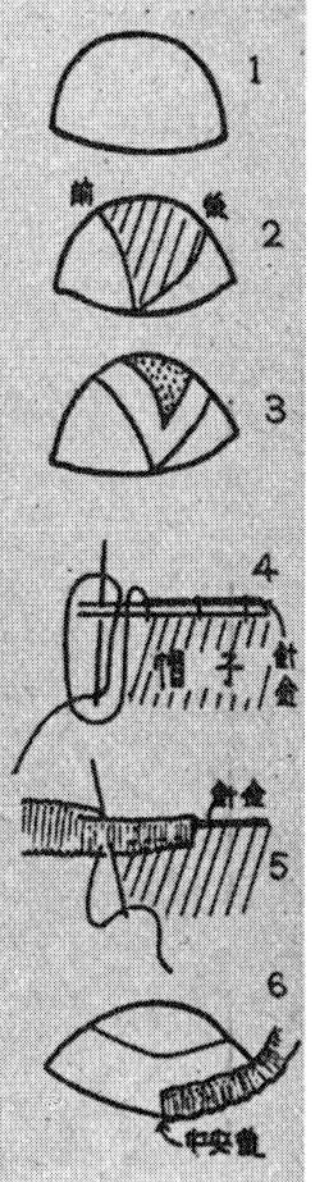

D

一 Cのキャロットを①の斜線の寸法に切り、小さな帽子を作ります。

二 ①の斜線の部分の両端は、②の様に、一方を曲線に、他方を真直ぐに裁つ

三 直線の外側に、③の様な飾りの部分を古い帽子の飾り布からとり、下部を折り込み、一糎表にはなるべく縫目の見えない様に①の帽子の直線の部分に縫い合わせます（②参照）

四 この帽子の後中央より、帽子とつき合わせに縁にぐるっと針金をつけます（Cの④参照）

五 この針金を½吋巾、又は⅜吋巾のグログラン・リボンで包（Cの⑤参照）

六 頭の入る部分にグログラン・リボンをつけます。

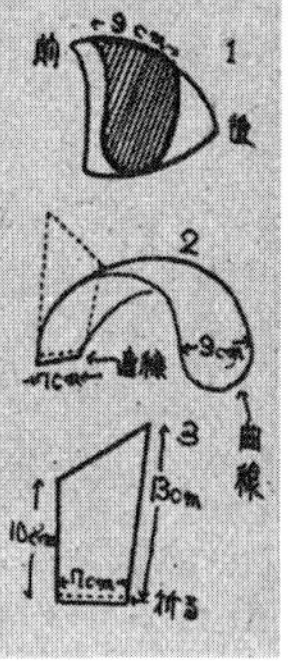

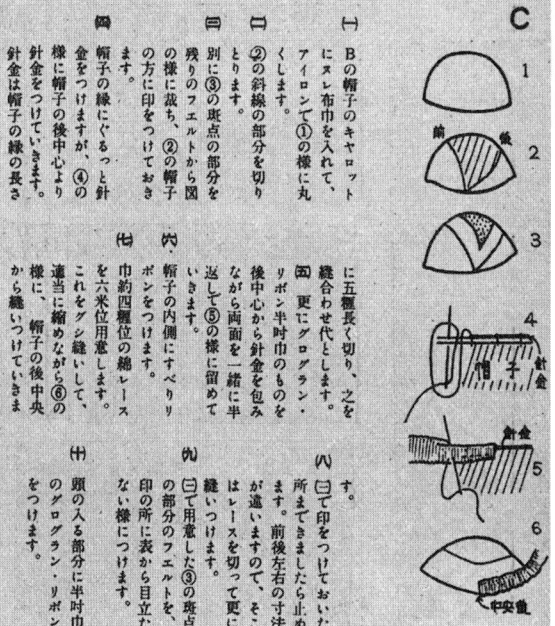

記録の仕事　この10月の公演「なよたけ」で長瀬さんは演出者の芥川比呂志さんに頼まれて演出記録のお手伝いをした。これは稽古中ずっと演出者の脇について、演技への注文や指定などを書きとめて行く仕事だ。その記録によって演出者は俳優に注意を与え、統一ある稽古をすすめていくことが出来るし、上演にも大切な資料となる。

先輩の激励　稽古場ではほんの5分間の小休憩。稽古を熱心に見守っていた杉村春子さんが激励のことばと一緒に、男の演出者ではとうてい気付かないような点にまで女らしい注意を与える。笑いながらの話でも大先輩のことばの中には、舞台一筋に生きて来た経験から生れてくるものがあって、そのたびに長瀬さんは考えさせられる。

演劇一筋に生きる

演出の仕事に進まれる長瀬敏子さん

演出という仕事は、戯曲を舞台の上で表現して「演劇」という形に作って行く仕事と言ったらよいのだろうか。俳優・装置・衣裳・照明・効果とすべての表現手段を活用し総合して作って行く演劇の制作責任者と言えばよいのだろうか。ここに紹介する長瀬敏子さんはその演出に進むために精進している女性の一人だ。大学在学中演劇の魅力に惹かれ、卒業後間もなく文学座に入って五年。「どん底」の助手「ハムレット」の記録と、希望する演出の仕事に一歩を進める一方、昨年文学座公演「二号」では飯沢匡氏に認められて相当の大役で初舞台を踏んだ。しかし長瀬さんはただひたすらに、演出家を目指して研鑽を積んでいる。

演出の仕事は、豊富な知識と、表現力、強い意志、そして細かい神経を必要とする。ところが演劇の仕事に就いている女性は数多いのに、演出家となると女性は全く数えるほどしかいない。演出という仕事は女性には出来ない仕事なのだろうか。

「決してそんなことはありません。」と強い口調で長瀬さんは言われる。その演出の仕事をいくらかでもこの写真から知って頂きたい。そして又、あなた方と同年代の女性である長瀬さんの仕事一筋に行く生き方から、何ものかを汲みとって頂きたい。

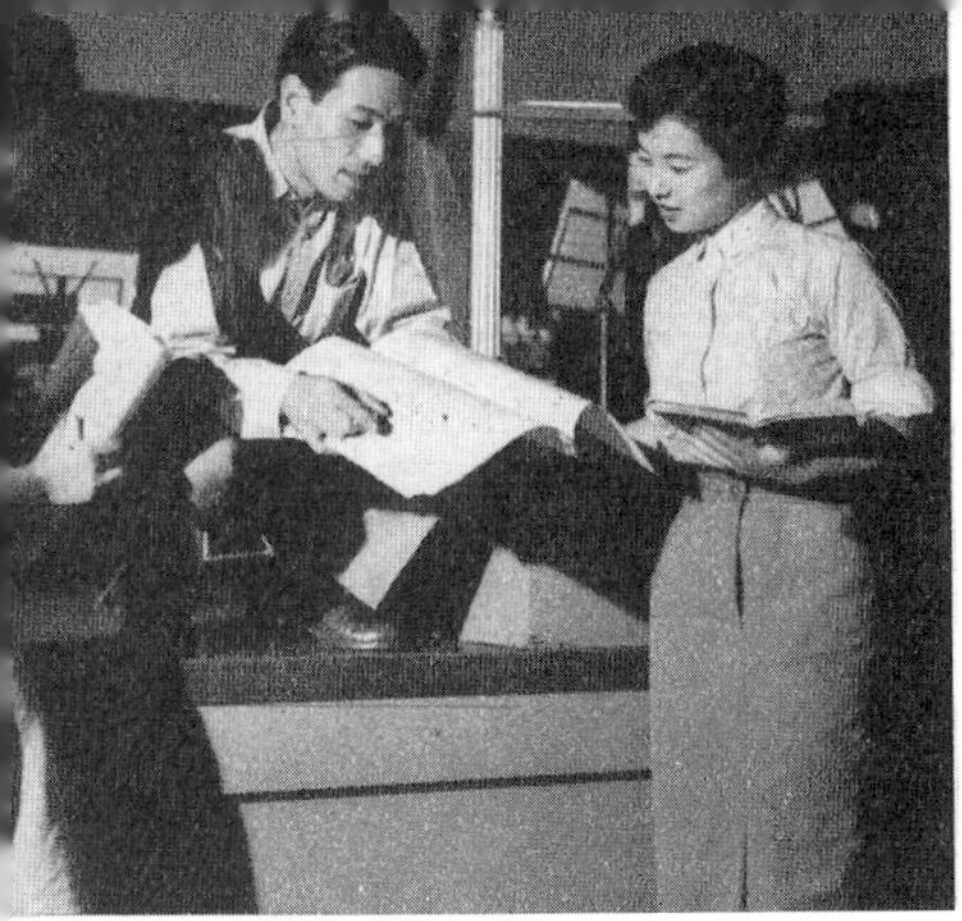

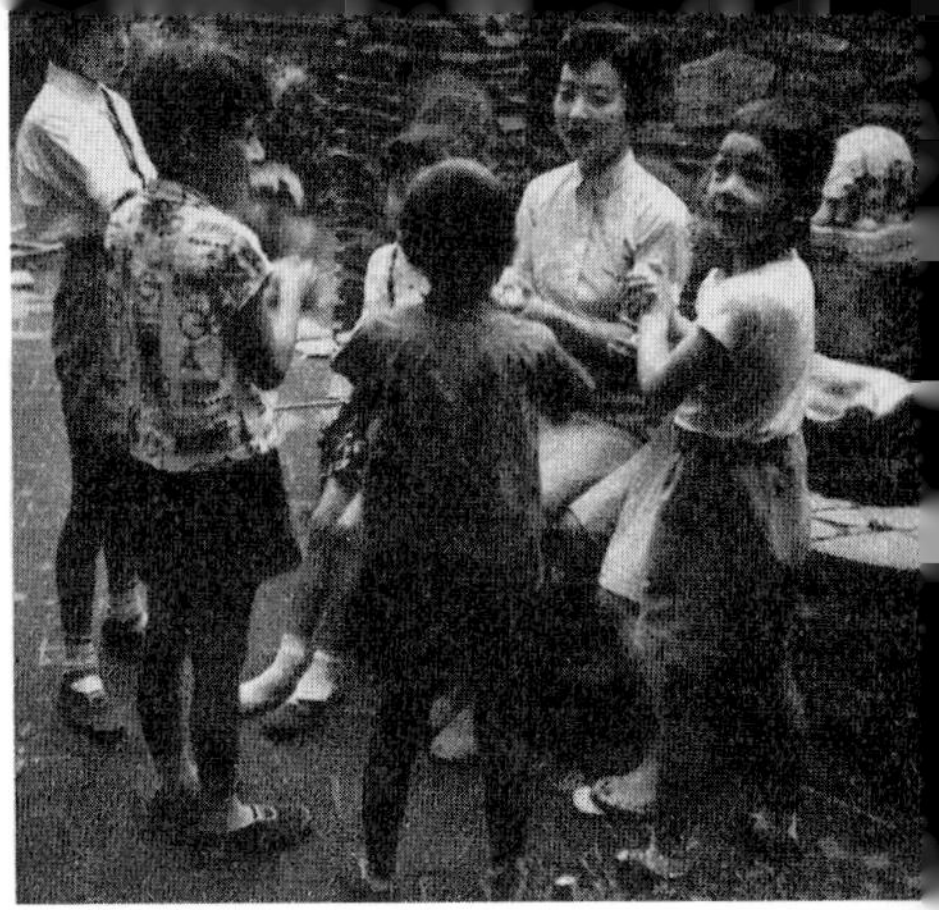

劇音楽　演出者は作曲のときにも、音楽の入る場所の指定、その場の劇の表現するもの、音楽の表現するものを作曲家に示して作曲して貰う。こんなとき長瀬さんのとった記録が役に立つ。稽古のとき音楽の入る場所をストップウォッチで正確に計ってあり、その長さに作曲される。写真は「なよたけ」の音楽を担当した芥川也志氏さん

群集の稽古　群集場面の稽古は演出助手が担当することが多い。演出部員がその場面に入る群集以外の役のセリフを読む。この群集は一言も口をきかない役なのだが、演出者はその一人一人に、貴族、庶民とか、商人、学生とかその役の性格や境遇を指定してある。何十人も出演する群集の個々の役までこうした苦心がこめられている

小道具製作　演出者は上演する戯曲のもつ意図と、その戯曲を上演するに当って自分が盛りこもうとする意図から演出方針をたてる。そしてその表現のための要素を、もっとも効果的に使わなければならい。小道具一つにしても、色、形、材料などがその劇の時代や地方色を表現し、更にその劇にふさわしい雰囲気を作るよう配慮する

衣裳の打合わせ　賀原夏子さんは本来は文学座の俳優だが、「なよたけ」では衣裳を担当している。時代色や生地の質感を出すために布地は全部木綿を使い、染色も草木染で渋い色を出すことになって、染色を栗原宏さんに依頼した。その染めの色を決めるために賀原さんとお宅を訪ねる。色や染めの話を聞くことは長瀬さんの勉強だ

休憩のひととき　演出部員たちはそれぞれ担当をきめて、演出者が演劇を構成する仕事がスムースに運べるように協力してゆく。「なよたけ」のように子役の出演するものだと、どうしても女の演出部員が子役の世話をするようになってしまう。短い休憩の時間にも、こうして子供たちと遊んでやって飽きてしまわないように気を配る。

衣裳製作　舞台衣裳は、その劇の雰囲気をつくるだけでなく、その役の年令や身分、また職業、性格、趣味までを表現する。現代ものなら現代ものでその時々の流行をとりいれねばならないし、また時代ものでは時代考証がむずかしい。演出の仕事は単に俳優の演技をつけるだけではなく、こうしたところにまでひろがっているのだ。

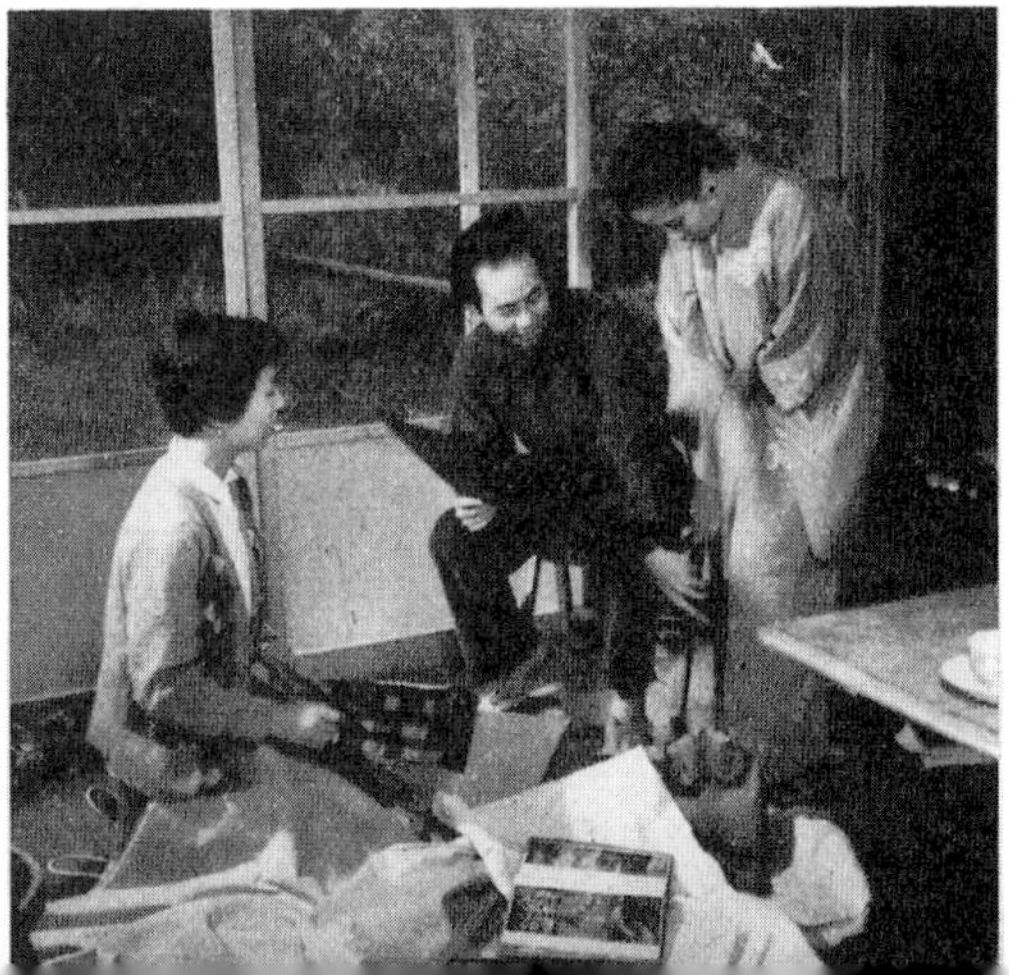

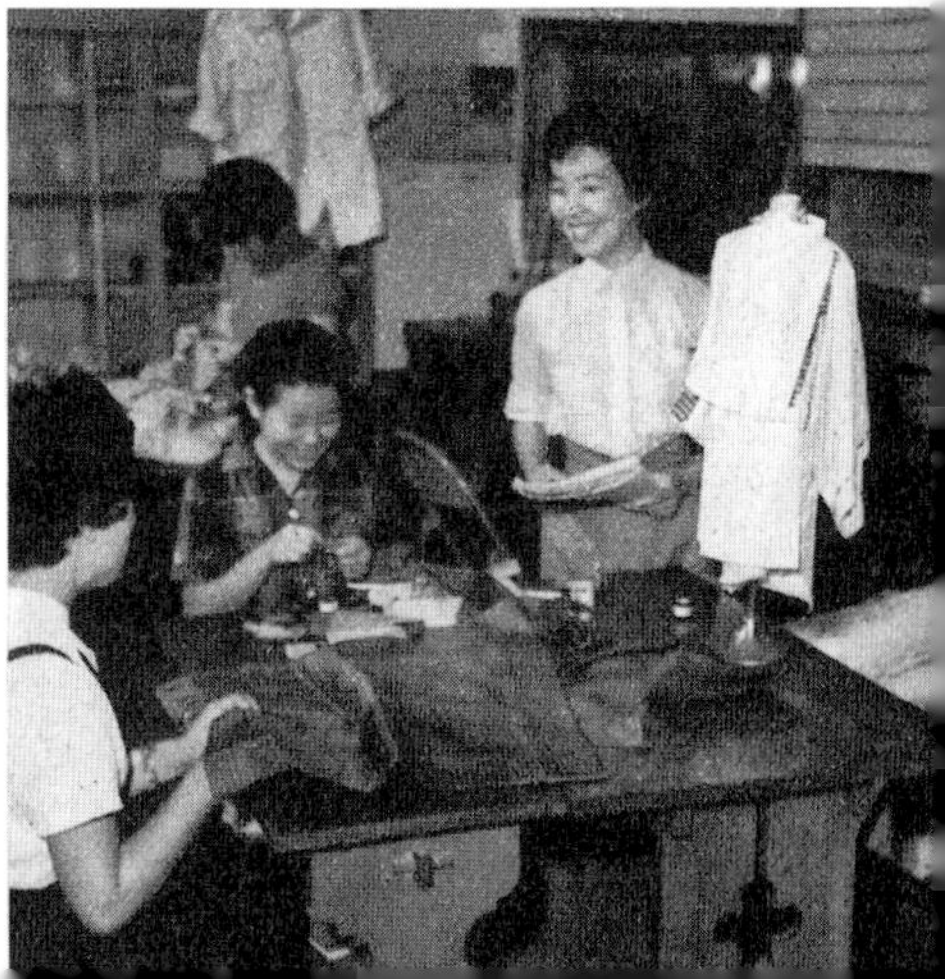

舞台稽古（1）　公演の前日か前々日、劇場で舞台稽古が行われる。これはそれまでの何十日かの稽古の総仕上げで衣裳、装置、メークアップはもとより照明や音楽、効果も全部が加わって公演と同じ形で行われる。舞台と楽屋の間を何回も走り廻ったり子役の着付けを直したり忙しい一日だ。右端の老人役は竹取の翁の北村和夫さん。

舞台稽古（2）　メークアップ、着付け、結髪、小道具揃えと楽屋は足の踏み場もないほどになるのが舞台稽古の日である。演出部員にとってはこの日が一番忙しい。小道具の荷から一点一点品物を確める。足りないものや壊れたものは補給するなり修理するなり早急に手配しなければならない。仕事が頭の中で混乱しそうになってくる。

舞台稽古（3）　装置が立てられ、照明やスピーカーの一応のテストが終ると第一幕から順を追って稽古がはじめられる。一幕ごと、または各場ごとに演出者からダメ（直してくれという注文）が出され、時には小返し（部分的にもう一度やること）が行われる。熱の入った稽古は夜更けまで続く。あとは明日の初日を待つばかりである。

福田恆存先生　「ハムレット」以来の縁で時々大磯の福田先生のお宅へ行く。福田先生の話は大変鋭くてためになる。一言一言がぐいぐい胸に浸みていく思いだ。この夜は長瀬さんがねだってロンドンの演劇のレコードを聞く。レコードをかけながら外国の演劇の話をする。外国の舞台を見たいという長瀬さんの願いがかき立てられる

指導と勉強　賀原夏子さんが公演や映画で忙しいため、かわりに松竹音楽舞踊学校（ＳＫＤの養成所）へ演出を指導に行く。「先生」と呼ばれるのはくすぐったいが、こうして人にものを教えることは自分の理解を確かめ深めるためにも役立つし、またこういう若い女性たちの団体の中でその生態を見ることは大変にいい勉強にもなる

大学の演劇部　ときには大学や職場の演劇部の指導や相談を頼まれることがある。大学生は若くて研究心が旺盛だから、却って職業劇団ではやっていないような本格的な方法をとっていて教えられることが多い。これは上智大学の演劇部。スタッフキャストが集まってボール紙の模型舞台を使って、人物の動きを研究しているところ。

演劇博物館　早稲田大学の演劇博物館へ参考書を調べに行ったついでに資料室へ廻った。新劇の資料は数少いが、そこには我が国の新劇の先達者たちの労苦がにじみ出ていて、今更ながらこの道の険しさを知らされ、自分の責任の重大さを感じる。が、それだけに身体のひきしまる思いで、必ずこの道を歩むぞとの決意を新たにする。

図書室　文学座の中には小さいながら図書室があって演劇の参考書籍が備えられている。一冊二冊と借り出すのだが、忙しくて本を読むことも出来ない日が続くと、こんどは暇で却って本が読めなかったりする。「他の人はどうでも、自分はひたすら演劇、演出の道へ突き進むのではないか！」と自ら心に鞭を振り上げる長瀬さんだ。

同じ道の友だち　俳優座子どもの劇場「森は生きている」の楽屋に友人の横森久さんを訪ねる。劇団は別々であっても同じ道を行く二人の話はいつも演劇のこと。話は日本演劇の現状や、自分たちの抱負とはずんで、「お互にしっかりやろう」と別れるのだが、帰り道ではいつでもこうしてはいられない、しっかりやらなければと思う。

明日へ！　そしてまたある夜、一人机に向かって舞台装置の研究に時を過ごす。この仕事には派手な点もないし、決して飛躍もない。たゞ地味な毎日の勉強の積み重ねがあるだけだ。そうして積まれたものだけが将来役に立つのだ。そう考えて長瀬さんは、女性の歩んだことの少いこの演出の道を一歩一歩大地を踏みしめて進んでゆく。

憩い　忙しい日々の中にたまに暇の出来た日は、自分の部屋でゆっくりとくつろいで好きなレコードでも聞いていたいというのが現在に対する長瀬さんの願いだ。こうして静かにレコードを聞いていると幼い日、演劇に生きようと決意した時、これまでの仕事のこと、そして自分の将来などが、まるで走馬燈のように頭をかけめぐる。

演出研究　演出部の若い人たちばかりで演出研究グループを作って毎週演出研究会を開いている。もちろん長瀬さんもメンバーの一員。脚本中心の研究から演出論へと、若々しい会合だ。彼等がそれぞれ演出家として世に立ち演劇を双肩に担う日、それは日本の新劇が新しい生命を得る日なのだろう。その日へ長瀬さんは邁進するのだ。

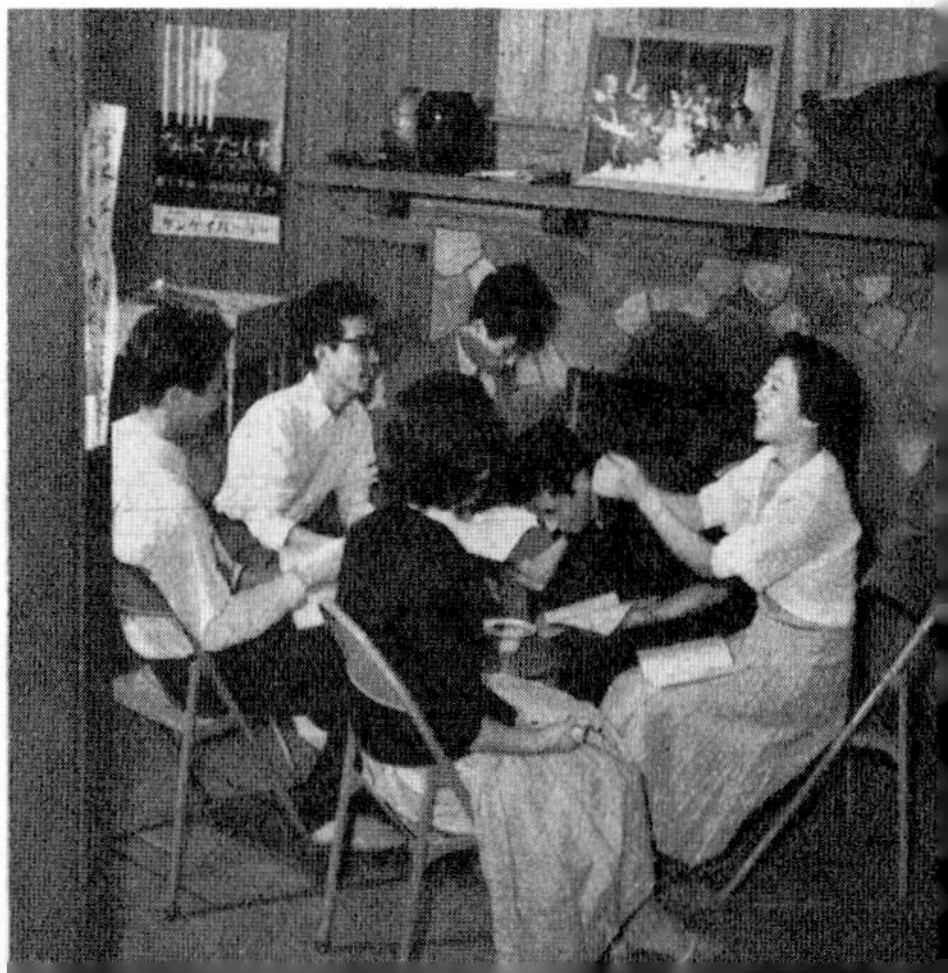

魚のある手芸

エキグチクニオ

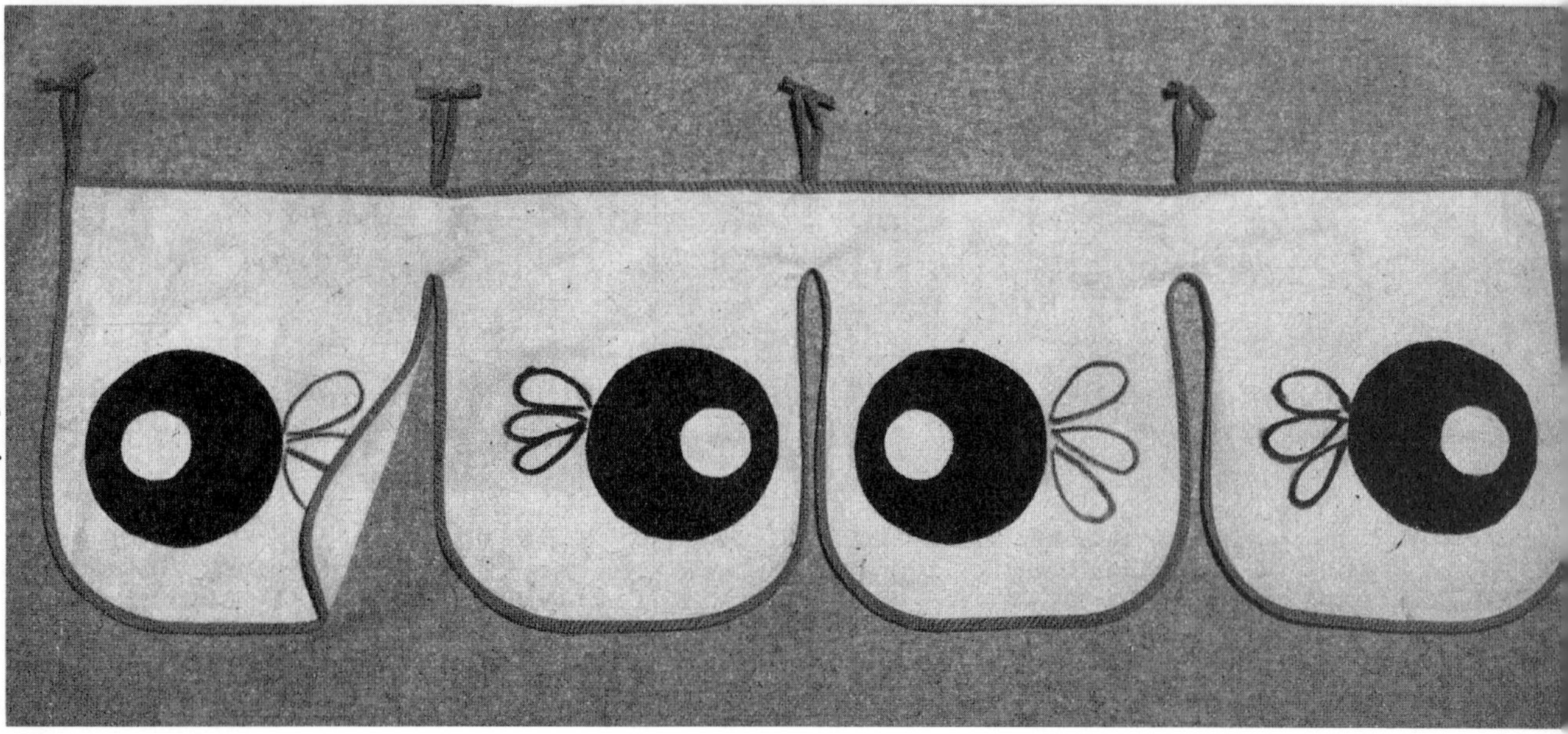

↑ 一枚の細長い白の厚地木綿に四つの切込みを入れ、これに水色のバイヤス布で縁取りして、共のループで吊紐をつけた茶の間向きののれん。紺の布を真丸く切ってそれが魚の胴になり、その上に白で目をアップリケした。魚の尾はクレヨンの焦茶と茶で一つおきに、ラクガキの様に書いてみた。

→

魚の型に切り抜いたボール紙に、赤と白の小さい水玉の木綿できれいにくるみ、下半分あわせにした布をもう一つ重ねポケットの様に仕上げた鉛筆入れ。少し大きめの丸を目の位置に切りぬき、釘にかける様にする。手紙入れにしてもよい。

←

真赤な丸い布を二枚合わせて作ったコンパクト入れ。ハンドバッグの中からこんなものが飛び出してくるのも愉しい。口はファスナーにして、目は紺でアップリケして、紺と白の縞で尾をつくってみた。これを小さい形に作りドル入れにしても

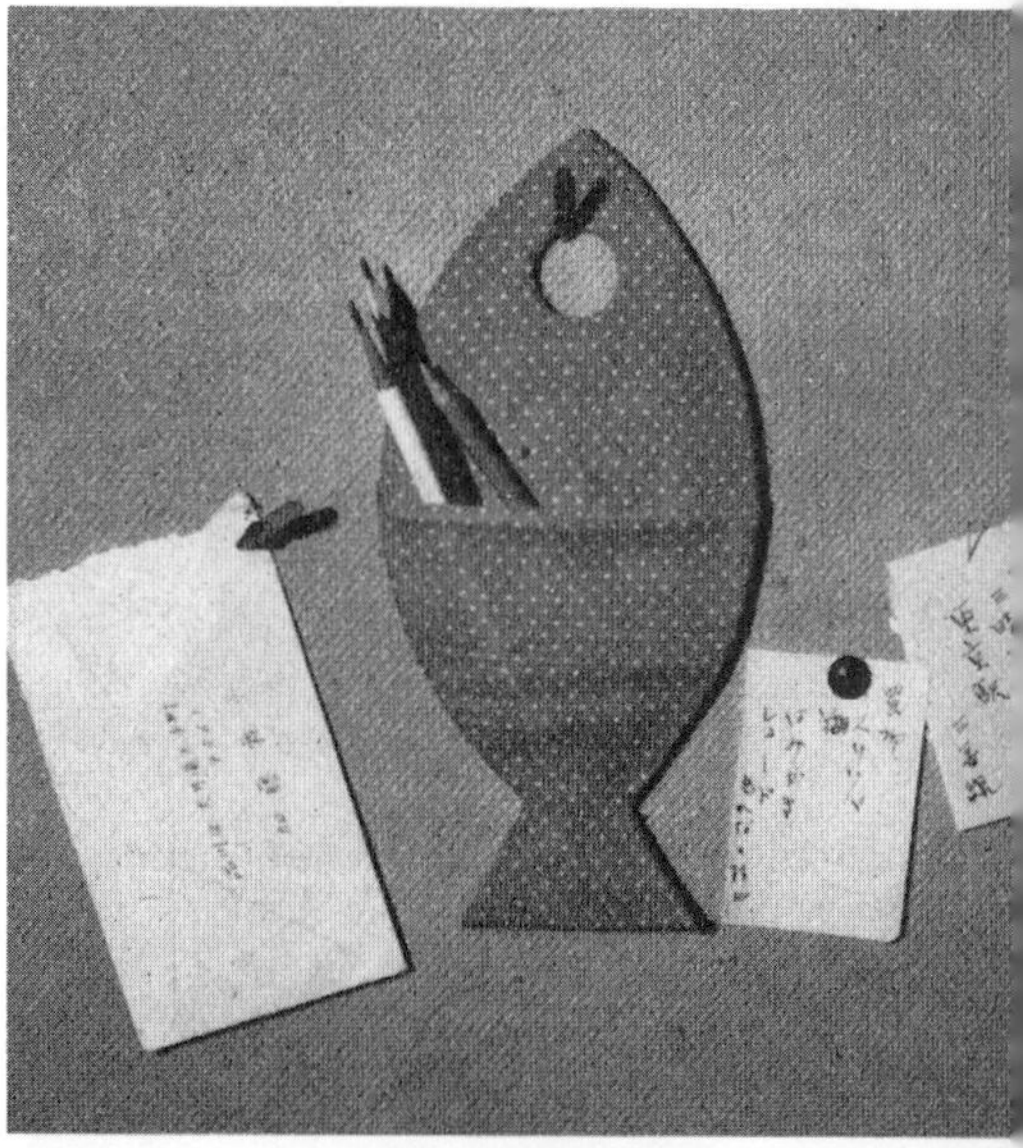

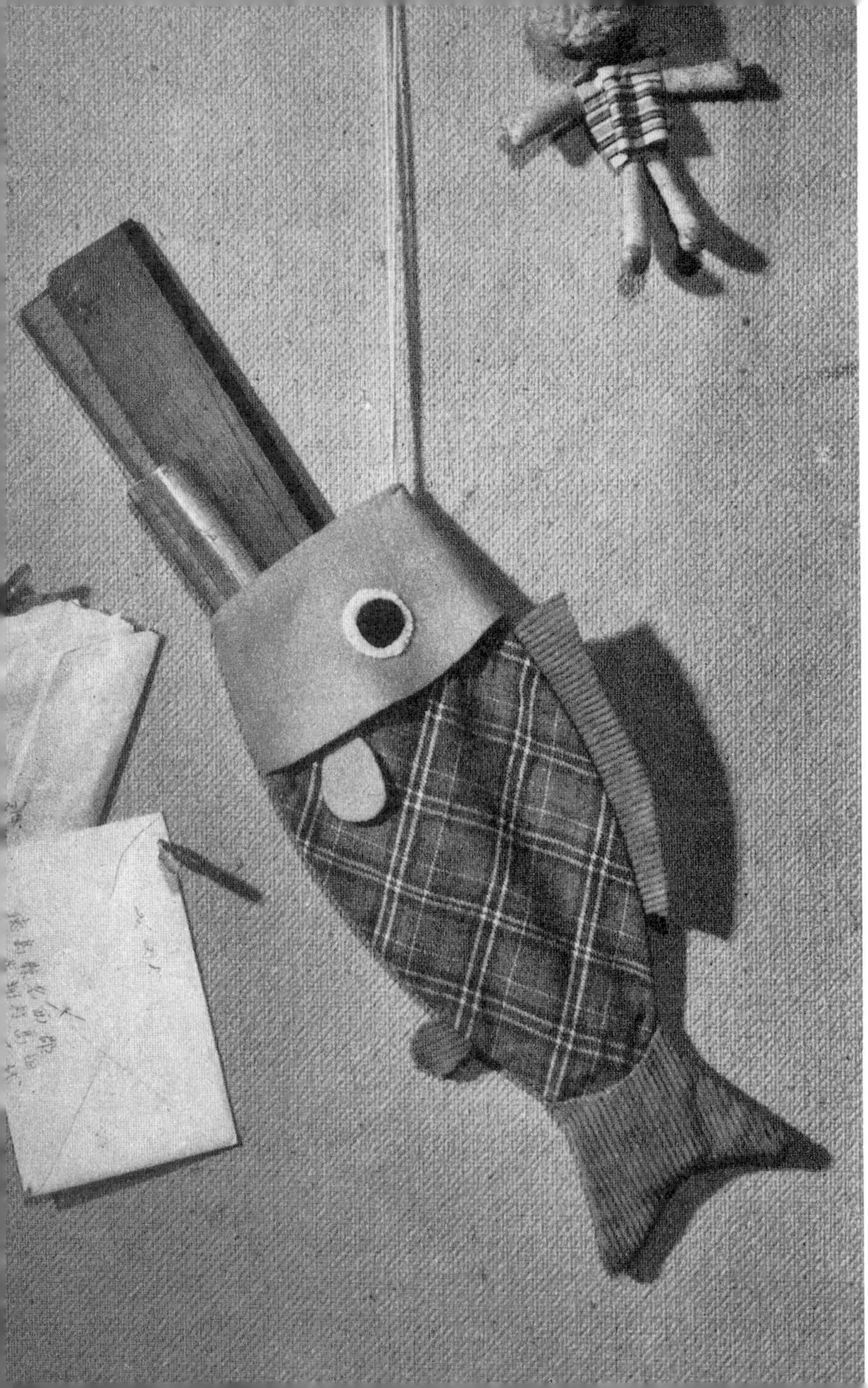

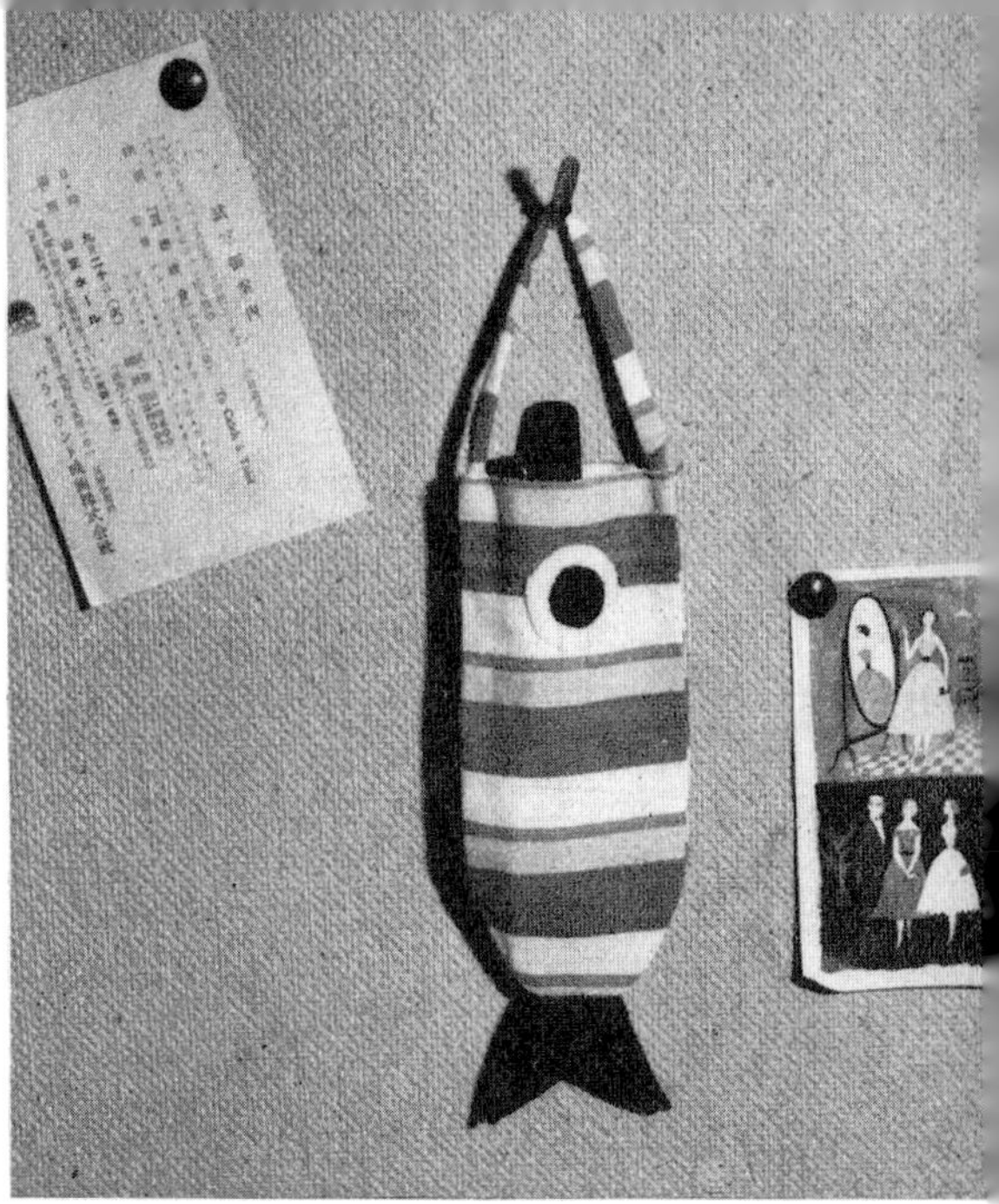

魚のある手芸

紺と、白と、コバルト、グレーのあざ ↑ やかな縞のテント地で作った眼鏡入れ。目は白と黒を重ねてアップリケ、尾は黒のフエルトかウールの布で。普段は眼鏡を掛けないが、新聞を読むときとか、ものを書く時だけ眼鏡をかけるという人をよくみかけるが、机の横などにこんな眼鏡入れが掛っていれば重宝だ。

←

物差しはちよつと使わないと何処かに迷いこんでしまう。そこでこんな物差し入れを作って部屋の隅にでも掛けて、使ってすんだらすぐこの魚の袋の中にさしておく様にすればいゝし、又部屋の彩りにもなるだろう。ローズ、グレー白の鮮やかな化繊のチエックの胴に、鰭と尾はローズ色のコール天、口はローズピンクのウールで、丁度洋服のカフスの様に浮かせつけた。目は白に黒を重ねて。

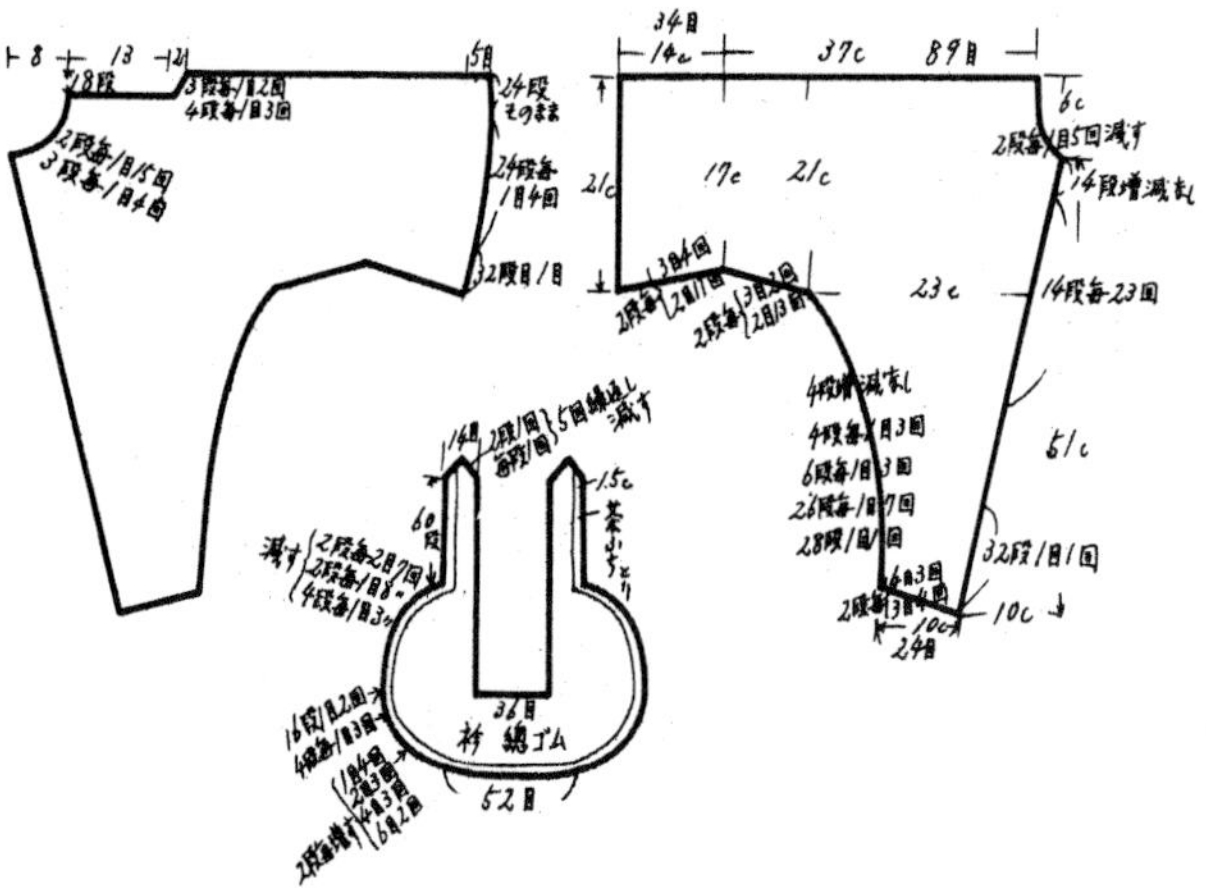

毛糸のきもの

1 衿をたのしむ

ざっくり編んだカラシ色の身頃に、コゲ茶で角が丸くなったセーラーカラーの様な衿をつけた若々しいスエーター。カラーは肩を覆うくらい大きくなっているので、この様にドレープをよせて着ても、セーラーカラーとしても着る事が出来る。カラーの縁も身頃と同じカラシ色。

デザインと製作 **佐々木富士子**

モデル **大　きくの**

材料 中細糸1ポンド（内・配色糸3オンス）

寸法 身丈51糎、身巾42糎、裄57糎

ゲージ 10糎四方が24目・72段。毎段の引上げ編。

編み方

（後身頃）袖口から編み始める。図の様に袖口の24目を、二段毎に3目4回、4目3回の引返し編をし、肩側は、32段目に1目、続いて14段毎に1目ずつ23回増し、あとは14段増減なく編み衿ぐりに入る。2段毎1目5回へらし32段増減なく編んで背中心になる。ここからは今までの逆に増減し乍らもう一方の袖口まで編む。

袖下側は、28段目に1目、26段毎1目7回、6段毎1目3回、4段毎1目3回、更に4段増減なく編んで脇の引返し編にうつる。

（前身頃）後と同じ様に袖附線まで編んだら前下りをつけながら編む。これは32段目に1目、24段毎1目4回増し更に24段増減なく編む。

（衿）総ゴム編で、図の様に52目から編み始め、1.5糎巾に配色糸で縁取りをする。

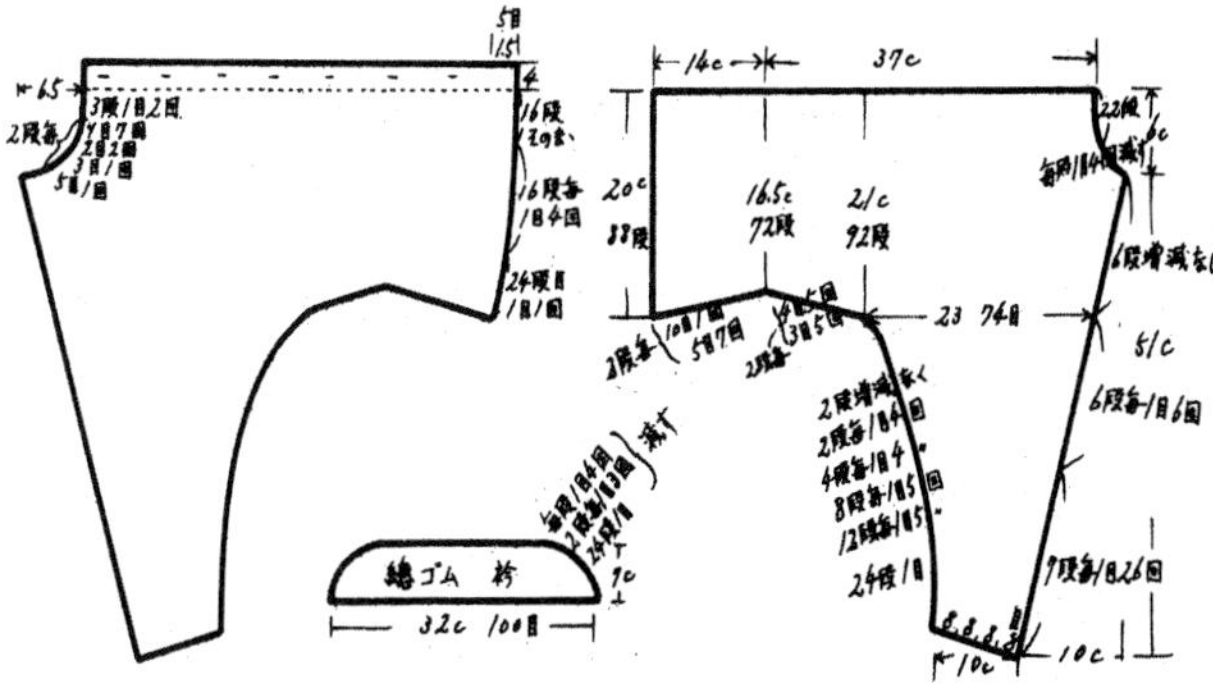

2 若々しいジヤケット

全体を横目で裏編みにして、十目毎にすかしを入れたのがレースの様なやわらかい感じになった。カーディガン風のスエーター。色は白地にエンジと黒で、一糎位の巾に細い縞を編み込んであるのが、一層春めいた雰囲気を出している。カラーを縞と同じ美しいエンジにしてあるのが可愛いさをそえている。

デザインと製作　佐々木富士子
モデル　松木弘子

材料　細糸11オンス、ドレスヤン少し。
寸法　身丈51糎、身巾42糎、裄57糎
ゲージ　10糎四方32目・44段

編み方

(後身頃) 袖口から編み始める。32目かけて、8目ずつ4回の引返し編をして、10目毎に一目針を抜いてすかしを入れ、12段編んだら配色のドレスヤーンの縞を入れ乍ら編む。肩側は図の様に増目をし、6段増減なく編んだら、毎段1目四回へらして衿ぐりをつけ、更に22段増減なく編んで背の中心になる。ここから今までと反対に増減して反対側の袖口まで編む。

袖下側は図のように増目をし、最後に2段増減なく袖附線まであんだら、2段毎3目五回、4目5回の引返し編で増してゆく。

(前身頃) 後身頃と同じ様に袖附線迄編んだら図の様に増し目して前下りをつける。

前衿ぐりは図の様に、2段毎5目1回、3目1回、2目2回、1目7回、3段毎1目2回減らしてから16段そのまゝ編む。

前立の折返し分は4糎巾のメリヤス編で縦に編む。

(衿) 総ゴムで100目かけ、24段で1目、2段毎1目3回、毎段1目4回減らして止める。

(仕上げ) 肩をとじ合わせ、袖口の目を拾って折返し分2糎あむ。

裾の折返しは後128目、前70目を拾い別々に編み、伏せ止めてとじる。

3 衿元にボウをかざる

ゆるく衿をあけたこんなオーバーブラウス風なスエーターは、普段着としても、又外出にも気軽に着られるもの。全体がカラシ色で、折返った衿の端のコゲ茶色がそのまゝ衿元を飾るボウになっているのが印象的だ。若い人にも、又中年のマダムにも。

デザインと製作 前田式子
モデル 松本弘子

材料 中細糸14オンス、配色糸少し。

寸法 身丈50糎、身巾41糎。

ゲージ 5糎四方16目20段。

編み方
(身頃) 前後とも、図の様に裾でそれぞれ目をかけて全体をメリヤス編にする。

(袖) も同様に袖口からメリヤス編にする。

(衿) は巾9糎、丈41糎のものをガーター編にする。

(仕上げ) 前身頃の長い分をいせこんで脇とじをする。肩はぎ、袖附がすんでから衿をつける。ボウの中心を1糎巾のたてゴムでしぼり、ガーター編の衿の先と、身頃の衿ぐりとにつづけてとじつける。

4 ジュニアのブラウス

ピンクと白の細い縞を横に扱った、可愛いジュニアのためのブラウス。四角いヨークの部分と、それにつづいたカラーは真白でこの衿元を二つのボタンでおさえたピンクのベルトが若々しい。

デザインと製作 金沢一枝
モデル 大 きくの

材料 中細毛糸白7オンス、ローズ5オンス。ボタン(直径2糎)2個。
寸法 身巾43糎、着丈50糎
ゲージ 10糎四方32目・44段
編み方
編機の目数の都合上、前後とも半身頃ずつ編み中心で綴じ合わせる。
(後身頃) 裾からローズ・白の2山毎の縞で62目作り編み始め、脇で図の様に増目して脇丈を編み、68目になったら作り目で目を増し、袖の分を編む。袖口の増目が出来たら、肩下りを引き返して編み上げ、全目を伏

5 秋の彩りを着る

ゆるい衿ぐりにそってコゲ茶、金茶、カラ

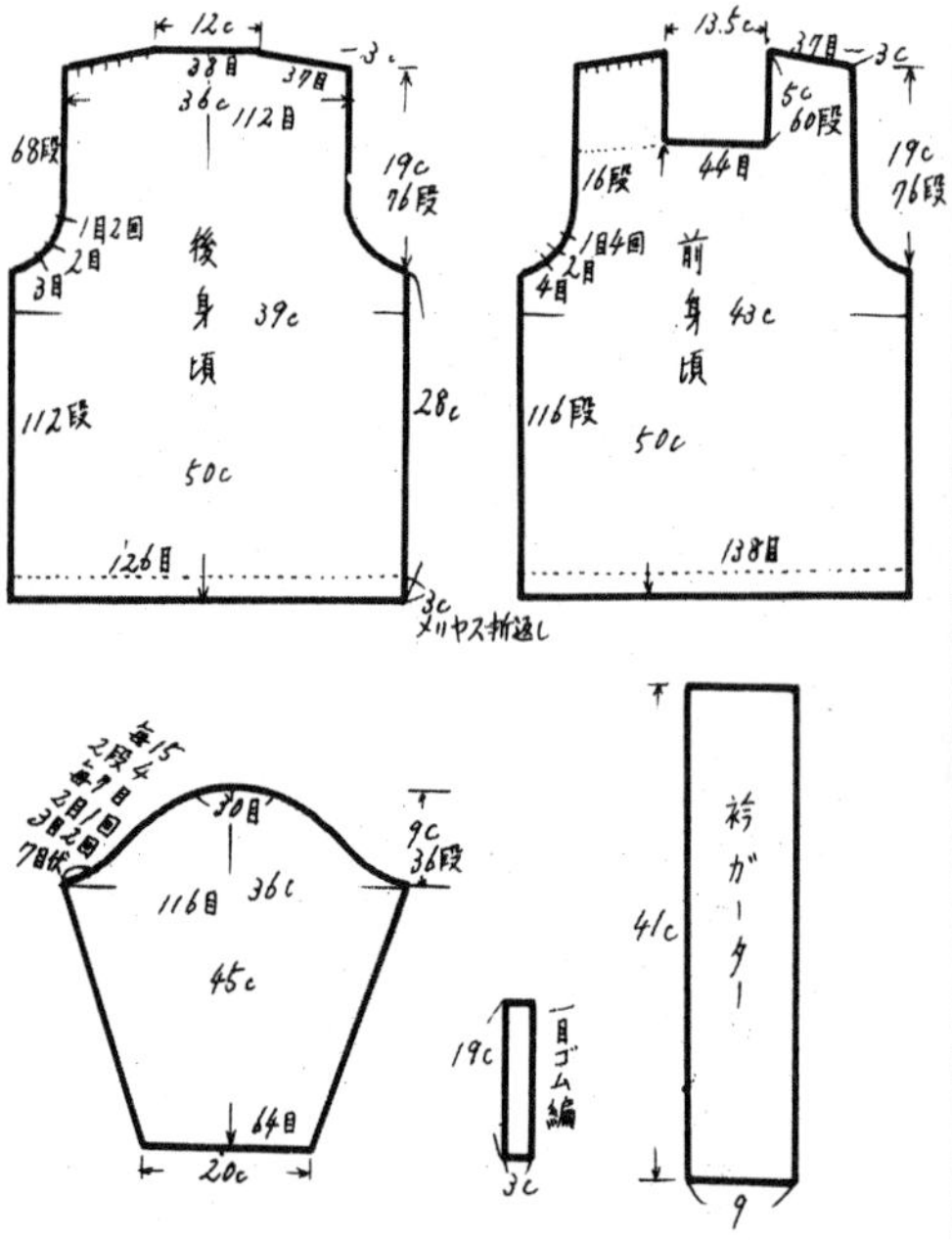

デザインと製作
前田式子

せ止める。

左右を編んだら、背中心で縞を合わせて綴じ合わせる。

(前身頃) 後と同様に胸まであみ、図の様にヨークの分を取り目して(休めて)衿肩迄減し目する。袖は後と同様。

左右二枚編めたら、中央を綴じ、ヨークの繰り分にそれぞれ2糎の見返しを編み足して裏にまつりつける。

前後身頃共、編み出しより目を拾い、ゲージをつめて裾のゴム編をあむ。

肩を接ぎ合わせ、袖口を60目拾いゴム編を4糎あむ。

(ヨーク) 白の無地で44目作り図の様に左右二枚編む。

前身頃に綴じつけ、前明は短編で仕末する。

(衿) は白で中心から120目作り、左右で減らし乍ら上下へ編み、左右を縮じ合わせて身頃につける。
(ボウ) ローズ色で3糎巾を好みの長さに編み白いボタンでとめつける。

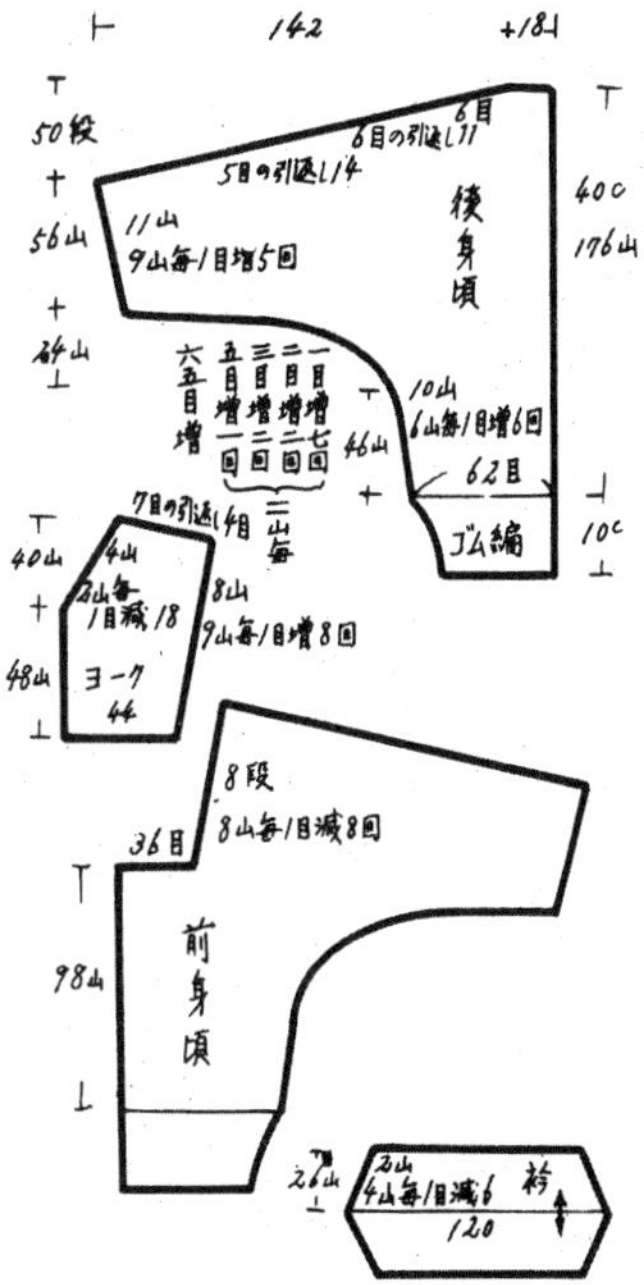

シ色と、順々に明るい色を編み込んだ秋の美しさを思わせる様なスエーター。袖の短いこんなスエーターは春先きにもふさわしいもの。

モデル 樋村三枝

ゲージ 10糎四方31目・40段

編み方

(後身頃) メリヤス編で144目かけて、図の様に脇の増目をし更に袖下の増目をして(見返し分4目も増す)、続けて、袖口の増目をしながら肩まで編み、肩下りの引返し編をする。ヨークの切替は、袖口の線より24段編み、毎段、5目2回、4目2回、3目2回、2目2回へらし、次に「2目1回1目3回」を3回繰り返し、次に1目4回へらし、次に「二段毎一回、一段毎二回」を四回繰り返し、最後に、一段毎に2回、2段毎に2回の減目をする。

(前身頃) 後身頃より3糎広くし123目かけ脇、袖ぐり、袖口は後と同じにする。前ヨークの切替は、袖口の線より10段編み毎段、5目1回、6目1回、3目3回、2目7回、1目2回、へらし、毎段「2目1回、1目3回」を二回繰返し、次に「2段毎1目一回、一段毎1目2回」を三回繰返し、二段毎に1目10回、三段毎に1目2回の減目をして曲線をつくる。

(後ヨーク) 第一の線で166目、後明を作るためその半分に重なり分を加えた88目をガーターに編み、全体を等分して25目減らし、肩では3目減らす。下前になる方も同様にあみ、後明の重り分10目は重ねて拾う。第二の線は全目116目の半分63目を拾い、等分に22目減らし、肩では4目減らす。第三線では全目72目の半分41目を編む。

(前ヨーク) 第一線で182目、第二線までに42目等分に減らし、肩では3目減らす。第二線の140目を、第三線迄に48目等分に減らし肩では3目減らす。第三線では92目となり伏せ止める。

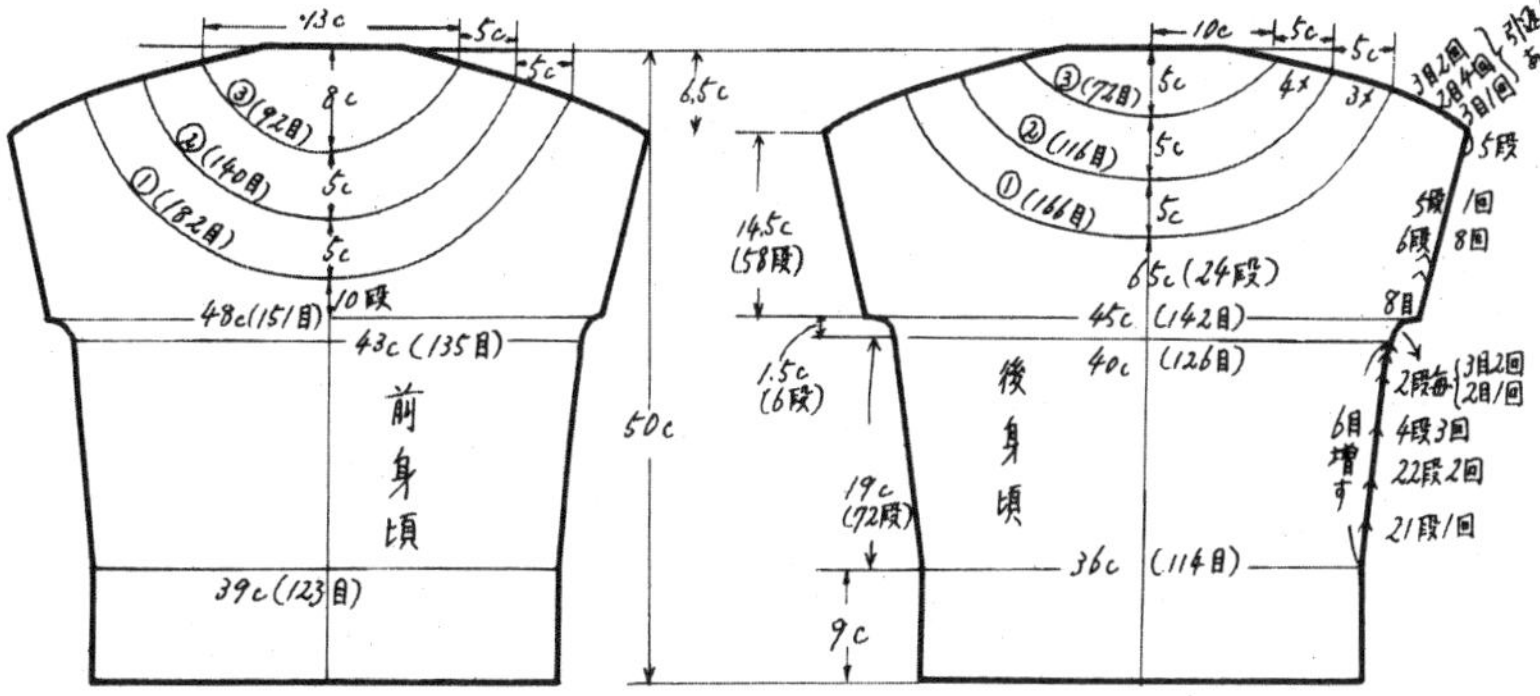

6 スキーやスケートにも

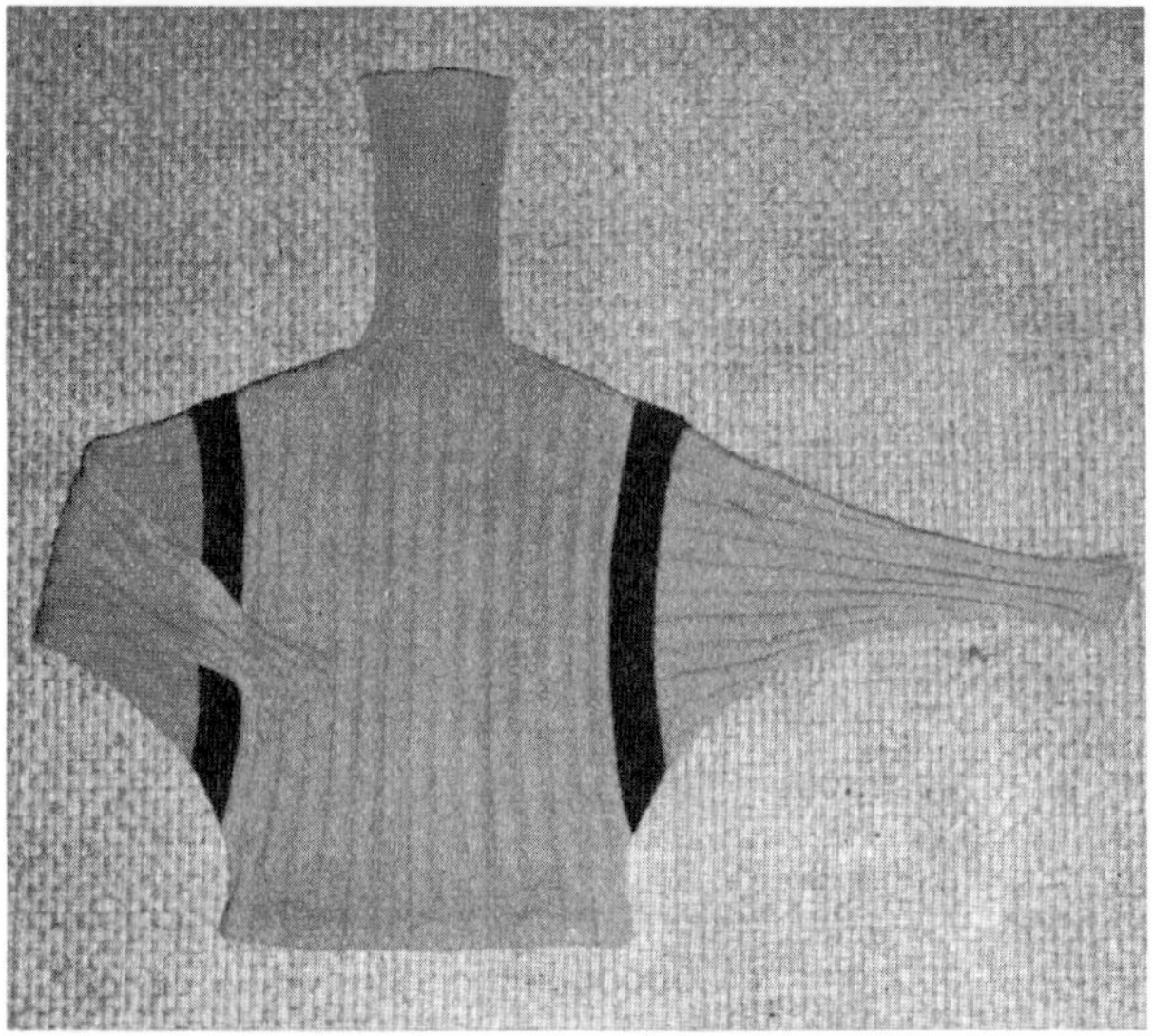

全体をたっぷりと編んだこのスエーターは、スキーやスケートの時のスポーツウエアーにも向くもの。カラシ色にコゲ茶をアクセントにしたトックリ型の衿が思いきって長くなっていて、これを折返して着るのだが、それを伸ばして頭にかぶると耳まですっぽりかくれて暖かい。ドルマンスリーヴだが、丁度身頃と袖附けとの間に太くコゲ茶のアクセントを置く。

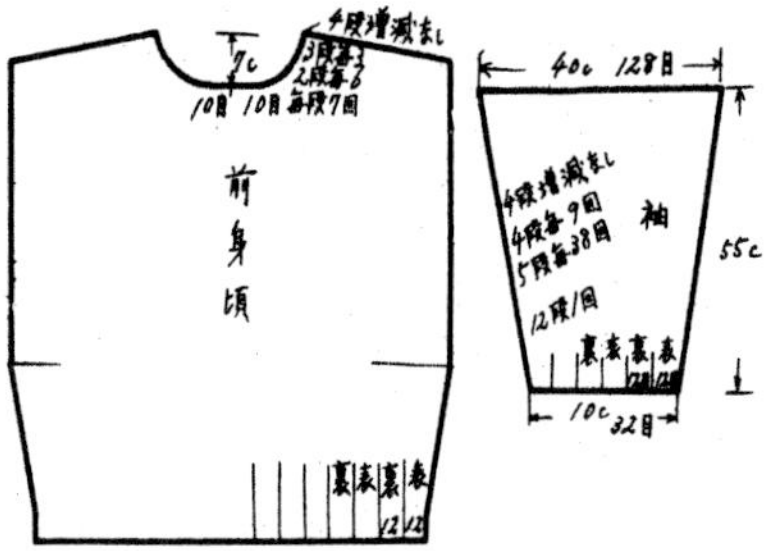

材料 細糸14オンス。

寸法 身丈58糎、身巾45糎、袖丈61糎。

ゲージ 10糎四方が32目・44段

編み方

(後身頃) 裾の折返し分として14段編み、更に14段あんで折まげ、8段毎1目2回、7段毎4回増して144目のまゝ45糎増減なく肩まであみ、肩下りの引返し編をし乍ら後のえりぐりをつける。

(前身頃) 後と同様にして編み、衿ぐりを20目取り目して、毎段1

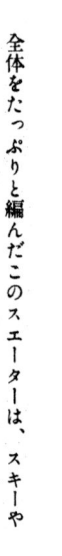

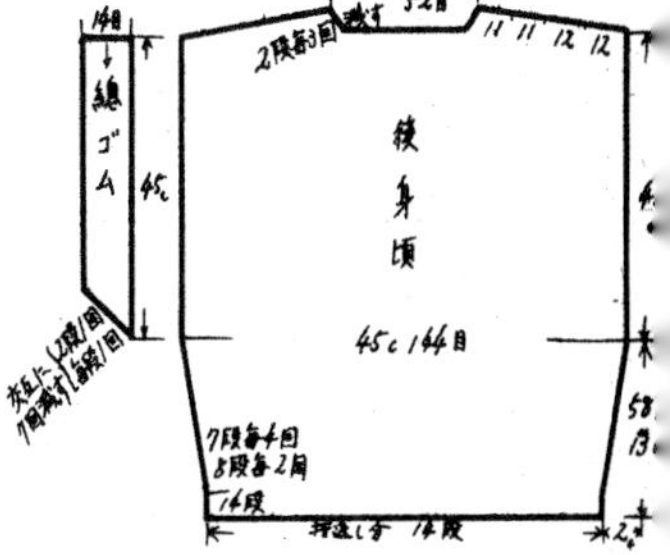

目7回、2段毎1目6回、3段毎1目3回減し、4段増減なくあむ。

袖附の位置の別色の太い縞の切りかえは、14目を総ゴムにして40糎増減なく編み、2段毎1回、毎段1回を交互に7回減らす。

（袖）袖口で32目作り表12、裏12目にして12段編んで1目増し、つけて図の様に増し目して編み、目はそのまま棒に休める。

同じものを四枚編み、二枚合わせて一方の袖とし、袖口の目数全部をかけて折返し分2.5糎編む。

（衿）1目ゴム編で、衿ぐりを150目拾い、26糎まっすぐに編んで、ゴム編止めにする。

デザイン　中原淳一　　モデル　岡田真澄（日活）
製作　佐々木富士子

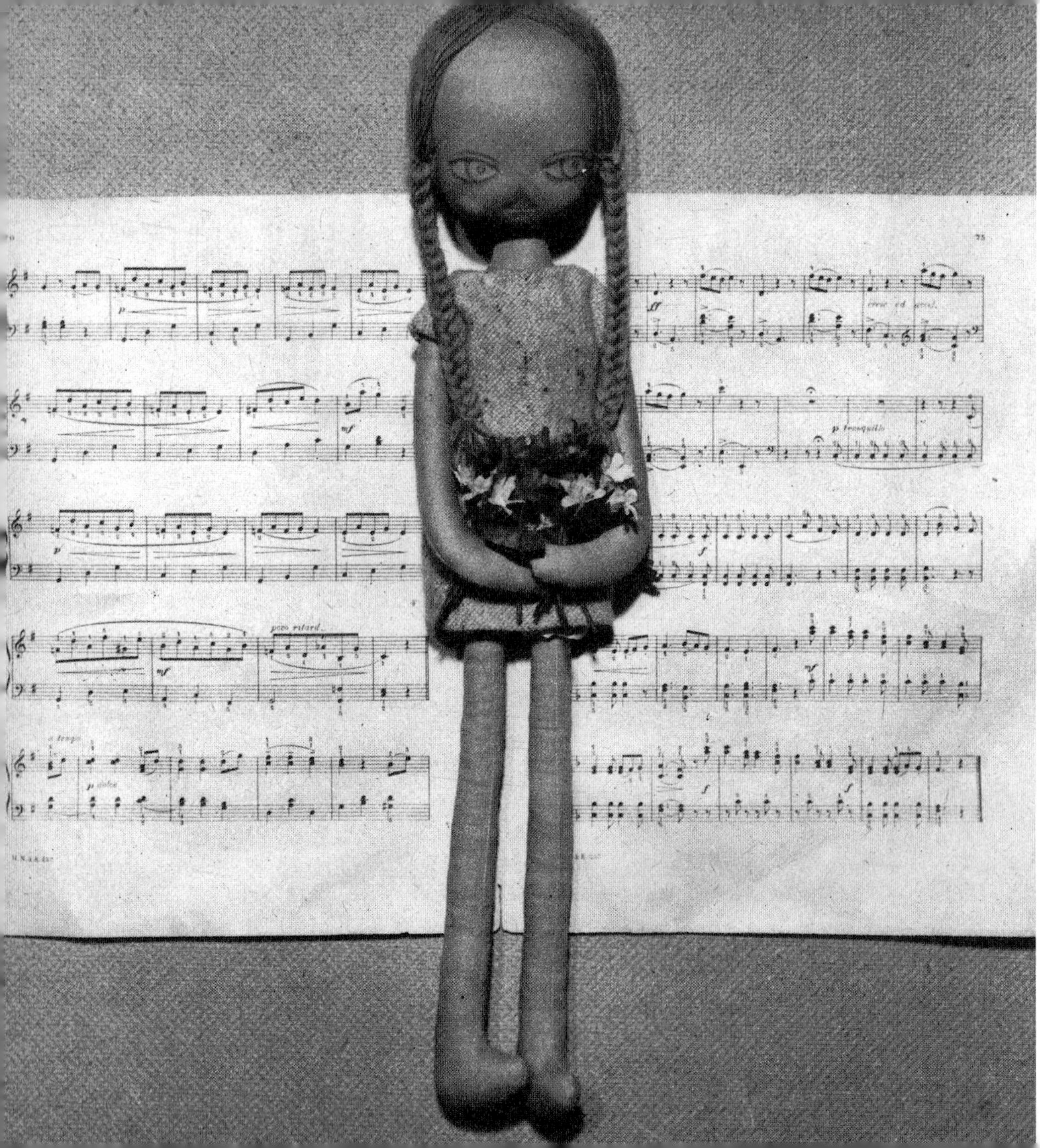

花を持つ少女

松島啓介

The way of making

1　キャラコで型紙に5粍の縫代をつけて二枚裁ち、重ねて上を4糎程あけて周りを縫います。

2　表に返してパッキングを固くつめ、口をとじ合わせます。

3　鼻とあごとをボール紙で型紙の寸法に作ります。顔の台に動かないようにしっかり糸でとめつけます。位置は下のほうにつけます。

4　両頰とおでこに綿を丸めてのせ、糸でとめつけます。

5　薄くはがした綿で全体を包み、その上から23糎四角の肌色の布で包んで、顔の表面に皺が出来ないようにのばしながら後頭部で縫いしぼります。

6　胴は肌の布を二枚重ね、下をあけて周りを縫い、5粍の縫代をつけて裁ちます。

7　つれない様に切込みを入れてから表に返し、先ず図のように曲げた針金を中に入れて胴の頭のところから出し(出ている部分が3糎位になるように）次に肩の辺りまで綿を小さくちぎりながらつめてから、後はパッキングをつめます。固くつまったら口をかゞってとじます。

8　先程作った頭に鋏を差込む穴をあけます。鋏で穴をあけて、中から綿やパッキングを出し、首の太さより少し細目の穴をあけます。それが出来ましたら首を差込んで抜けないように木綿糸で縫いつけます。

9　目と口の両端を後から縫いしめて顔の凸凹を作ります。初めにまち針を差して位置をきめる。

目と口とを水彩絵具で描く。

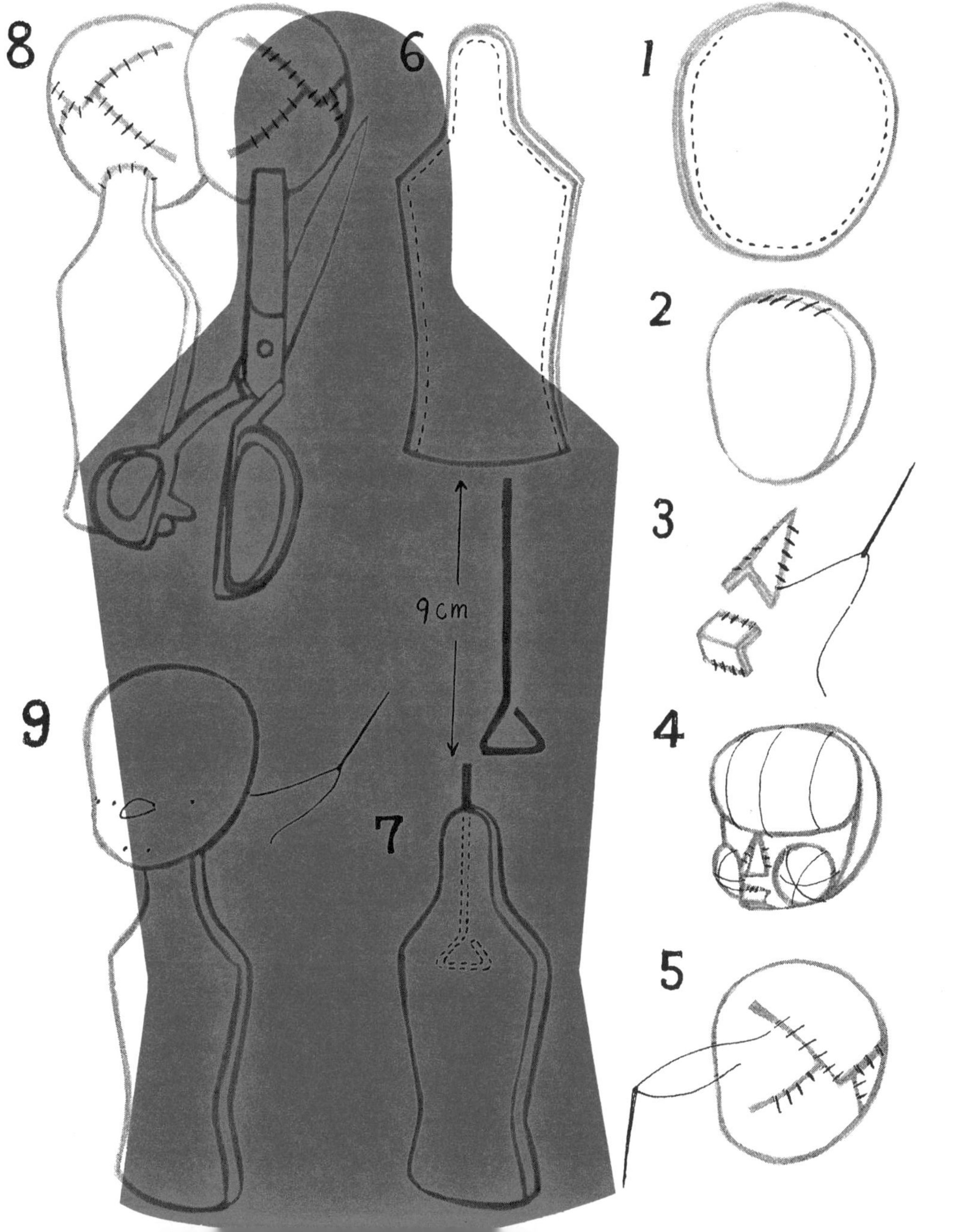

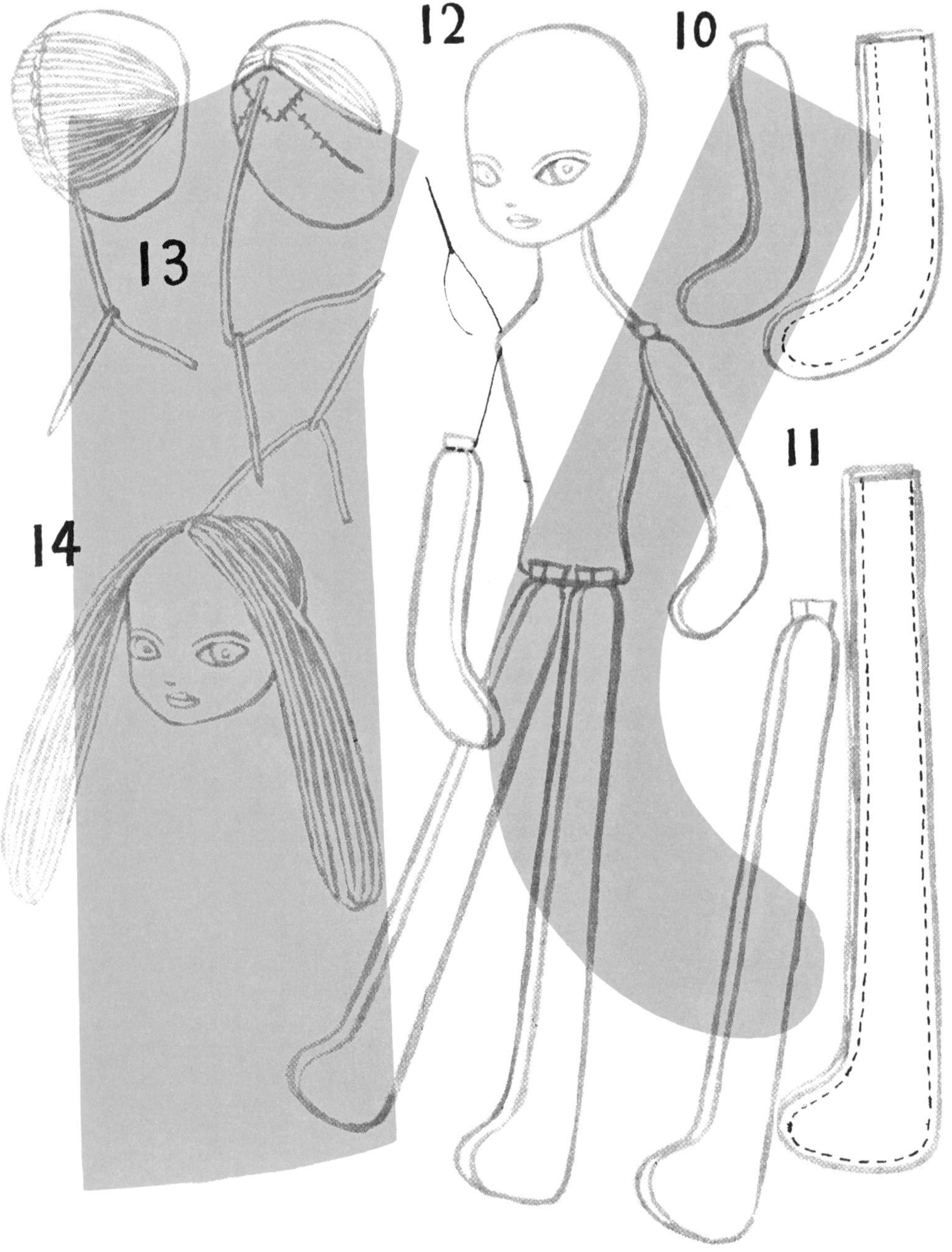

10　手は肌の布を二枚重ねて縫い、ほつれない程度に縫代を残して裁ちます。表に返して綿をつめ、つめ終ったら上から1糎下ったところで口を縫いとじます。

11　足も手と同じ要領で作ります。

12　手足が出来たらそれを胴体にブラブラ動くように縫いつけます。

13　髪のつけ方は、先ず本か何か適当なものに毛糸を捲きつけて、長さ10糎(20回捲き)の束を作っては図のように両方のこめかみと中心との三ヶ所で頭に止めつけながら、後頭部の髪をつけます。

14　次に長さ40糎(40回捲き)の毛糸の束を作って束の中心を頭の天辺に先程と同じ要領で止めつけ、両側にたらします。
両端が輪になっていますから、それを鋏で切って三つ編みします。

15　パンツは白い木綿を二枚重ねて図の寸法に裁ち、両脇と股下とを縫います パンツをはかせます。

16　ペティコートも白い木綿で作り、上にギャザーをよせてはかせます。裾がパンツより少し長く。

17　服は型紙に5粍程縫代をつけて裁って下さい。二つの服は後明きで小さな貝ボタンを三つつけました。

18　花の作り方

a　赤や黄のラシヤ紙を図のように花びらの形に切りぬき、端に糊をつけて円錐状のものを作ります。

b　緑色の紙紐を5糎程の長さに切り一方の端を結んでこぶを作ります。こぶのところに糊をつけ、花に通して茎を作ります。

c　緑のラシャ紙で萼と葉とを作って糊でつけます。

19　腕を前で組ませてちょっと糸で止めけつ、腕一ぱいに花を持たせて落ちないように所々糸で止めます。

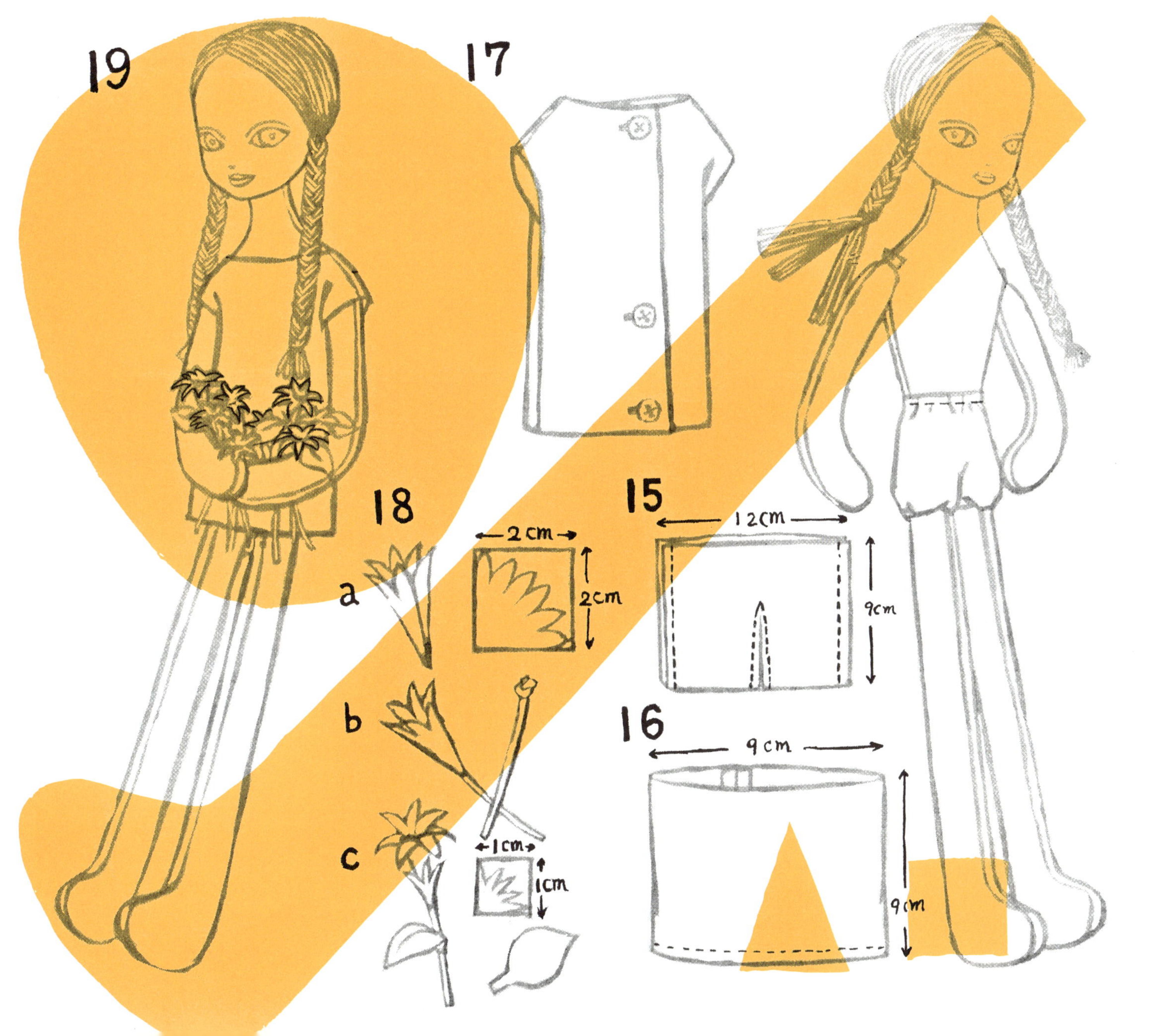
19
17
18
a
2 cm
2cm
b
c
1cm
1cm
15
12cm
9cm
16
9 cm
9cm

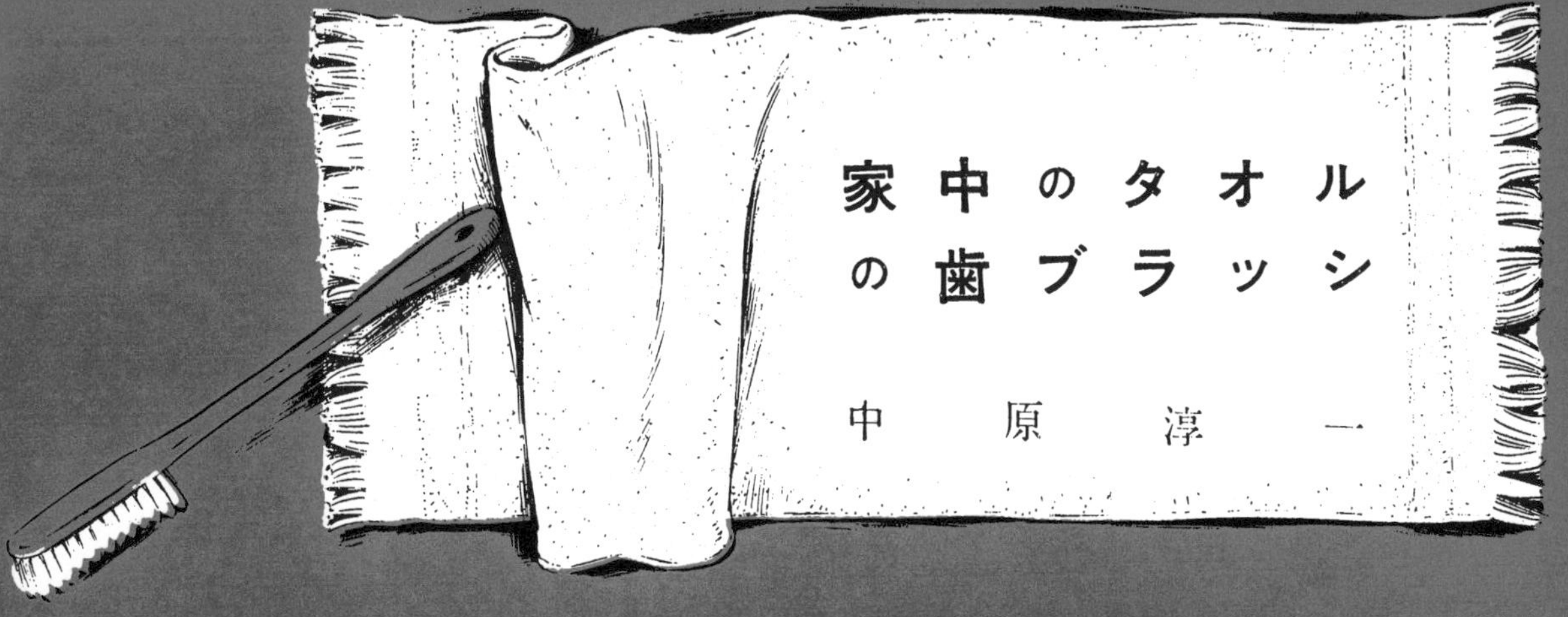

家中のタオルの歯ブラッシ

中原淳一

タオル掛けの出張所

さわやかな朝、洗面所で顔を洗う。

顔を洗っていざ拭こうとするとタオルがよくしぼれてなくて拭いてもいっこうサッパリしなかったり、汚れて黒かったりする気持の悪さはどなたも経験したことがある筈です。

それと同じ様に歯刷子も水をつけてから歯磨粉をつけるのだから濡れていても同じようなもの、やはり始めから濡れているのより、サッパリと乾いていたのを使うのとは気分がまるで違うし衛生的です。

陽当りのいゝ場所は居間や縁側が占領していて洗面所は大抵陽の当らない場所にあるものです。だから、カラッとしない日など今日使ったタオルが翌日もまだ乾いていないことはしばしばあります。そこで、朝洗面をしたらよくすゝいで庭や廊下の陽の当る場所に乾す習慣をつけたいものです。

つまり、タオル掛けの出張所を作っておくのです。

一人一人がなれてしまえばなんでもないことですが、これを毎日主婦が一人で家中のを洗うと一仕事になりますが、こうして毎朝さっぱりとしたタオルで朝の洗面をしたいものです。

歯刷子もよく水をきってコップに入れて日向に出したり、餅鋼を庭木に吊って鋼目に刷子の柄を差すのも便利です。

家中みんなの色をきめる

お家の人に何の色の感じと云うのがありませんか? 例えば、お父さんがブルウ、お母さんがエンジ、お兄さんが黄色、お姉さんがグリーン、妹さんがピンクと云った様に……が色タオルの売ってますから、これから買うのならそうしたいものです。

これはいゝ考えだと思っても、今使っているタオルがある訳ですから、まずこれを工夫しましょう。

青い線などが入っていて既に区別のつくものはそのまゝにして、白い何もないのには色のバイヤステープでパイピングをしたり、色の木綿でイニシヤルのアップリケをしたりし、色別に家中のみんなのタオルを作って下さい。

歯ブラシの色もタオルと揃える

はっきりタオルが誰のときまってしまうと小さい人達も泥だらけの手とひとのタオルで拭くこともなくなり、自分のとなるたけきれいにしておこ

うとつとめるようになります。

歯刷子も今のが傷んで新らしく買う時はタオルの色と揃えて下さい。

自分で作るタオル

タオルはあまり自分では作りませんが、工夫でたのしいものが出来るのです。

シーツは大抵背中の当るところが痛むので両端はまだまだ丈夫なのがあります。こゝを適当な大きさに切って、二枚合せにし、周囲をバイヤスで縁取りしてごらんなさい。スバラシイタオルが四人分位は充分出来ます。

又、○○酒店とか、××薬局など、商店の名前の入ったタオルがありますが、あれをそのまゝ洗面所にかけてあると、どうも野暮臭いです。手を拭く度毎に、そのお店を思い出してもらおうと思っているお店には大変申訳ないことですが、大抵両端に名前を印刷したり、織り込んだりしてありますからこゝを切ってしまうと見違える位スッキリします。

それから、あなたは日本手拭を使ったことがありませんか。タオルを使いなれると、あの木綿の布で顔を拭くのはどうもピンときませんが、水に濡らしても乾きも早いしなかなかいゝものです。適当な白い木綿の布もタオルの大きさに切って、両端に自分の色をふちとりしたりバイヤステープでまわりを玉縁にしてもいいものが出来ます。

こんな小さな試みが、何となく洗面所を清潔に衛生的にする習慣をつけ、ひいては玄関や台所にまでそうした心がゆきわたって、お家の中が明るくなることでしょう。

こんなクリスマスプレゼントは？

その１　紙コップとラシャ紙でつくる

クリスマスプレゼントは、何も高価なものでなくてもよい。あなたの誠意こめた贈り物をこんな包装で贈ったらきっと喜ばれるだろう

松島啓介

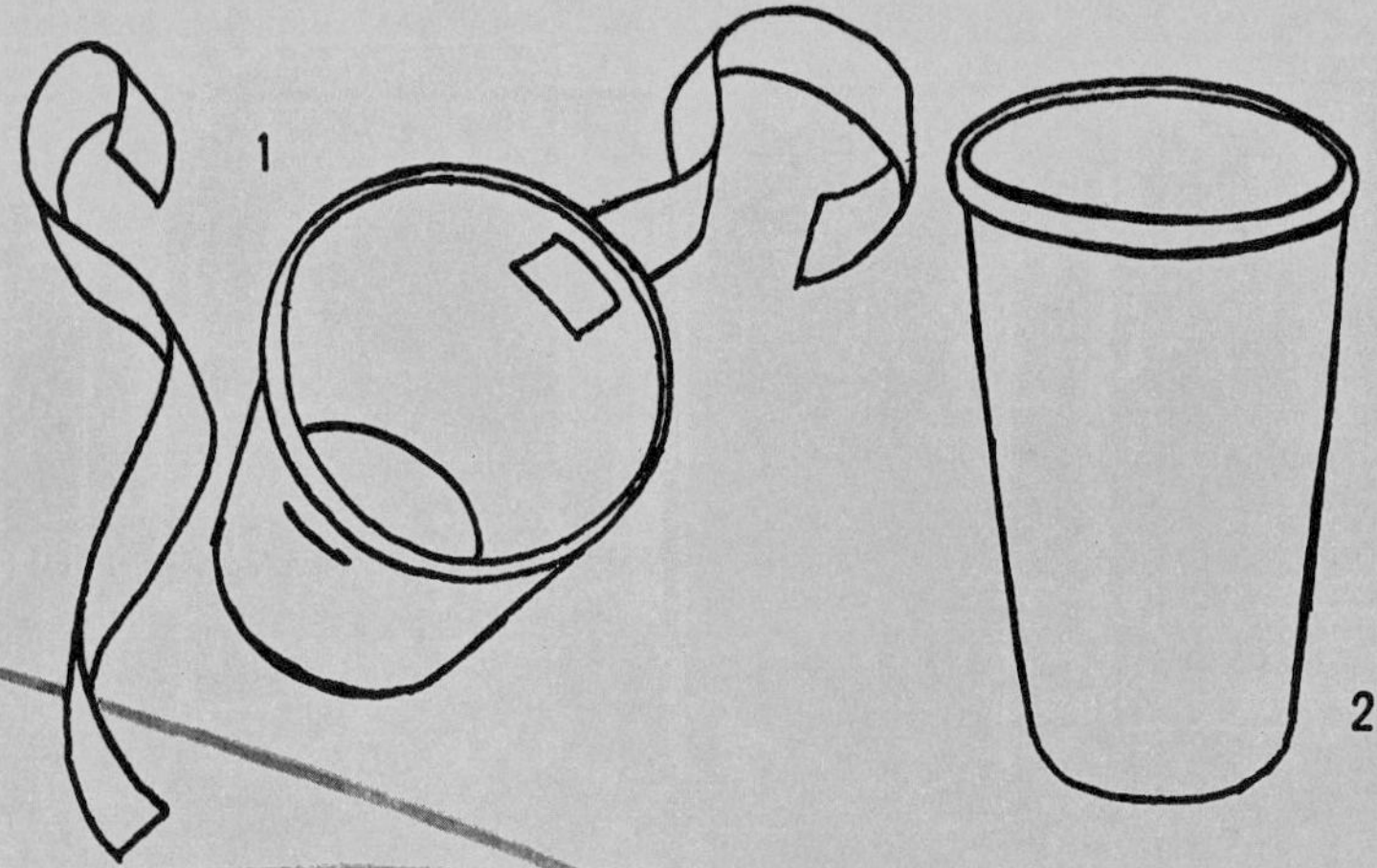

1

2

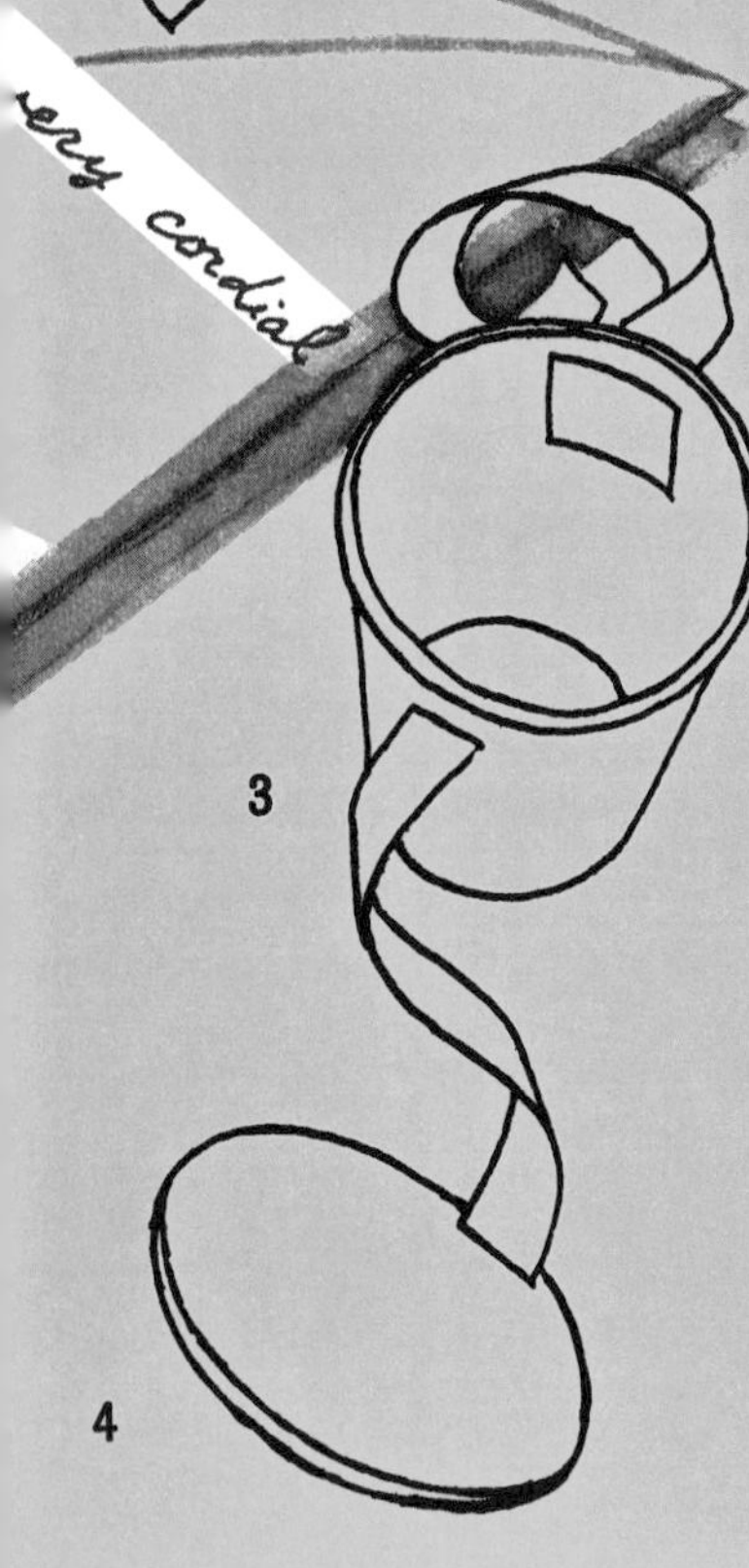

3

4

１．紙コップはデパートで安く売っています。まずコップの表面にクリスマスのお祝いの言葉を書いて下さい。
２．上から１糎程下のコップの両側にリボンを通す穴をカミソリでリボンの巾にあけ、適当な長さに切った二本のリボンをその穴に通して糊づけします。
３．リボンの糊づけした部分がかくれる程度の大きさに白い紙を四角く切って貼ります。
４．コップの口と同じ大きさにボール紙を円く切り裏表に白い紙を貼って蓋を作ります。これでケースが出来ましたから、中には銀紙で包んでチョコレートでも何でも楽しいものをなるべく沢山つめてから蓋をしてリボンをきれいに結んで下さい。

A Merry Christmas to you! クリスマスおめでとう。
With every cordial wish for Holiday Season! 真心こめてクリスマスのよろこびを——
May the Spirit of the Christmas Season be with you always! クリスマスの気持をいつも持ち続けましよう
Glory to God in the highest, and on earth peace, good will toward men! いと高き処には栄光神にあれ　地には平和　主に悦び給う人にあれ
God be friend and bless you! 神汝を恵み祝福したまう
Christmas Blessings! クリスマスのお祝いを申上げます
Seasons greefinge to Yukiko from Mieko クリスマスの御挨拶を申上げます。ゆき子さんへ　みえ子より
God be with you! 神のめぐみ汝が身を離れざれ
Christ the Savior born! 救い主キリスト生れ給えり
The Best Wishes for Christmas! クリスマスのお祝いを心より——
I wish you a merry Christmas! どうぞよいクリスマスを

今度はお友達の好きな歌の楽譜を探して来ます。それがちようど入る位の大きな封筒（楽譜の寸法より１糎位大きくする）を赤や黄のラシャ紙で作って入れ、封をしてから、いろいろの形をした矩形を色紙で作って裏表いっぱいに貼ります。ところどころにクリスマスのお祝いの言葉を書きます。この楽譜に先程のチョコレートのいっぱい入ったケースを添えてプレゼントして下さい。

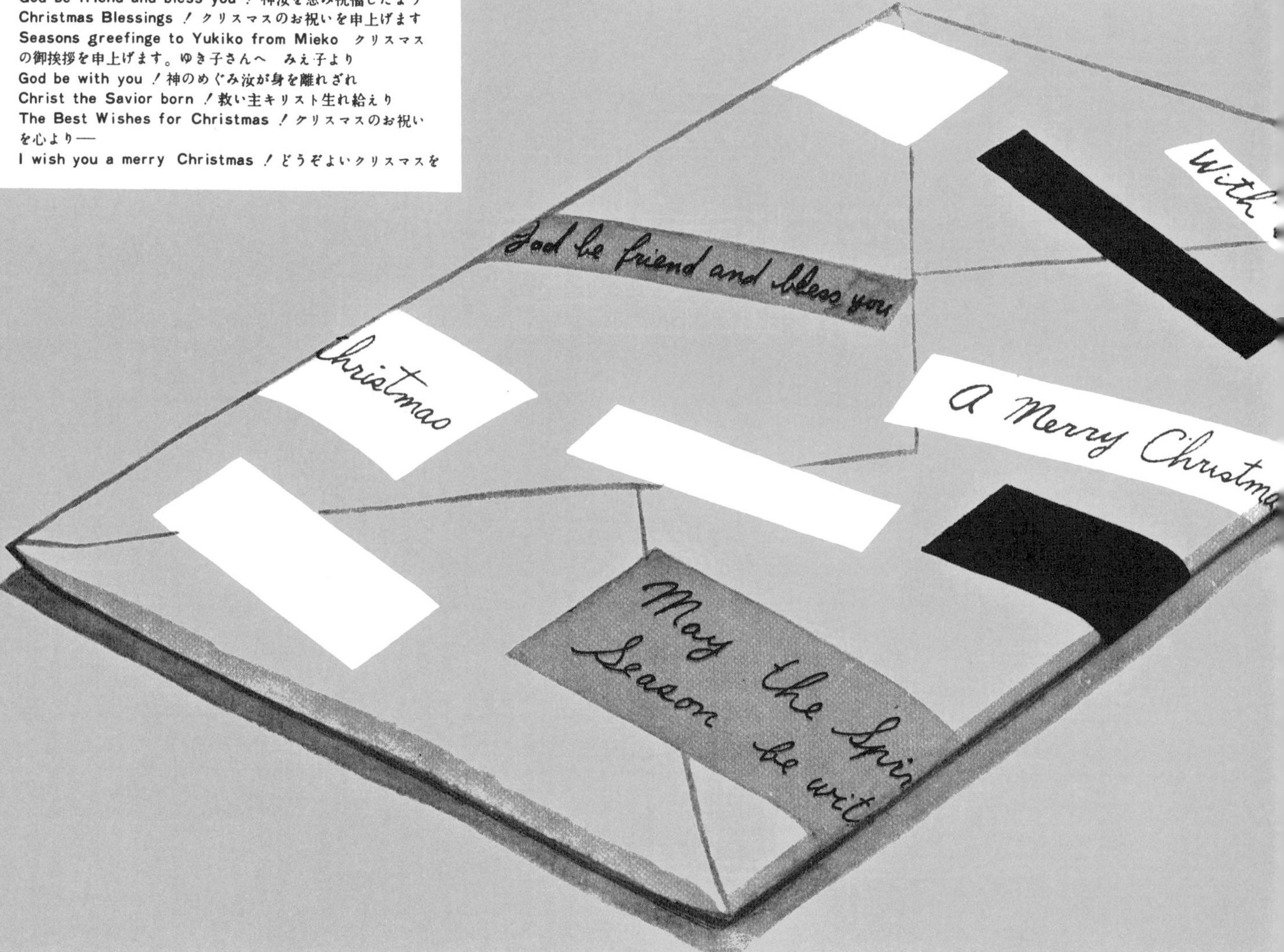

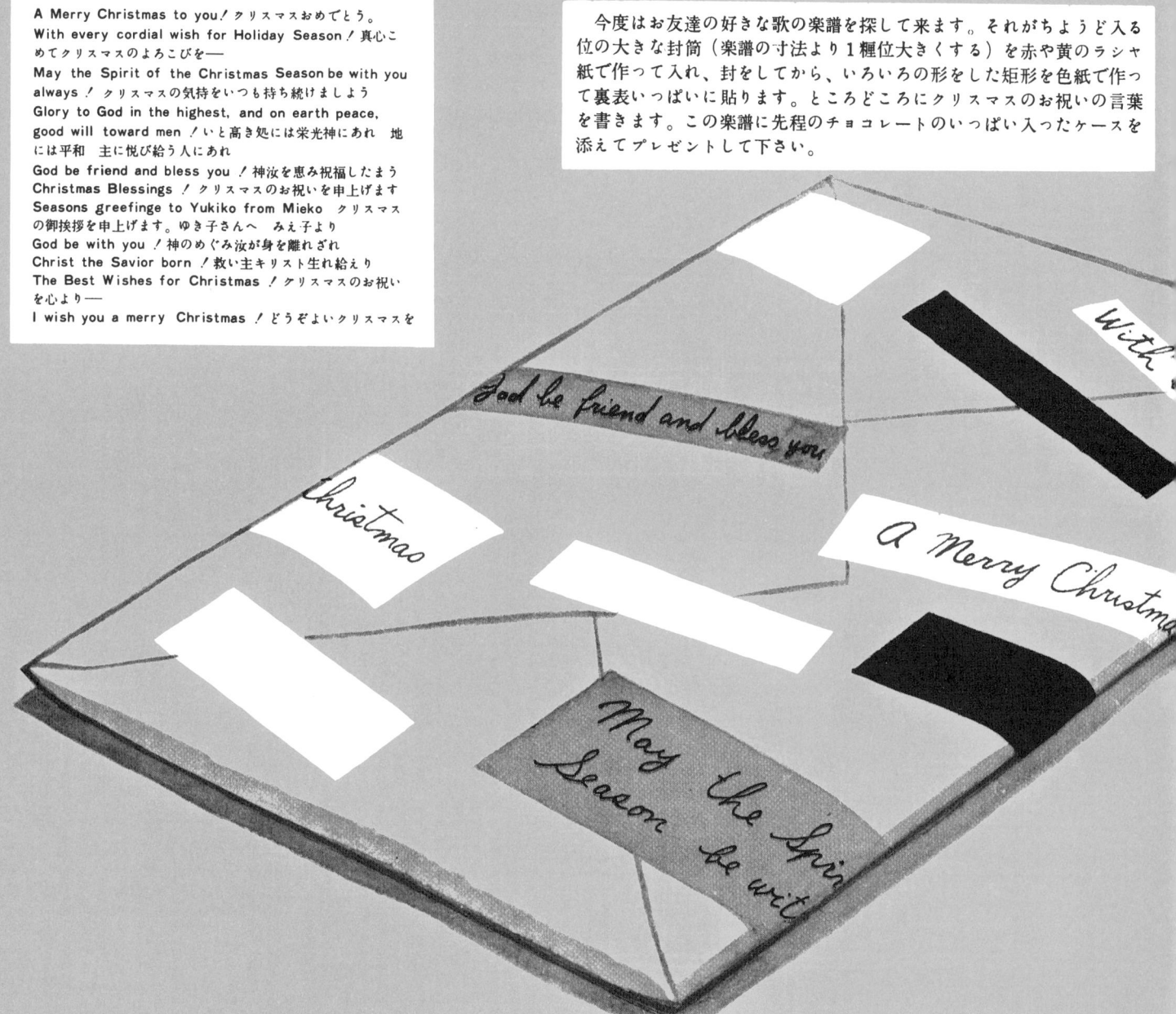

こんなクリスマスプレゼントは？

その2

ラシャ紙と小布でつくる

新町真策

外出にはハンドバッグか風呂敷というのが今までの常識でした。ところがこんな紙袋でも、ハンドバックに入れるようなものは何でも入ります。それに惜しげなく使うことが出来、どんどん新しいものととりかえていつも新鮮な気持でいられます。その上、もしかするとハンドバックより軽快でしゃれているかもしれません。

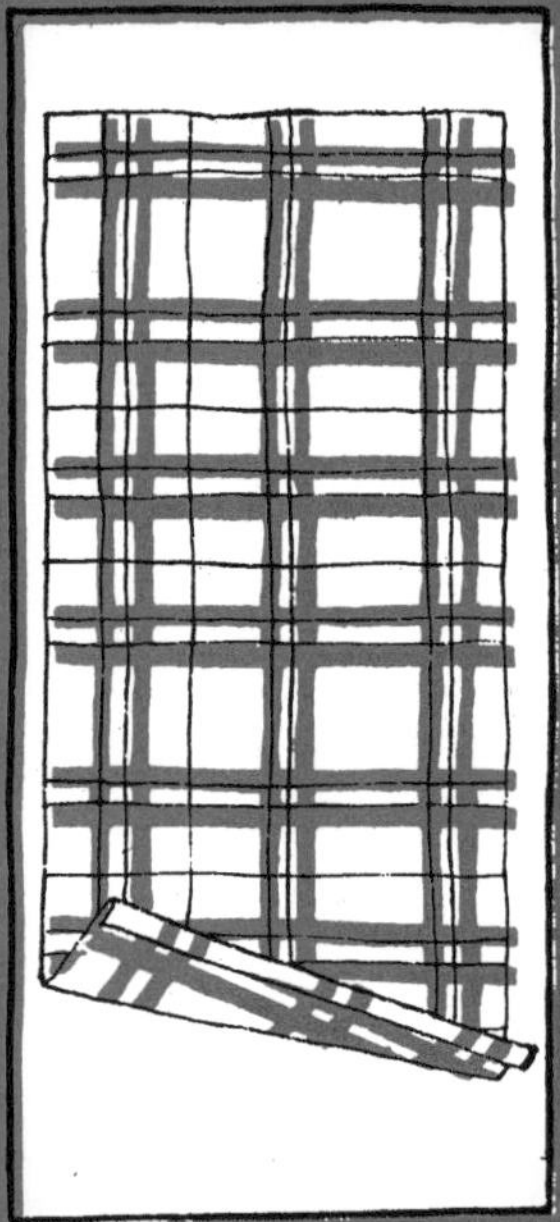

ケントラシャ（ラシャ紙より光沢のある紙）で縦35糎、横80糎の長方形と、チエックのギンガムかプリントの端布で縦32糎、横70糎の長方形のそれぞれ二枚を作ります

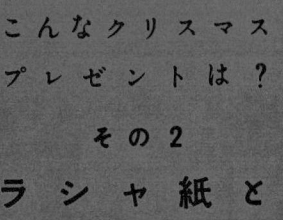

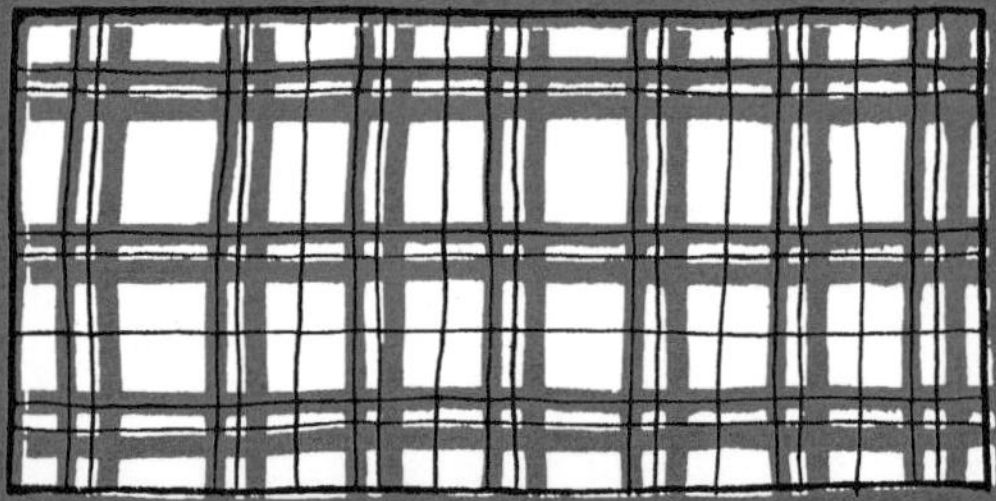

ギンガムの幅は切りつぱなしのままで、両端を1糎折りまげ、糊づけしてアイロンで押えておいて、それを更に紙の中央に貼りつけます。

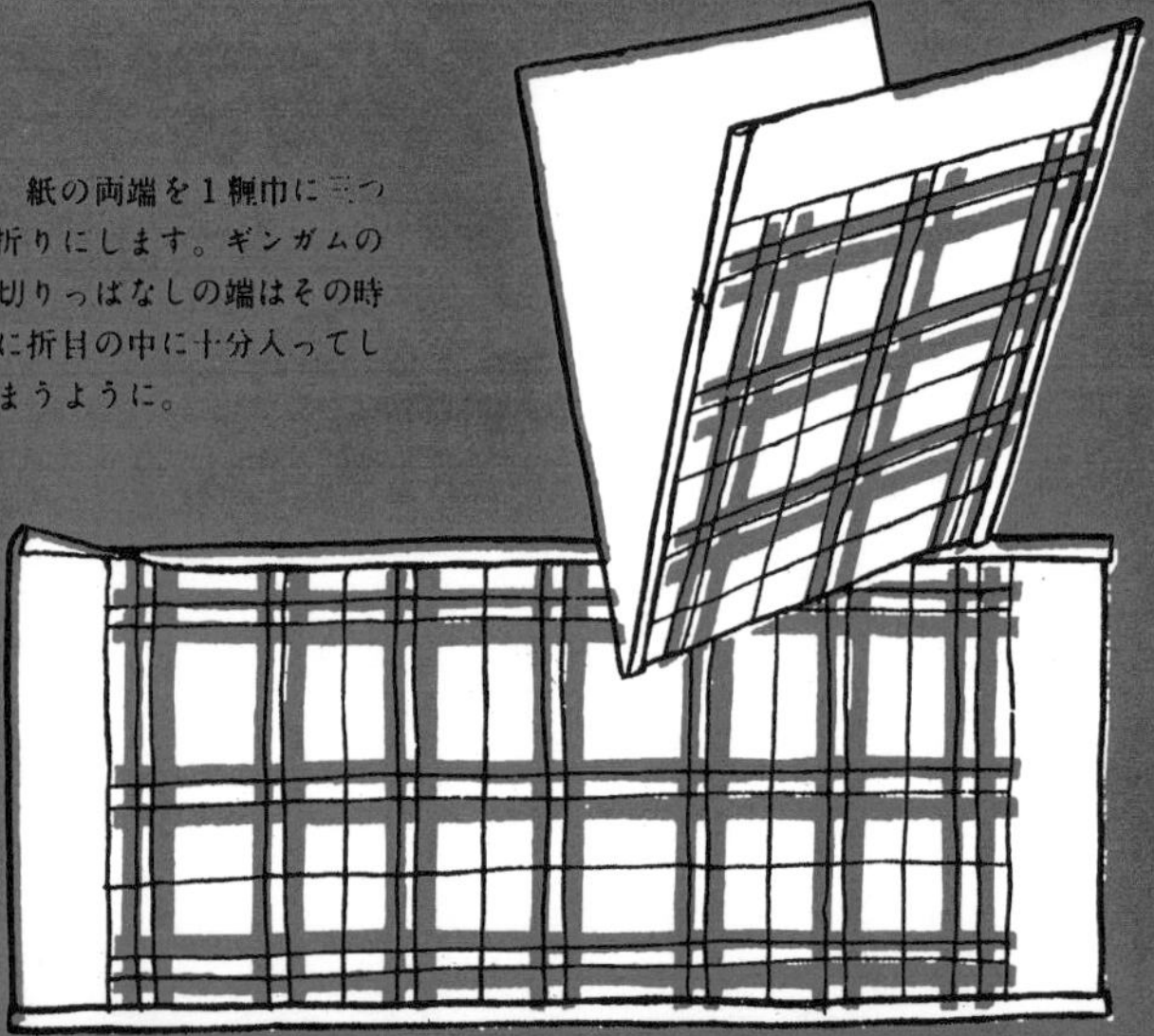

紙の両端を1糎巾に三つ折りにします。ギンガムの切りっぱなしの端はその時に折目の中に十分入ってしまうように。

布のほうを外にして、二つに折りまげます

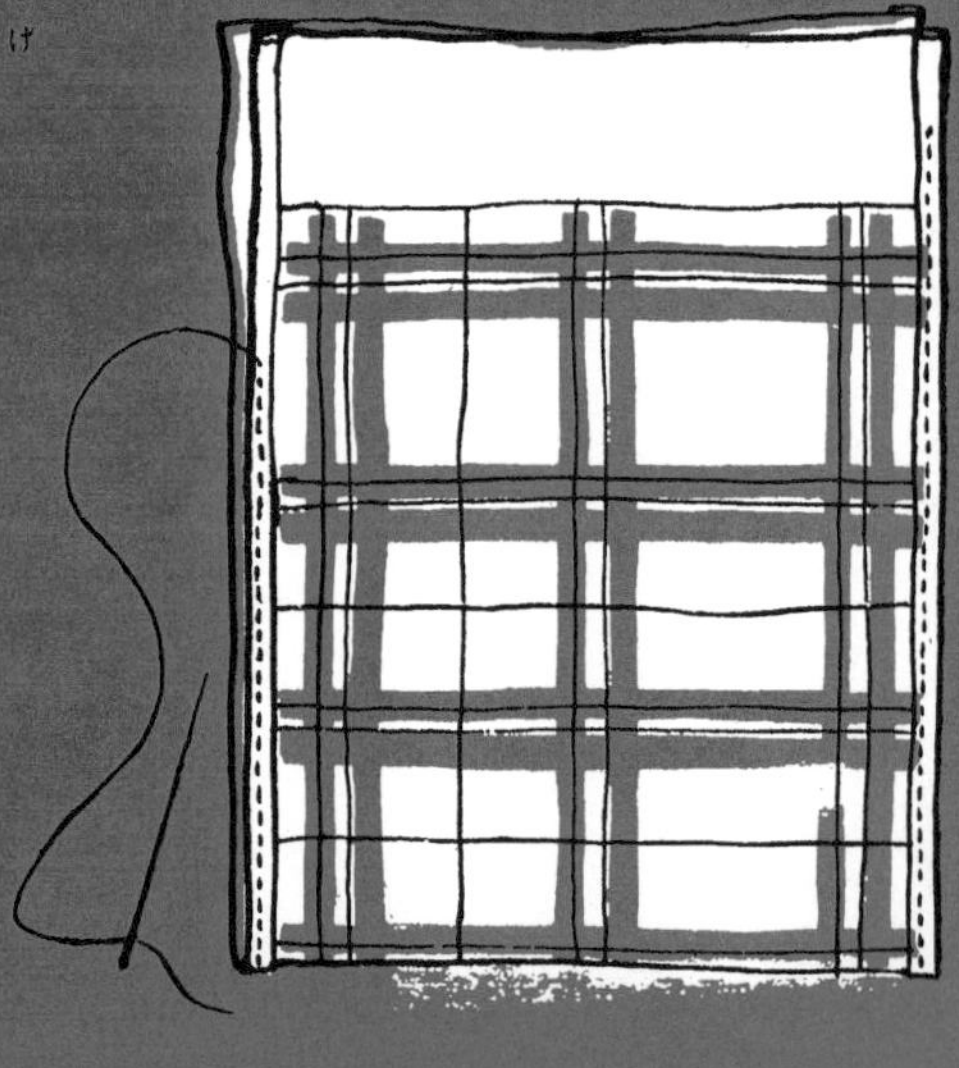

両端を下端からカタン糸の8番を二本にしたもので、7粍ぐらいの縫目でねじりながらザクザクと縫い、上から5糎の所で一回返し針をしてしっかりとしめる

A　ラシヤ紙と縞の布をとり合せて作ったもの

B　白い用紙で作り、少し下よ
白い画用紙で作り、少し下よりの位置に外国雑誌の頁を切って貼りつけたもの

C　紙を下だけ二枚にしてポケットを作り、水玉の布を貼ったもの

C

B

A

巾広のつや紙のテープをまわして、口の所にカードを差し込んで贈物にする

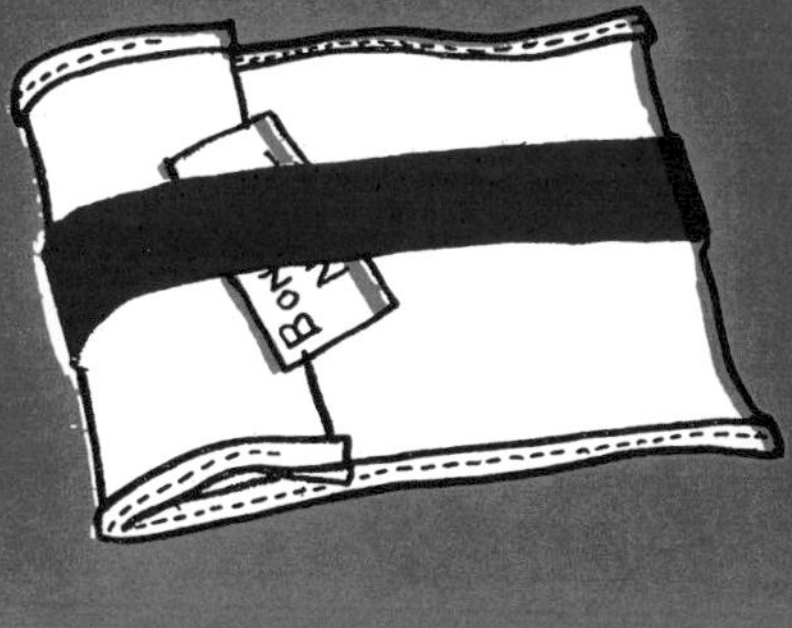

出来上った袋はみな半分に折って、丁度その折った形が入る位の大きさの袋を同じような方法で作り、その中に入れて贈るのもよい。

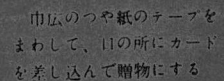

4

3

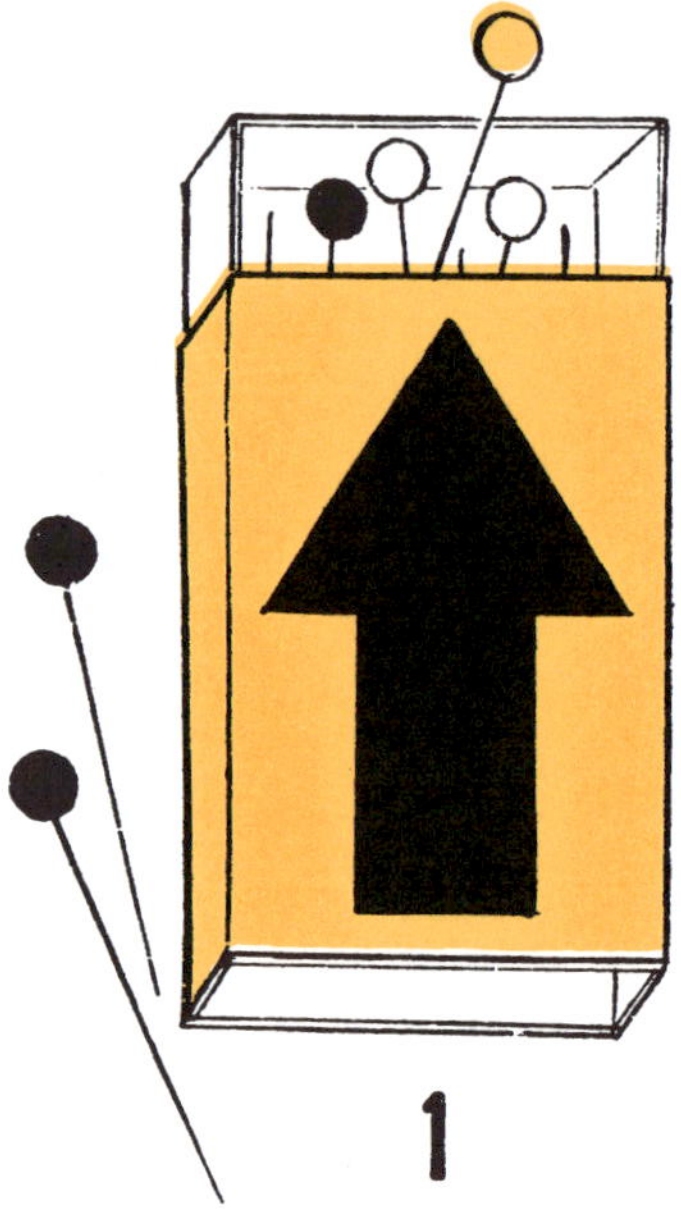

1

こんなクリスマスプレゼントは？

その3　マッチの空箱で作る

内藤瑠根

①　黄色の地に黒の矢印の切り抜きをはった　ピンや針入れ

②　壁に止めつけるスナップ写真入れ、赤いラシャ紙の上に、最近写した自分の写真をはり、中には最近の傑作を入れる。

③　縞のプリント地に大きなボタンを止めつけマッチ箱にはったボタン入れ。

④　赤いつや紙に黒の抽象的な星をはる安全ピン入れ

⑤　ブルーのつや紙に白いエンゼルをはった　小さなブローチやイヤリングを細かく切ったセロファンの中に埋める

⑥　黒か赤のツリーをはり、あざやかな色のノートや星たちをかたちよくはる。なお台紙は切って裁ち出してある。これには手紙を入れる。

5

6

2

白い小さな空箱に少量の染粉で染めたカンナくずを入れその中にマッチ箱をいろどりよく入れる。

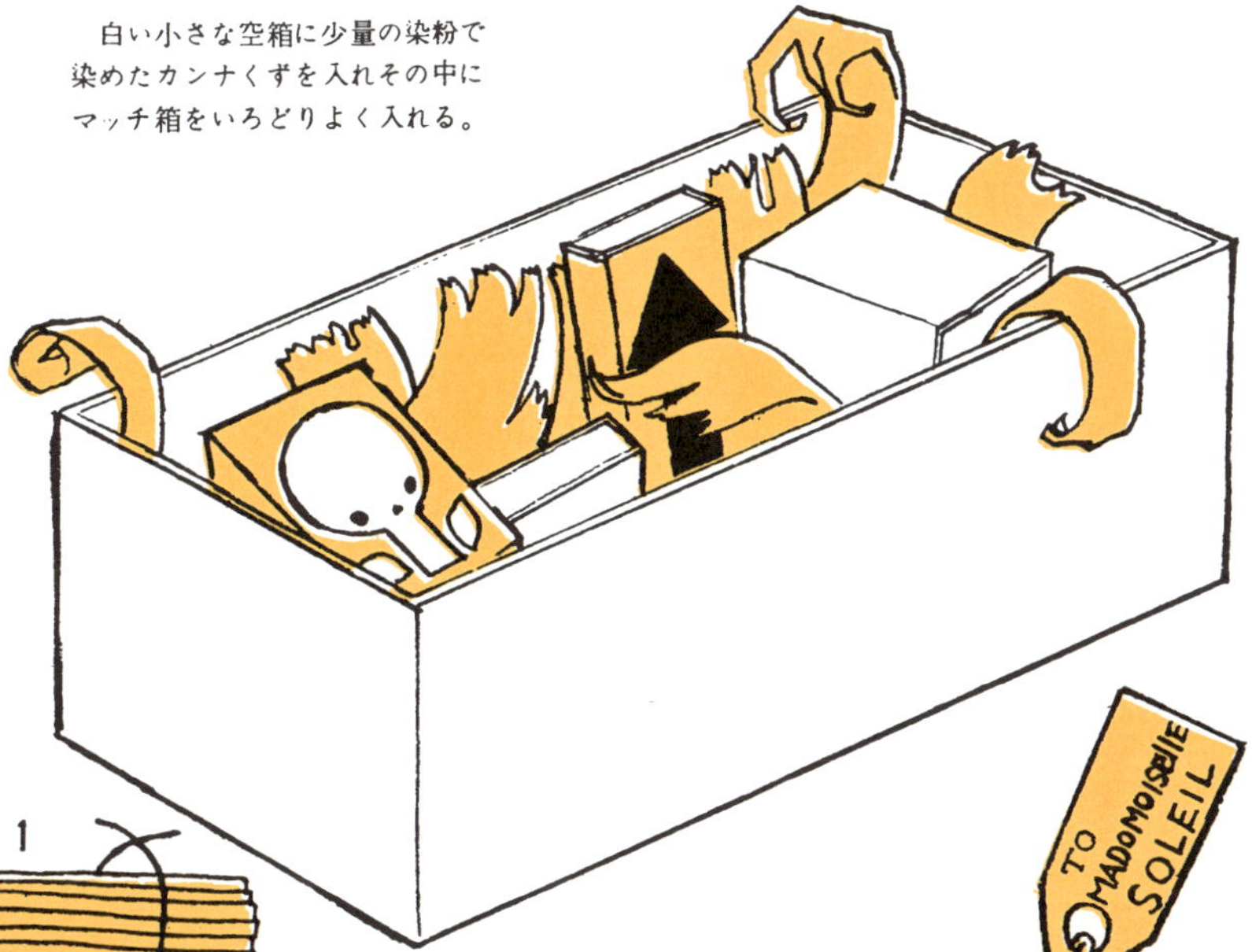

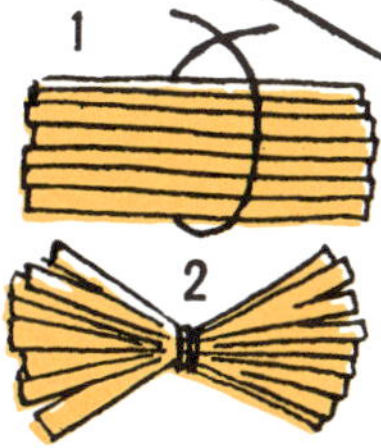

セロファンのボンボン作り方

ペン先と虫ピン入れ

Ⓐ マッチ箱の寸法に切った布又は紙を図のようにおき
Ⓑ 折りまげてしっかり糊附けする。下図の様にはるのも一つの試み

海賊ブラッド船長からのクリスマスプレゼント

蓋をして好きなチェック、縞、プリントなどの布やボンボン、絵、つや紙で切り抜いたフランスの切手などをはり最後にリボンを置き、赤いろうそくで封をし、綺麗なひもで結びます。

お辨当の研究

吉沢久子

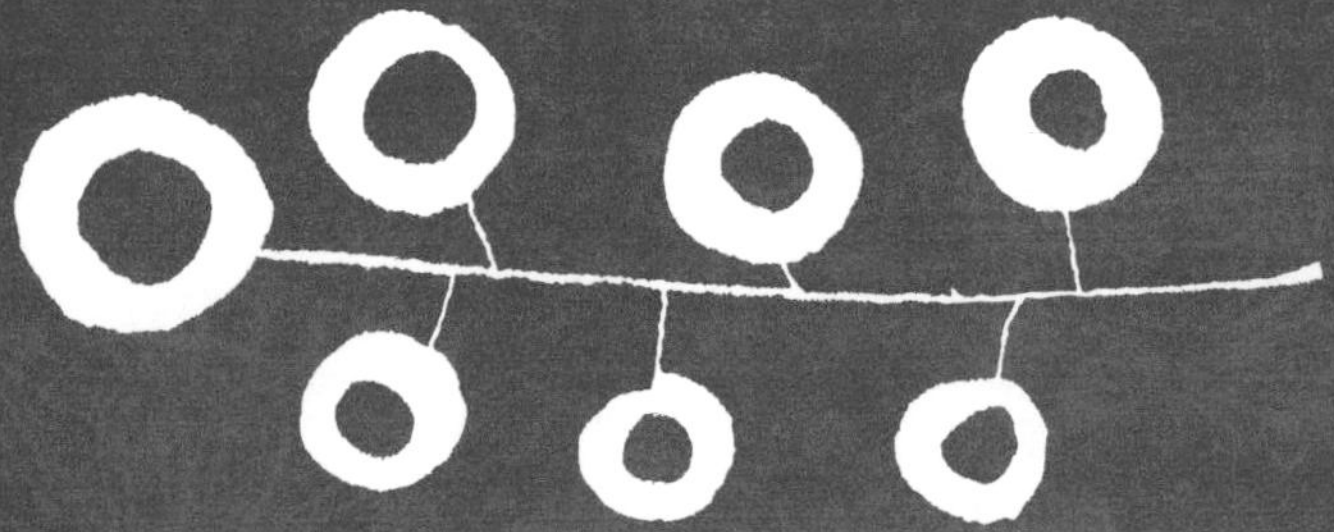

戦前までは“腰弁時代”等という言葉が盛んに使われて、お勤めにお弁当を持って行くのは下っぱのサラリーマンとして恥しがったりしたものですが、戦後の今日では、毎日のお勤めに素晴しいお弁当を用意する事が出来たら、仕事の疲れも忘れる程有難いことです。中学生以上のお子さんのいる家庭では勿論のこと、こうして外での一日の暮しに大きな役割を果すお弁当も、毎日となると、何となく有り合わせで、これという工夫もなく間に合わせて行きがちではないでしょうか。

ここでお弁当のおかずには、家庭での食事の場合と違って、どういう点を注意したらよいか、どうすれば美味しくよいお弁当が出来るか色々な角度から調べてみましょう。

お辨当と生活

工場などで、事故のおこる時間は、午後四時前後が一番多いときいています。この時間になぜ事故がおこりやすいかを、ごく常識的に考えてみると、まず第一に、夕方になるとだれもが疲労するためだと思われます。けれども、それと同時に、空腹による気持のいらだちということも、見のがせないのではないでしょうか。おべんとうが十分でなかったために、三時ごろにはもうおなかがすき、四時ごろともなれば夕飯をまちこがれる生理状態になり、そのための疲労もともなって落着きがなくなるのです。

おなかがすいたときの、なんともいえない、いらいらする気持は、だれにも経験があることですが、これが仕事の能率をさげ、最悪の場合には事故をおこす原因にもなることが考えられます。工場につとめる人にかぎらず、おべんとうは一日のうちのもっとも活動する時期の食事なのですから、量にも質にも十分に心がくばられなければならない筈です。ところが日本人は、おべんとう持ちで勤めにいくのを、腰弁といって妙にいやがる習慣があります。東京都内の役所、会社、工場等について調べた結果、収入の額の高い人ほど、おべんとう持参の人が少くなり「腰弁」ということばが、安サラリーマンの代名詞に使われていることを裏書きしていると、ある本に書いてありました。

しかし、栄養の面から考えると、いいかげんな外食紳士よりは、栄養素のバランスに注意をはらって詰め合された仕食をたずさえていく腰弁氏や腰弁嬢のほうが、はるかに十分な食事をしていると考えていいのです。商売でつくる一ぱいの中華そばや一皿のカレーライスは、見た目には大量と思われても、私たちの仕の食事に必要なカロリーや蛋白質は、約七割程度しかないのが普通で、まして無機質やビタミンのようなものには、ほとんど考慮がはらわれていないとみてよいのです。必要量を満たすだけ食べるには、財布のほうが許さないでしょう。心をこめた手づくりのおべんとうの価値はここにあるのです。

日曜日

おにぎりのフライとコロッケ

コロッケのつくり方は、どなたも御存じの通り。ただ、この場合、俵型に、小さくつくって下さい。それから、コロッケと同じ形で、大きさも同じに、塩を多めにつけたおにぎりをつくり、メリケン粉、卵、パン粉の順につけて油で揚げ、コロッケもおにぎりも、一つづつセロファンに包みます。ちょっとすてきなものです。

必要量の割出し方

私たちが一日に必要とするカロリーと蛋白質は、ふつう成人女子では二一〇〇カロリーと七〇グラムの蛋白質ということになっています。男子は二五〇〇カロリーに八〇グラムの蛋白質）これは中等度の労働をする人を基準としたもので、はげしい労働、あるいは運動をする人のためには、別に基準ができています。おべんとうの量をきめるために、まず一日の食事のとり方について考えなければなりませんが、これは、集団給食で栄養士が献立を考える場合に、しばらく前までは、一日の食事の量を主食は三単位に、おかずは四単位に分け朝と昼と夕食には二単位をとるという献立のたて方が多かったのです。しかし一日のうちでも最も活動するのは昼間ですから、昼の食事はもっと重要視されなければならないという声が高くなり、現在は朝が一単位、昼と夜が一、五単位づつという献立のたて方が、一般にとりいれられています。

つまり、普通の成年女子でいえば、一日に必要な二一〇〇カロリーと七〇グラムの蛋白質を、朝食で五二五カロリーと一四・五グラムの蛋白質をとり、昼と夜の食事で七八七カロリーと約二二グラムの蛋白質をそれぞれとればよいことになります。ですから、多少のちがいはあっても、おべんとうには、少くとも七〇〇カロリーと二〇グラムの蛋白質がとれるだけの食べものを量と質を考えて、適当に詰め合せることが必要なわけです。

しかし、私たちが家庭でつくるおべんとうは、いちいち材料をはかってカロリーや蛋白質の計算をするのでは面倒です。目分量で、しかも、ほぼ正確にできなければならないと思います。それには、まず、一合のお米は何カロリーで、何グラムの蛋白質があるか、それに卵を詰め合せる場合、卵一ケの栄養価はどれだけか、調味料に砂糖を使う場合はスプーン一杯で何カロリーか、油は？と、一応計算をしておき、どれだけの主食に肉や魚は、どの程度入れればいいか、また、野菜はどの程度という基準をきめておき、ごく気楽に栄養満点のおべんとうができるようにしたいものです。

月曜日

ペースト サンドイッチ

かたゆでの卵一ケをみじんに切り、バター、マヨネーズ、たくあんのみじん切りを各大さじ一杯づつとまぜ、コショーを少し入れてよく練り合せます。（味がうすければ塩も入れて）これを適当に切った½斤分のパンにはさんでサンドイッチを作ります。みかんかリンゴを一つ添えておきましょう。パンは耳もつけたままでどうぞ。

どんなものを？ どれだけ？

おべんとうには、どんなものを詰め合せたら理想的かといえば、カロリー源である澱粉類と脂肪、蛋白質類、それと無機塩類やビタミン類をとるための野菜を、ほどほどにとり合せることです。厚生省が指導している三色運動というもの、蛋白質源を赤、澱粉質のものを黄、無機塩類、ビタミン類をふくむものを緑というふうに各栄養素を大きく色分けして、食卓に、いつもこの三色がそろうようにしようという運動です。おべんとうにも、この三色がそろえばよいわけで、たとえば、ごはんに焼肉だけのおかずであったり、煮魚や焼魚だけでは、緑の色がたりないということになります。野菜気の入らないおべんとうのときには、包みの中に食後にたべるくだものを添える気働きが必要です。

だいたい、この三色の栄養素を一日に必要量だけとるには、主食を四〇〇グラムから五〇〇グラム、豆や豆の製品を五〇グラムから一〇〇グラム、肉や魚を一〇〇グラム程度、それに野菜、それもなるべく色の濃い野菜を四〇〇グラム程度たべればよいといわれていますが、これを、三食分に「必要量の割りだしかた」のところで書いた一、一・五、一・五の割合で配分するわけです。ハカリのない場合の目分量として、主食は、お米一合で約一四〇グラム、（お米一合をはかってみると一八〇グラムありますが、水分その他が、今のお米には多くふくまれているようです。）パンが一斤六〇〇グラム、魚や肉は、卵一ケの大きさで約五〇グラム、卵一ケは大体五〇グラムですから、野菜でも、芋類、にんじん、大根などは、卵大のものを五〇グラムと考えればいいでしょう。きざんである野菜ならば、片手に山盛りのせて約一〇〇グラムあります。こうしたことを、よく頭にいれておいて、おべんとうにつめる量を、きめておくと便利です。

卵一ケが大体五〇グラムであることをよくおぼえておくと、ほかのものの目方が、目分量ではかれて便利です。

火曜日

押しずし

御飯の熱いうちに、酢、塩、砂糖をまぜたもので合せておき、さめてから、おべんとう箱に盛り上る程度につめ、上に、卵焼き、でんぶ、酢でしめた魚、なんでもあり合せのものをのせて、きっちりふたをしておきます。（魚は小魚を三枚におろし酢でしめたものを使います。卵なら甘味の勝った薄焼きで結構。）食後にくだものを。

調理の工夫で

おべんとうの材料は、すべてふつうの食事とおなじものでいいわけですが、ただ、くさりにくいもの、汁がにじみ出ないもの、いやなにおいのないもの、でなければなりませんまた味の点では、冷えてからたべるのですから、冷えてもおいしいものであることが絶体の条件といってもよいでしょう。卵、塩鮭、たらこなどが、だれにでも好かれるおべんとうのおかずになっているのは、冷えても味がかわらず、御飯によく合うためだと思います。

けれども、いつもいつも、たらこや鮭ではあまりに味けないし、卵焼きもあきてしまいます。やはり、いろいろの材料を使い、むしろ調理によってどの材料でもおべんとうのおかずにむくようにしなければなりません。たとえば、主食にしても、おべんとうには不向きと思われるうどんやおそばも、調理法によってはりっぱにおべんとう向きになります。（例—うどんならば、ゆでて、肉や野菜といっしょにいため、ケチャップと塩コショーで味つけする。おそばならば、塩を多めに入れてゆで、ザルにあげて水を切ってから、ほうれん草の塩ゆでをしんにして、味をつけた薄焼卵でおそばを巻き、適当の大きさに切る）また、このごろは、ビニール製品とか、ポリエチレン製の袋とか便利なものができたので、汁気のものも、詰め方の工夫で、かならずしもおべんとうに不向きとはいえなくなりました

ただ、おべんとうは、ある程度量をかぎられるものですから、栄養素の少い食品、または、同じ蛋白質食品でも質のよくないものをさけるようにする心づかいはほしいものです。いったいに、水分の多い和えものの類はくさりやすく、濃目の味をつけて、からからにいためたもの、煮たもの焼いたものは比較的安心です。つまり水分が少く、味の濃いものが、おべんとう向きであるといえましょう。

水曜日

支那まんじゅう

小麦粉カップ一杯半に生イースト（パン屋さんで分けてもらう）ラード、砂糖各小さじ一杯をまぜ、ぬるま湯を入れて耳たぶ程のかたさのタネをつくり三つに分けます。ひき肉、ねぎ、にんじんのみじん切りを各五〇グラムづつ合せて塩味をつけ、タネで包み、二三時間あたたかい場所において発酵させ、そのままむし上げます。

色どりや、つめ方にも

「栄養料理もいいけれど、どうもまずくて」という人があります。これは、あたっているともいえるし、そうではないともいえるのですが、おべんとうも、栄養のことだけを考え、ほかのことを忘れては片手おちになります　だれがつめても同じように思われるおべんとうが、そのつくった人のセンスをまるだしにしていることは、勤め先や学校のおひるどき、ちょっと人のおべんとうをのぞけば、すぐわかることです。おなじ海苔弁当でも、ある人のは、ふたをとると、おべんとう箱のふたにべったり海苔が張りついて、かつをぶしをかぶった御飯が禿山のように無惨な有様になっています。ところがまたある人のは、かつをぶしをシンにして小さくにぎった御飯を、きれいに海苔で包み、おべんとう箱にきっちりと並べ、はしのほうに笹の葉にのせた紅生姜がきざんであったりします。この二通りの海苔弁当をみると、これをつくった人の部屋の様子までが、わかるようです。

もちろん、好みによって、御飯に汁のしみたのが好きな人とか、御飯は別でなければいやな人とか、さまざまですが、それにしても、四角とか丸型とか、おべんとう箱は、大きさも形も、だいたいが似たようなものです。その、似たようないれもののなかにつめ合せるからこそ、その人の個性が出るわけです。いわば御飯という白いキャンバスに、野菜や魚や卵や肉などの、自然の形や色をつかって絵をかくようなおべんとうつくりは、たのしんでつくりさえすれば、かならず、美しくできあがるのです。

たべものは、すべて、口でたべるように思われますが、目からくる印象や、香りというものが、どれだけ大きく作用して味をつくるかわからないものです。かぎられたいれもののなかにつめ合されたものだけに、おべんとうは、食欲をそそる「見た目」の美しさにも十二分に考慮がはらわれていなければいけないのです。

木曜日

フィシュボールといため野菜

お魚はなんでもいいのですが、どちらかといえば白身のもの。五〇グラム（約十三匁ですから、切身なら小一切）を包丁でよくたたき、塩、片栗粉を少しずつ加え、あればチーズやバターもほんの少し入れ、小型のおだんごにつくって油で揚げます。野菜はほうれん草でもキャベツでも、さっと油いためして塩コショーの味つけ。

材料に巾をもたせること

なにをたべても、日本人はやっぱりお米のごはんをたべないと、たべたような気がしないという人もあります。けれども、また、一日一回はパンかうどんにしないと、おなかのぐあいがわるいという人もあり、日本の、殊に都会の食生活は、配給からしてお米以外のものをたべなければくらせなくなっています。おべんとうも、できればおべんとう箱のいらない、パン類にしたら便利だと思うのです。

パンはコッペならば一ケ、食パンならば三分の一斤を一食分として、肉か魚、或はチーズや卵などを五〇グラム（十三匁）程度と、野菜かくだものを一〇〇グラム見当で、サンドイッチなり、パンのおかずとして添えるといいのです。でき合いのパンでなくとも、メリケン粉にぬるま湯、生イースト、油を入れてねり、肉と野菜を包んでむし上げた支那まんじゅうとか、メリケン粉にバターを切りこんで水を加えてねったパイの皮をつくり、あり合せの肉や野菜のいためものを包んで、フライパンでかんたんにミートパイを焼いても上等です

おべんとうは、御飯でなければ、サンドイッチでなければと、きめてしまう必要はなく、ビスケットにバターをぬったものと、牛乳（スキムミルクでも）をたっぷりのんだだけでも、十分に栄養はみたされます。私たち日本人は、主食にこだわりすぎると批評されています。満腹感がないと、なにか不満なのですが、これも習慣なのですから、自分のおなかにいいきかせるように、安心できるだけの栄養分をとらなければならないと思います　つまり、ビスケットにはどんな成分があるか、牛乳には？と、その質と量を計算し、主食として必要なだけの栄養分が十分にあれば、それでよいわけです。重労働や激労働でないかぎり、それはおなかがもたないということは、まずありません。

金曜日

天丼べんとう

前の晩のおそうざいの残りが、もし天ぷらであったら、こんなおべんとうは如何？

天ぷらを水三、醤油一、みりん一（砂糖なら好みだけ）の割で合せた汁で煮て、よく汁を切ってから熱い御飯の上にのせ、漬物を添えて詰め合せます。カツや魚のフライなども、この方法でおいしいおべんとうになります。汁をよく切ることが大切。

残りものを使うときは

前の日の夕飯のおかずを、すこしのこしておいておべんとうにつめるときは、ちよっと手数でも、朝、もう一度火を通すことを忘れないようにしたいものです。これは、真冬でも、かならずしなければならないことです。

よく、前の晩のうちにおべんとうをつくっておき、朝、そのままもっていくという人があります。冬ならば、たいてい大丈夫なのですが、たとえば、卵焼きやかまぼこ類、あるいはじやがいもと肉の煮合せたものとか、うす味で煮た豆類などは、冬でもいたみが早いものですから注意しなければならないのです。仕出し屋の折詰弁当で中毒を起した場合、卵焼きやねりもの（かまぼこ、ちくわ、はんぺんのようなもの）あるいは煮物が、その原因になっていることが多いのをみても、よほど注意しなければなりません。家庭料理や手づくりのおべんとうの価値は、衛生的であり、栄養の点に十分の考慮がはらわれているところにあるといってもよいのですから、自分のつくったおべんとうで中毒をおこしたのでは全く面目ないわけです。

のこりものをおべんとうにつめる場合、火をいれることと、もうひとつ大切なことは、のこりものだからといって、いかにものこりものの感じのままにないことです。焼き魚の切身が半分あったら、こまかくむしって、甘辛く煮つけるとか、おさしみののこりは、ちよっと包丁をいれてサイの目に切り、生姜のうす切りといっしよに生醤油で煮るとか、野菜の煮物は、汁をきって油いりをし、味をつけなおす等、新しい感じのものにつくりなおすのです。フライならば、揚げなおすか、フライパンに油をしいた中でざっと火を通し、ウースターソースをふりかけて味をつけ、キャベツのせん切りと共にパンにはさんでサンドイッチにするなど、いくらでも方法があります　前の晩のおかずを、味も形もそのままおべんとうに使うのでは、あまり智恵がありません。

土曜日

チーズクラッカー

土曜の午後、お勤めや学校のかえりに、どこかえ寄る場合、どこでも、手軽にたべられるもの。メリケン粉カップ一杯に、バター大さじ一杯、チーズの粉大さじ三杯、塩　ベーキングパウダー各小さじ半杯をまぜ、牛乳を少しづつ入れてかたく練り、うすくのして好みの形に切り、フライパンで両面を焼きます。牛乳を一本お茶がわりに。

フエルトで出来る簡単な手芸

グラビア92頁の作り方

女の子
プードル
ペンギン
黒ん坊
お洒落うさぎ
黒猫
花の長靴

女の子

①表布②裏布をまず裁ち、③顔布に、目と唇をまつり、二枚合せて縫う。④頭布二枚を合せて図の様に縫い、⑤顔布をさし込んで図の位置にとめつけ、首から綿を薄くつめる。⑥手と⑦足布を縫い、綿を薄くつめておき、⑧靴布二枚で足をはさみ縫う。⑨ロングトルソーの位置に黒の細い布を縫いとめ、二枚合せて、手、足を縫いとめてゆく。上から綿をつめ、顔布を縫いとめる。図のような髪を二つ折にして縫いとめ、耳は後でまつりつける。カラーは首の上にミシンをかけて縫う。⑪花をいろどりよくとめつけ、貝ボタンをカラーにつけて出来上り。

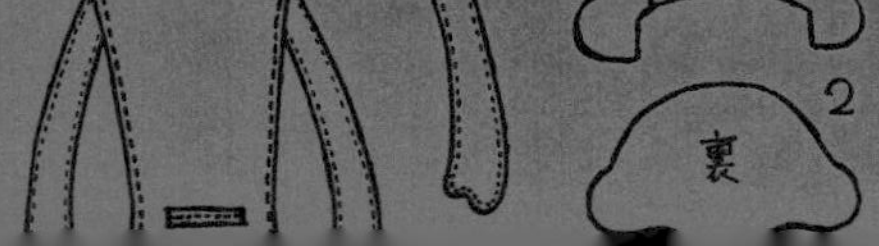

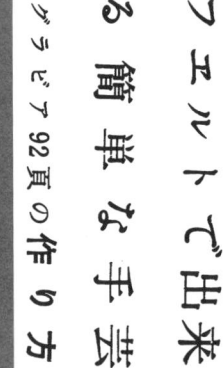

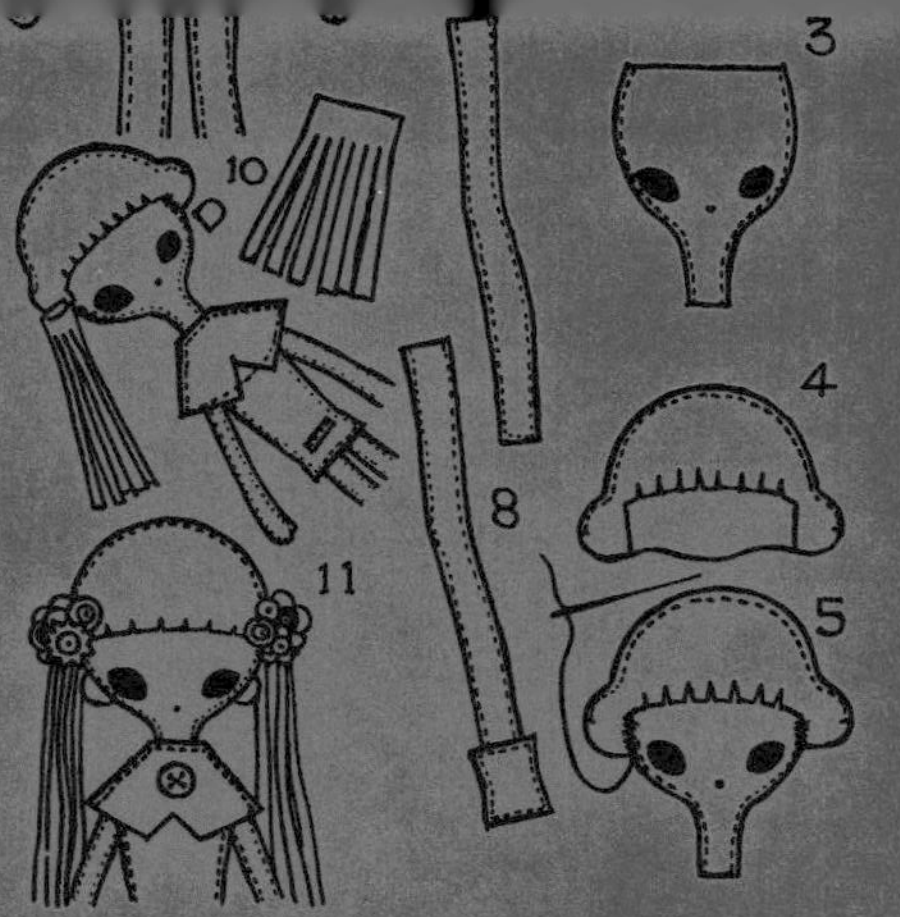

①頭布とボディの布をまず縫っておく。②縫ったもの二枚を舌布をはさみ込んで縫い合わせ、下を縫い残して綿を薄くつめる。③④足は片側をわにして縫い、綿はつめない。耳は二枚で袋にする。⑤目、鼻、耳をまつりつけ、足は大きな玉をつけた黒毛糸でボディの両側へ四本ともとめつける。⑥はえぎはの線をきめたら白い毛糸二本どりで1センチぐらい浮かして縫いさし毛にする。⑦足首と尾も同様にする。⑧白い木の玉のネックレスをつけて出来上り

プードル

黒ん坊

目と衿をまつりつけ、パターン二枚を頭の上部を残して縫い合せて綿をうすくつめてあきを縫いつける。頭に黄色の太い毛糸を、プードルの毛の様に縫いつける。

ペンギン

頭とボディの続いた形の布二枚を裁ち、その一枚に白いお腹とエプロンを縫い、ステッチをかける。くちばしは図のように上衿を大きめにした四角形で中心を顔に縫いつけてアイロンで折っておく　二枚を合せてすそを残して縫い、綿をつめる。足を縫ってからすそに差込みステッチでおさえ、ボタンで目をつけて出来上りました。

目をまつりつけ中心に黒毛糸を一本渡して縫いとめる。舌をとめて二枚合せて縫い、綿をつめる。

黒　猫

花は毛色で十字に図のようにとめつけ、口布を上だけ縫ってつけ、二枚合せて縫う。15～16センチのひもを両端につけて出来上り。

花の長靴

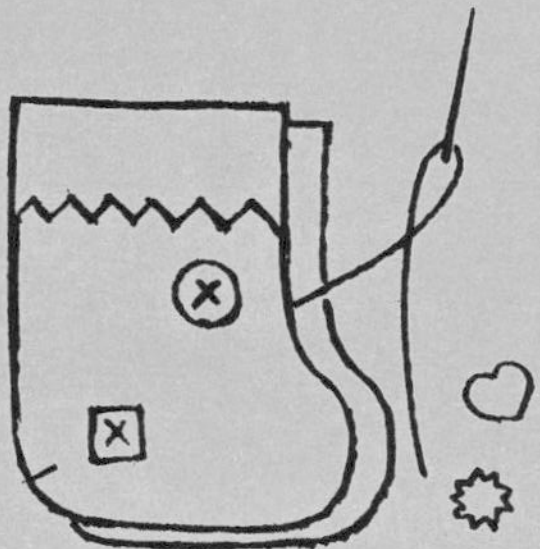

耳を二枚ずつステッチをする。顔布に目をまつりつけ、ボディと縫付ける。二枚合せて下を残して耳をはさんで縫い、綿をつめてミシンをかける。毛糸のボンボンを作って中心に糸をかけて尾のところに縫いつけ、鼻と花をとめつけて出来上り

お洒落うさぎ

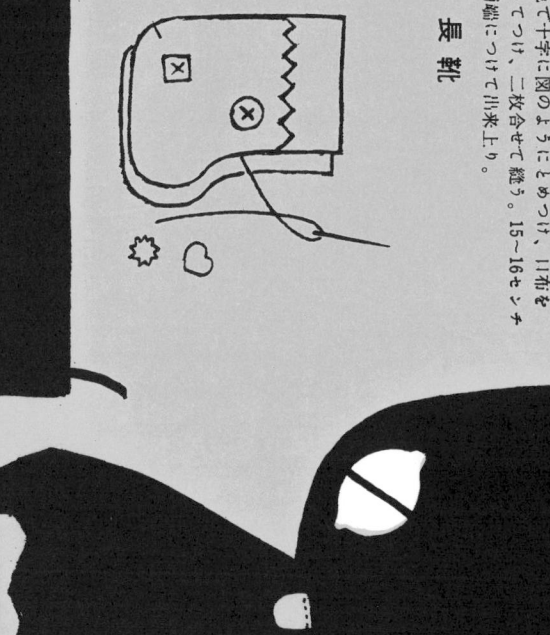

暮しの研究

その1

鍋

鍋はそれぞれ性格と才能をもっている。適材適所に使ってやらなければならない。そして傷ついたり怪我したりしたらいたわってやらなければならない。

片山龍二

つまみの取替

つまみのない鍋を平気で、或いはあきらめてか、そのまゝ使つている家がよくある。荒物屋へ行けば、色々なのがあるし女の人にも簡単につくからすぐやつて欲しい。

つるの手がこげた場合

これはよくこがすことがある。この場合つるを外して、細い時はデパートで包みにつけてくれる木の手、太いものはミシンの小さいコマを三ッ位一諸に入れる。

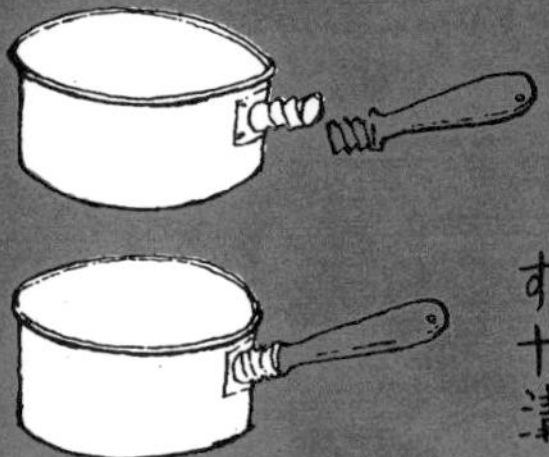

牛乳鍋の手

これはこがしてしまつてすぐガタガタになるものだ。十番線位の針金をネヂの溝に巻いてねぢ込む。

穴があいた鍋

支那鍋(鉄製)で穴のあいた鍋は熔接屋で安く直してくれる。ニユームなら金物屋で賣つてるニユームの鋲を穴にさし込み小さな金槌でゆつくりからくつて穴を塞ぐ。

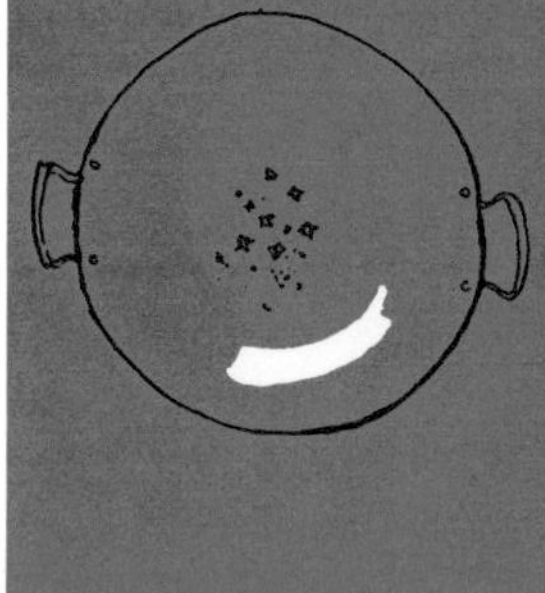

把手のとれた鍋

実の入つた鍋を横着して片手で持つとこうなる。ニユームの鋲を差し込んで鋲の頭の方に大きい金槌をあて、小さな金槌でゆつくりからくる。

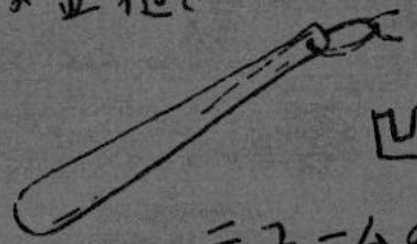

凹んだ鍋

ニユームの鍋が変型したのはスリコギで叩いたり押したりして直す。金槌で叩いたりするとかえつて見にくいものになつて了う。

通称うどん鍋。都会地では殆んど見かけなくなつたので，若い人達は知らないかもしれないけれど、製作工程の最も簡単で値段も一番安いものであるその昔、小市民的な映画のスクリーンにこの鍋が七輪にかけられて板の蓋からぶくぶくあぶくがふいている光景がチョイチョイ見られたものであつた。

煮物鍋。まずどこの家庭でも、今この鍋は使われている。この形の鍋がうどん鍋の新しいデザインとして登場したのは、もうかれこれ30年も以前であろうか？　「割れ鍋にとじ蓋」という鍋の蓋は木に限つていたのが、鍋と同質のもので出来たのは今にしてみれば鍋界の革命であつたのかもしれない。

　これがいわゆる「てなべ提げても」という代物である。これも都会地ではあまり見受けない。これが売れるのは農家。それはイロリに吊すことであろうが、土間から上り降りする時も片手に提げられて都合がいいこともあるかもしれない。底のカーブもイロリの火をうまく利用できる線をもつている。

新製品はなかなか売れませんね……とメーカーは言うけれど、絶対いいものなら使つた人達がその良さを宣伝してくれてモリモリ売れるのである。これもそのいい例。蓋に金具がついていて両脇の手にひつかけられて衛生的だそうだけれど面倒臭くて下においた方が早い。要するに不必要なのであろう

湯豆腐鍋。日本料理は器で食わせると言うけれど、フライパンや煮物鍋で湯豆腐というのはあまり美味そうでない。鍋料理は材料だけ食卓に運んで、主婦が団欒をしながら調理出来るし，お客でも手伝える。これから冬に向つて一つは欲しい鍋である。生活をうるおすちよつとしたゼイタクであろう。

ソースパン。読んで字の如くホワイトソースやカレーなどを作る鍋だが、飯炊きだろうが，煮魚だろうが都合がいいし、形のシンプルなこと、洗い易い為に汚れにくいこと、材質が厚くてそう簡単には凹まない等、値段は少々張るけれども近代人には好かれるかずかずの要素をもつているといえよう。

うどん鍋が耳かくしの髪なら，さしずめこの鍋はショートカットというところ。デザインも申分ないし、両側のつまみもベークライトで熱くならずこげないそうだから機能としてもいい。底の平らなことは電熱にもいいし，この位の鍋が台所の棚でピカピカ光つていれば台所スタイル及第というところ

これは都会地で人気があるんです……とはメーカーの話。これは蓋が御飯蒸しの蓋のようにカチッと鍋に入りこんでいるからチヨッと斜めにした位では蓋が落ちなくて、気持がいいんです……とは或るアパート暮しの婦人記者の話。蓋のつまみも平べつたく工業デザイナーの息がかかつてる感じである

新婚の家庭を訪ねたり、アパートに入つたばかりの若い人を訪ねたりすると、何かしら新鮮な明るい感じがする。

家具調度がすべて新しいと言うことも勿論だが、炊事道具が黒ずんだところがなくピカピカと光つていることも印象的なのではないだろうか。

ちよつとお宅にあるやかんや鍋をもう一度見直してみるといい。

つまみがとれたまゝで使つていたり、黒い垢がタワシの入りにくいところについていたり……そんなことはないだろうか？

最近の住いの一つの方法として、台所と居間を一つの部屋にすることが流行つているけれど、こんな場合は尚更のこと、凹んだり、垢で黒くなつていたりではワンルームシステムも一向パッとしない。

二千円位の金を投じれば、やかん、鍋、きゆうすと新しいデザインのピカピカしたものが揃うけれど、その前に今使つている鍋を手入れしてみたい。

そして又、これから鍋を買う時のために、デザインや熱効力、耐久性を考え、日に三度三度、地獄の責苦にあつて活躍している疲れた鍋を甦えらせる小さな研究もしてみたいものだ。


煮こぼれを防ぐ鍋。鍋の周囲が高くなつているので，ふいてきた汁が外気にふれて収縮し、こぼれないという仕掛けである。これは蓋が鍋の内側に入るところは構造的にはうどん鍋と同じで変らない。手が横に張つているが，上に向いて曲つているのとどちらがいいかは、使う人が決めるのである。

ストールはやわらかな線のながれる女らしさ

モデル　樋村三枝　　中原淳一

短かい茶羽織が流行してきて、それまでは常識であつた長い羽織にとつてかわつたのはもう三年も前のことであろうか。背が低いと似合わないとか、やれ背が高いとどうだとか大変やかましかつたが、結局は軽快なよさが認められたのだろうか、今では短かい羽織が当り前となつた。今、たまに長い羽織を着ている人を見たり、古い写真を見たりすると、重苦しい感じで、むしろおかしくさえある。短かい羽織が目になれたのかもしれないが、それにしても絶対におかしいものなら流行しないはずである。形の上でも、実際に着たときにでも、今までの羽織よりすぐれた面があるから流行つたのであろう。

その茶羽織のかわりにこんなストールを羽織つてみよう。ストールといえば、真四角のや長いのや形は自由だが、いずれにしても布地のままかけるものだからそこに流れ出る線は、やわらかくて女らしい。

ここでは濃紺のウールのひとえの着物の上に、紺と朱、黄色、白の大きなチエックの布に、同じ朱の毛糸の房を周囲につけたものを三角に折つて羽織つてみた。ちようど茶羽織と同じぐらいが背にかかり、暖かさは茶羽織より暖かいだろう。紺無地の着物にチエックが映えてとても美しい。

これは一メートル二〇センチの正方形に作つてあるからW巾から十分作ることが出来る。あまり大きくつ

くると、東北地方の雪国で見かける角巻のようになつてしまつて、暖かさは暖かいだろうが、また重苦しいものになつてしまう。

このストールは、茶羽織とショールの両方の役目をかねている。寒いとき頭からかぶれることも茶羽織よりも便利かも知れない。また、和服の上ばかりでなく、洋装のときにもそのまま使うことが出来る。

ここでは無地の着物にチエックのストールを組合わせたが、模様の美しい着物の場合だつたら、ちようどこの反対にして、黒、紺、または真赤な無地のストールを作つて羽織れば、着物に映え、着物の美しさを一段と引立てて見せるだろう。

W巾からこのストールを作つたら、残り布で作りつけの帯を作つておくといい。ウールの帯もまた新しい感覚で美しいものだ。

これも前と同じ紺の無地の着物に真赤なビロードの細い帯をしめ、白い半衿が清潔に匂つている装い。

前のページでは華やかな彩りをもつたストールを羽織つたのが紺無地の着物に映えて、美しかつたが、今度は紺の着物の共布で作つたストールをしてみた。こうすると、真赤な帯の華やかさと、清潔な感じの白い衿とが印象的だ。着物の同じ色の濃紺だから、前のチエックのストールの華やかさに比較すると、ぐつとシックな深い味わいをもつている。

これもまた、ストールだけをみればたゞの紺無地のものだから、和服、洋服いずれにも使うことが出来るが、やはりこうして共布の着物と組合わせたときが一番美しく、最も調和がとれている。

こうしたストールは何気なくかけていても自然に流れ出るやわらかい線が思いがけない美しさを作るし、いろいろと羽織り方を変えてみて、その時々の異つた雰囲気や美しさを生み出すことが出来るなど、茶羽織のように作られたものでは味わうことの出来ない楽しさがある。

このストールは巾を六〇センチ、長さは二メートル二〇センチに作つて、その両端に布と同色の毛糸で房をつけてある。S巾の布で充分作ることができる。

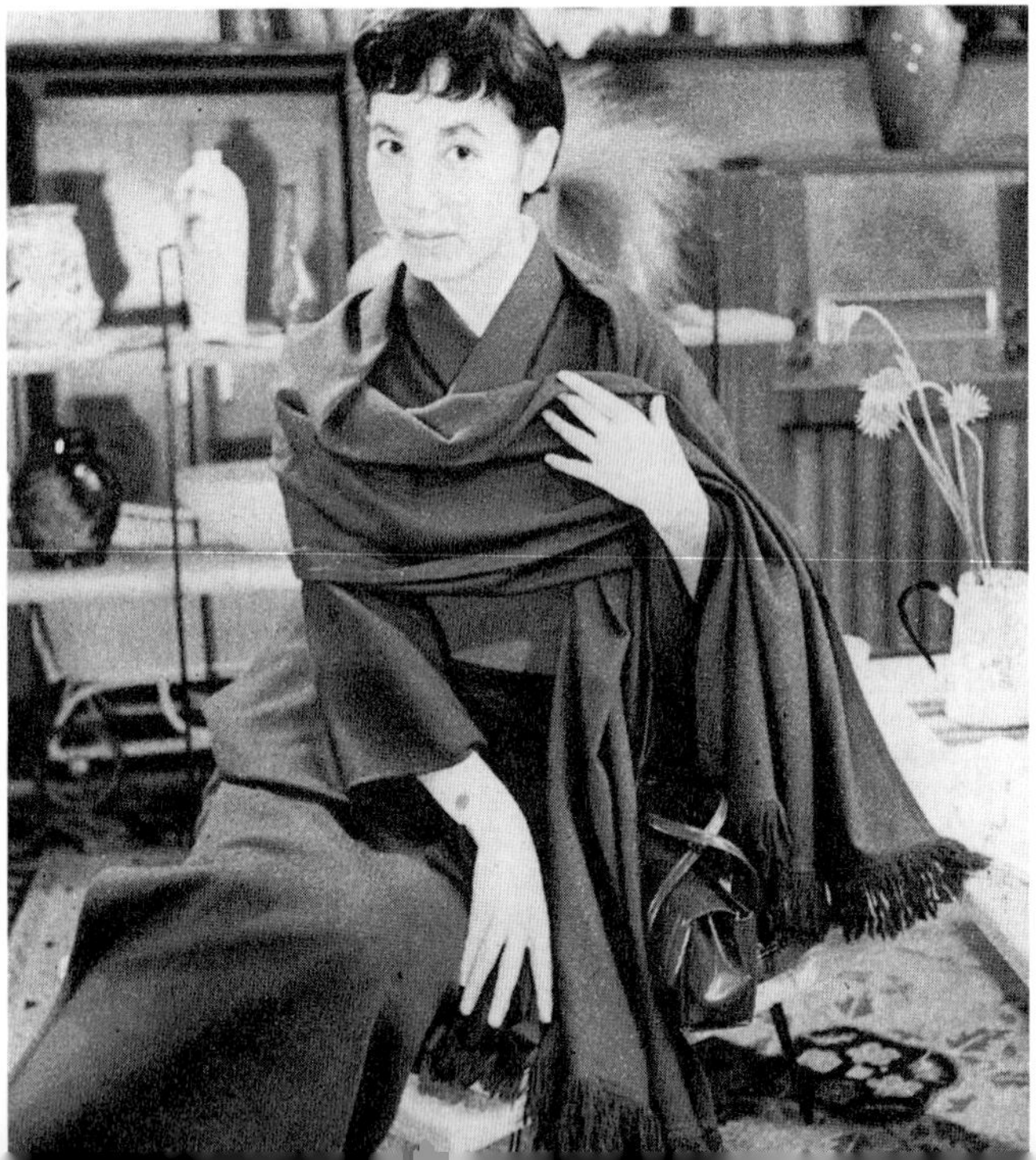

このストールはどんな洋服にでも、その扱いを工夫すればよく似合う。オーバーを着るときには、長いまま頭に巻いてオーバーの下へ入れてしまつてもいいし、頭に巻いた片方を肩から後へはねて着ていてもいい。

冬の暖かい日に、家庭で日向ぼつこをしながら編物をしたり、本を読んだりするときに羽織つているのもこころよいものだ。

これは身につけるものには限らないのだが、どんなに美しいものでも、使つて不便では何にもならないし、また、どんなに便利なものでも美しさがないものは人に好かれない。ストールの様に簡単なもので、美しく、しかも重宝なもの、こんなところから私たちの生活が豊かで彩りある、そして楽しいものになつていくのではないだろうか。

の香によせて

このごろの伊東絹子さんのきもの拝見

場所　**帝国ホテル**

産経会館

和服着附　産経山野美容室

　ミス・ユニバースコンテスト世界第三位の栄冠をかちえた後、日本第一級のフアッション・モデルとして活躍しておられる伊東絹子さんの、美しい趣味豊かなドレスの数々を和服を拝見しました。それいゆ29号の伊東さんのアメリカみやげのドレスを拝見した頃から早一年の月日が流れました。その一年間の月の流れのうちに伊東さんのフアッション・モデルとしてだけでなく、各方面にもその進歩は目ざましく、又いよいよ洗練された容姿に恵まれどこか幼なさのあつた伊東さんが、大人として素晴しい成長をされた様にお見受けしました。ドレスの数々も伊東さんらしい洗練されたお洒落精神の中で作られたものばかりで、美しい容姿に一段と見事な輝きをそえたものばかりです。「フアッション・モデルの生活の中では、かぎりのないお洒落が用意されているのですが、その中から自分の個性を見出した本当の意味でのお洒落精神を身につける事が大切なのだろうと思います。伊東さんがそう語られるように、たゞ華美に流れやすいお洒落と言う事を、なにかほのぼのとした美しさで、いぶし銀の様な奥ゆかしさに輝やいた様な印象にされている伊東さんでした。フアッション・モデルと言う時代の焦点である仕事を持つて居られる伊東さんは、そうした事を一番に気をつけ、自分の個性を育てゝ居られるようです。本当に驚く程大人になられた伊東絹子さんは、一枚一枚と召して下さるきものは、心にくい程の美しさだと思わずにはいられませんでした。

　右のドレスは、ベージュの柔かな英国製のウールで、衿元と袖口に白のアンゴラを配して焦茶の艶のあるベルトがぐつと印象を強めた優雅なワンピース。柔かなこのドレスの持ち味を伊東さんは、いかにもさりげない奥ゆかしい着こなしで、カメラの前に立たれました。左の和服は、

菊

白地に薄茶で江戸小紋を面白い味に染め出した一越。帯は濃い朱色の無地その上に銀と紫のすっきりとした帯締めと言う、渋さの中に垢抜けした姿も美しい伊東さん。

右　帝国ホテルのロビーに立たれた黒のシャンタン・ファイユのシックなワンピース姿の伊東さん。成長された女性の美しさをいかにも見事に現わして居られます。

デザインは、ほとんど御自分との事でこのドレスのデザインもされたのだそうです。外国雑誌では、「オフイシャル」を愛読されポーズの研究、着るものの参考にされるとの事で、このドレスのデザインのヒントもその雑誌からだそうです。ハイウエストの切り替えのこのドレスが、伊東さんの見事な容姿をいよいよ引き立て実に優雅な味を見せて居られます。胸の切り替えには、バックル止めの面白いテクニックを使つたいかにもシックなドレス。帽子は公卿の冠の様なテクニックのもので、この一揃いは、伊東さんはマダムの様な落着きを感じさせます。

下　紫と黒を面白い織り方にしたリネンの優美なスーツ。ホテルの中庭に立たれた伊東さんのこのスーツのお姿は甘いサフランの花の香がたゞよう様な、いかにも女らしいお姿でした。デザイナー伊東すま子女史が伊東さんの為にデザインされたものだそうで、お好きな一揃いとの事。会合、挨拶などに良く着て出られるものとの事で、線の流れもエレガントな一揃。胸のドレープをそのま、蝶結びの様なテクニックの面白さを出されたこのスーツはアフタヌーンの様な華やかさがあります。グレーの羽根で出来たカクテルハットの様な感じの帽子が、又いかにもこのスーツに優雅な味を添えています。

左　黒のドスキンのスーツ。このスーツは伊東さんのデザインとの事。そして一番お好きなものとの事でした。ボタンはフランスのアクセサリーからヒントを得られてわざわざこのスーツの為に作られたものだそうで、角度によつて美しい違つた輝きを見せる黒色のもの。面白い前の打合せにずらりとこの黒色の玉がいぶし銀の様な輝きを持ち上品な、どつしりとした一揃です。

伊太利

Italian

「旅情」「ローマの休日」「ローマの女」と日本でもローマ、伊太利を主題とした映画が数多く封切りされている。水の都ヴェニスの事など皆様には興味深い場所であろう。日本からも、能とか日伊合作映画「蝶々夫人」などで日伊の親善をはかつている。能の舞台が訪伊した時に、能楽の喜多長世氏後藤氏作家丸岡明氏が、撮影された伊太利の写真をもとに、丸岡氏に解説をお願いした。

ナヴオナ広場の噴水。隋円形をしたこの広場は、ローマで私の最も気に入つた場所だ。最近に来た映画「ローマの女」の家もここ。

ローマの街には、今もこの様な馬車が走つている。車の矢だけが真赤に塗つてある黒い馬車だ。男同志で乗る物ではなさそうだ。

街路樹は夾竹桃。桃色の花と白い花と、真赤な花の三種類がある。六月、七月はその花盛りだ。燕も飛びかうなごやかな季節。

ローマのガルリオにあるレストラン。ミラノには、有名なエマニエル二世のガルリオその他がある。ナポリにもありおつな場所だ。

小型オートバイの相乗りが大流行だつた。青年は少女を老人はおばあさんを後に乗せて走り廻つている。気狂いの様な早さだ。

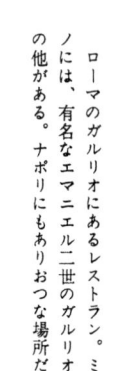

ベエニスのサン・マルコ広場を歩く娘。旅行は若い時にするものだ。彼女達は麦藁帽子と大型のハンド・バックが好きだった。

ここもヴェニスのサン・マルコ広場。坊さんが歩いている。イタリーではよく坊さんを見かける。オートバイに乗つた坊さんも見る。

同じサン・マルコの広場。この鳩達とは人々はお友達の様だ。口笛を吹くと、鳩が来るその羽搏きはなにか胸を打つ。

ヴェニスにあるフエニイチェと云うオペラ劇場。舞台から客席を見た所。総べてを、金色に塗り、柱に赤い小さな傘の電燈が美しい。

ゴンドラはベエニスの交通の様になつている。が用心しないとひどくぼられる。その上、揺れる動揺は、女性にとつて危険だと云う。

船頭は櫓をこぎながら、時々「ほうい」と云うやうな掛け声をかける。裏町の細い水路をゆく時など、衝突の危険があるからだ。

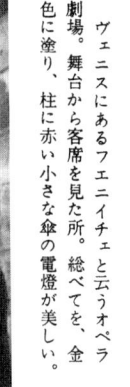

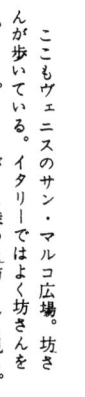

帯のついたスカート

中原淳一

モデル　渥美延

布地提供　東邦レーヨン株式会社

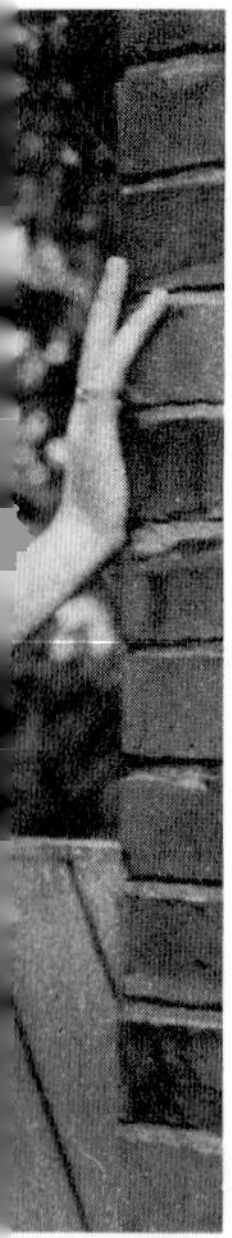

木枯しとともにセーターとスカートを愉しむ季節がやつてきました。

セーターとスカートを組合わせるのに、セーターの方は単純なものにして、スカートにアクセントをおいて楽しんでみるのはどうだろう。

この二つのスカートはいずれも共布で出来た帯がついた可愛い、もので、Aはローウエストの切替えになつているフレヤーギヤザーのものだが、ぴつたりした部分がベルトの様になつて、前でバックル留めになつているが、そのバックルも共布でくるんであるのがやわらかな印象。

Bも同じ様にローウエストの形式のものだが、前の二つのボタンホールから細い帯が出ていて、後で結んであるのが可愛いらしい。これはその細い帯の下からギヤザーになつているフレアーギヤザーのスカート。

個性を育てる為に、まず自分が一番良く似合うと思われる色をさがす事だと思うのです。と云われる伊東さんは、好きな色と云えばグレー、黒、ベージュと云つた、どちらかと云えば渋い色調を愛用されて、大変に良くお似合いになりすつきりと着こなされて居られます。

　このスーツも英国製の灰色のフラノで、毛糸をあしらつたプレーンなもの。デザインも極くシンプルなものがお好きとの事で、このスーツなどもアクセサリー、マフラーの様なもので感じを変えてその時々を愉しんでいるとの事でした。伊東さんらしい上品な好みのもので、たくまない身のこなしの中に、若々しさのある健康的な一揃。普段着の様な気楽さがあり御愛用との事。ホテルのロビーの出口。レンガの渋い色調の前に立たれた伊東さん。

　和服は大好き。と云われるだけあつて、こつた愉しいものを持つて居られる。これは、シルバーグレーの地に、朱色のあざやかな虞美人草の一輪を前身に描いたシックな一越。帯は、花と同色の朱色をアンサンブルとしてえらばれました。レース模様の様な面白い模様を織り出したもので豪華な丸帯。京都で作られたものとの事で、いずれも配色、デザインは伊東さん御自分の好みでされたとの由で、すつきりとした見事な一揃。普段にも和服を着たいが旅行がちな生活では中々着る機会がないとの事でした。国際的なパーテイなどではやつぱり和服が一番豪華で、しつとりとした美しさがあるので、いつも和服にきめておられるそうで、きものを作る愉しさは、やつぱり女性だけの喜びでしようと話して居られました。

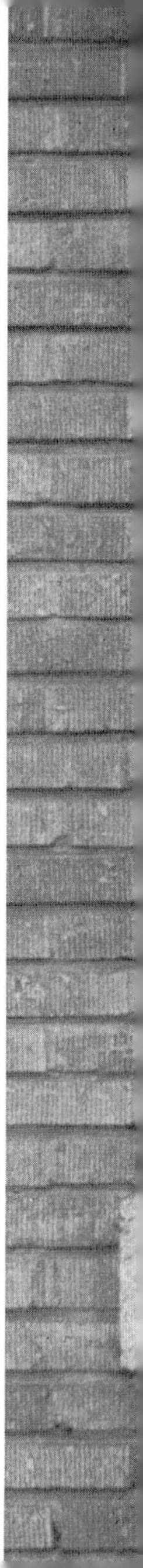

ゴンドラの向うに見えるのは、サン・ジョルジオ島。この島へ、能舞台を運んで、能をやつた。お客はモーターでやつて来た。

サン・ジョルジオ島で能を公演した夜、楽屋へはイタリーの劇作家や評論家や、女優達が大勢来た。能衣裳を見る彼や彼女。

ミラノの大寺の屋上・ヨーロッパで私の一番気に入つた建物の一つ。屋上にアイスクリーム屋があるのは気になつた。

昔スタンダールが居たチビタベッキの領事館跡。建物は戦争中、英船隊の艦砲射撃にこわされた。崖下に罹災者達が住んで居た。

ローマ・ヴェニス間の汽車の窓から見た田舎街。丘の右手に伸びている樹は糸杉だろう。糸杉はゴッホが絵によくかいている。

同じく汽車の窓から、田舎の立派な自動車道路だが、イタリーは全体に大変道路が綺麗だ。日本の様なゴロゴロ道は見られない。

伊太利での想い出

ローマナ

丸岡明

ローマナとは、ローマの女と云う意味のイタリー語。モラヴィアの作品に、ローマナと云う題名の小説がある。去年その訳本が出て、続いてモラヴィアの他の作品が飜訳される機運をつくつたほどだから、読んだ人も多かろうかと思う。

去年の夏、私がローマにいつた時、その映画が上映されていた。いずれ日本にも来るかも知れない（最近輸入されて、その試写があつた）しかし私がこゝで紹介しようとしているローマの女は、モラヴィアの小説の主人公とはなんの関係もない。主人公とは関係はないが、彼女は雑談の折りに、モラヴィアの作品について、私に語ったことがある。

「あの作家のモラルを、私は否定します。立派だと思うのは、文章です。文章の美しさが、モラヴィアの生命でしょう……」

ローマ　スペイン広場（花の広場とも云う）

ところで私のローマナは、セニョーラ・Cと云う名であつた。年齢は？——さて幾つぐらいだろうか。六十前後。あるいは、ひよつとすると、まだ五十を幾つも出ていないのかも知れない。

おばあさんと云うのが、セニョーラ・Cと親しくしているローマにいる日本人達の呼び方だが、それはまあ、愛称のようなものだと心得ていたゞき度い。おばあさんでは、少し可愛そうかも知れないが、子供があれば、当然孫のいる年齢だし、同じ年配で曽孫のいる女性がいたところで、別に不思議でもないと思う。

セニョーラ・Cに初めて逢つたのは、一昨年私がローマにいつた時である。大学時代の友達の紹介状と、その友達に託されていたみやげ物を持つて、私は彼女の家に訪ねていつた。

昨年はその友達がイタリーにいて、普段はミラノに住んでいるが、ローマにさえ出てくればそのセニョーラ・Cの家を常宿にしていた。常宿と云うより、自分の家に帰つてくると云うような気やすさらしい。書斎と風呂場と寝室と、その三部屋が、友達のために開放されていて、——私はヨーロッパでの用をすませて、いよ〳〵日本へ帰える前の一週間を、その家でやつかいになる幸運にめぐり合せた。書斎と風呂場と友達のための寝室。その三部屋を、身代りのような具合に、完全に私一人のために使わせてくれたのである。そればかりではない。セニョーラ・Cと一緒に、夏の休暇を過すためにローマに来ていた未婚の老嬢である妹と二人で、食事の世話からその他一切をひき受けてくれたのである。

「家は小さいけれど、気持は大きいつもりだから、礼儀などぬきにして、気まゝに滞在して貰い度い」

と云うのが、彼女からの招待の言葉であつた。友達はミラノでの仕事から手が放せぬので、暇を見て来るとは云つていたものゝ、遂にやつて来なかつた。だから、全く私の独りの天下で、自分の家にいるよりも、もつと気まゝに、その一週間を過させて貰つた。

セニョーラ・Cは私に云うのだ。出来れば、四ケ月ぐらい滞在をしないか、実はあなたといろ〳〵話をしてみたいのだが、不自由なフランス語をお互に喋つているのでは面白くない。私が日本語を覚えるか、あなたがイタリー語を修得するか、そのどちらかを選ぶべきだと私は思う。年令から云つても、私が日本語を覚えるより、あなたがイタリ

この話の女主人コミネテイ夫人と観世元信氏

ローマのコルセオローマ帝国の跡をしのぶ

ー語を話すようになる方が、早いだろうし、四ケ月あれば、それには十分だと思うから、是非四ケ月滞在しろと云うのであつた。若い女の友達さえ出来れば言葉などはすぐうまくなるにきまつていると、そんな冗談も云つた。

　実の話が、ドルの制限で私は金をほとんど持つていなかつた。セニョーラ・Cの好意がなかつたなら、さぞつらい思いをしたことだろう。部屋代は勿論のこと、食費もいらぬと云うのである。私が彼女に受取つて貰つたのは、踵の摺りへつた靴の修理費――四百五十リラだけである。

　私はやつとすませたヴェニスでの能の仕事で疲れていたし、絵葉書で見るローマの街々は、既に二年前に来た時に、跛をひくほど歩き廻つて見物してあるので、――贅沢な話だが、何処を見ると云うこともなく、たゞのんびりとローマの日々を味つてみたかつた。期間は誠に短かいが、その短かい期間を生かして、ローマでの生活を、私なりに経験したいと考えたのである。

　幸いに、セニョーラ・Cが礼儀などぬきで滞在しないかと云つてくれたので、私はその目的をとげるために、我儘な数日を過した。

　朝は九時から十一時頃の間に起きた。夜は書きものをしたり、ラジオの短波の放送を聞いた。夜中にラジオを聞く病気は、上海事変頃からのことで、妻達はそれに大分なやまされている筈である。聞き始めると三日四日は続けて夜明しで聞く。ペイピンからのニュースを聞き、インドの音楽を聞き、サイゴン中継のパリ放送を聞き、ロンドンのBBCを聞いたりする。ソ聯の放送は、その地方地方の民謡合唱などをよくやつている。ひとつのニュースが、局々によつてシナ語で喋られ、ロシヤ語で喋られ、英語で喋られる。短波の波の世界では、国々の政治の意図が、最も露骨に現われているように思える。ニュース一つにしても、都合の悪い他の国からの放送は雑音で消し、有利に解説したものだけを聞かせようとする。

　ローマで聞いた短波もそのありようは、東京での場合と同じであつた。いさゝか手のこんでいるように思えたぐらいのものである。こゝでもソ聯とアメリカとの二つの勢力が、しのぎをけずつて、渡り合つていた。……日本家屋でまして戦後の私は一つ部屋での生活も同然だつたから、絶えず気がねをしいしいラジオのダイヤルを廻していたが、セニョーラ・Cの家では、部屋部屋が完全にドアで区切られていて、人に気がねをする必要がなかつた。風呂は、何時でも這入れるように用意をしてくれたので、夜中の一時二時に湯につかつていた。ホテルに住んでいても、そんな贅沢はなかなかゆるされるものではない。

　そして朝眼を覚すと、セニョーラ・Cはすぐに濃いイタリー風のコーヒーを、私の部屋まで運んでくれるのだつた。私が朝起きぬけに、コーヒーを飲みたいと云つたので、ガスの上にコーヒー沸しを置いて、私の起きるのを待つていてくれるのだつた。

　セニョーラ・Cは実業家の未亡人。亡つた主人の肖像写真が、食堂やらそれに続く居間に、幾枚か飾つてあつた。ダブルの外套を着て、ソフトを眼深く被つたスナップ写真を、引き伸したものなどがあつた。温厚な紳士だつたらしい様子である。

　セニョーラ・Cが、日本人贔屓になつたのは、海軍武官の某と云う人が、その家の一室を借りてからだと云う伝説である。

　日本大使館づきの武官であつたその人は、大変真面目な人格者であつたらしい。夫人はその武官の人柄を愛し、日本人に非常な好意を持つようになつた。次に部屋を借りた大学教授は、私以上のことで、彼女に迷惑をかけたが、それでも彼女はその人間を憎まなかつた。

　女の愛情は、年令とその境遇によつて、その現れ方が、千差万別のようである。セニョーラ・Cの日本人に対する信頼感と情愛とは、底なしの湖水のように、深くて大きい。その親切でも至れり尽せりと云うような体裁のよいものではない。

　服に着替えて、食事に出ると、なぜ寝間着のまゝで来ないかと云う。気まゝにしなければ、疲れなどが取れぬではないかと云うのである。

ローマにあるナポレオンの妹の像

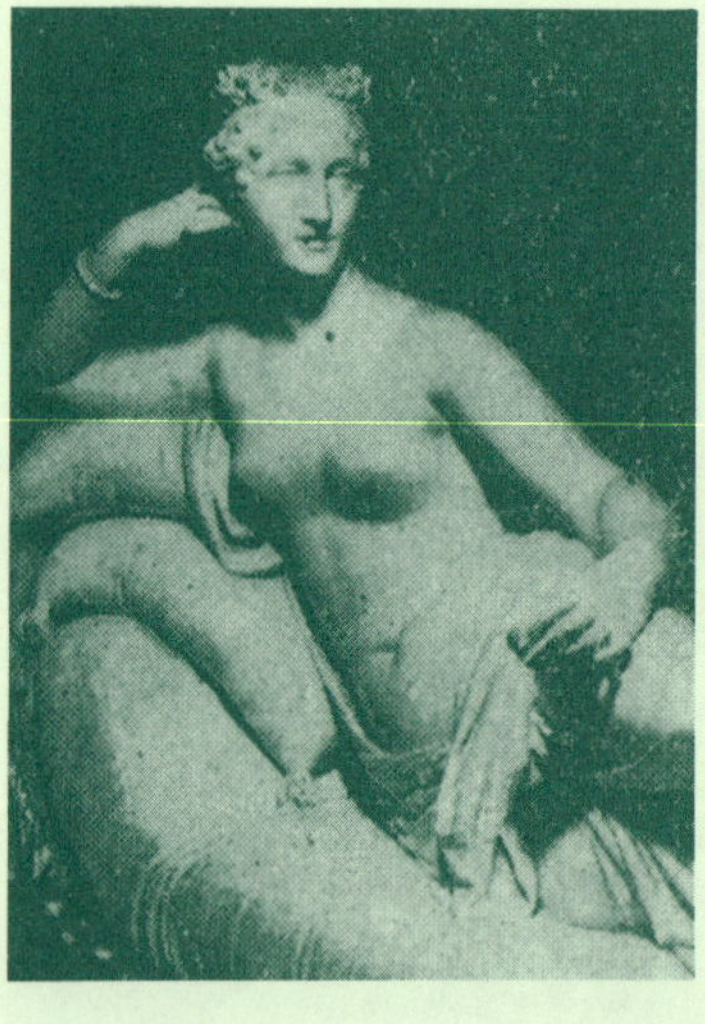

ローマ・テレヴィの噴水
素晴しい彫刻の芸術的な場所

食事をひと口、口にすると、家の味はどうかと訊く。夜は炭酸水の大瓶を、寝台の脇に用意してくれるし、夜の食事には、私のために別に米をたいてくれたりした。イタリーの米は、長くて大形のものの方が上等で、日本の米に似ている方が、やすいのだが、それをわざ〳〵探して来るのは、ひと苦労のようだった。

今日はやっと、その米を探して来たし、たき方は日本大使館で教えて貰つてあるから、上手にたけている筈だなどと云う。水にひたし、二時間がゝりでたき上げた米であつた。

葡萄酒を飲みながら、米の飯でイタリー料理を喰い、最後は熱い日本茶と塩昆布で、お茶漬を喰うのは、味覚に曲芸を強いるような奇怪な食事だつたが、おばあさんの愛情は、しみじみと私の五体に伝わつた。

「あなたが能の一行を連れて来て、ヴェニスで演能をしたことは、非常に意義があつた」と、或る夜セニョーラ・Cが私に云つた。

「私は日本人を大勢知るようになつてから、僅かな日本人の表情の動きで、その気持を推察出来るようになりはじめたが、普通のヨーロッパ人には、なか〳〵それが読み取りにくい。まして、能面で表現される感情を、味あうことは、なか〳〵難かしいことだろうと思う。しかし面を、上に向けたり、下に向けたりする角度だけで、感情が表現出来るものとは思えぬから、おそらくは演者の体の奥の気持が、動作に現われ、その動作と面の角度とがぴつたりして、初めてそこに感情が盛りあがつて来るものだろうと思う。それには芸の習練が大変だろうが、能面の表情の方が分りやすいかも分らない……」

能の解説書を読んだだけで、こんな適確な解訳をするセニョーラ・Cに、私は感服した。彼女はなお、

「……なぜ。フランスやイギリスでは、能をしなかつたのか？」

と私に訊いた。

エジンバラでの演能の交渉には、わざ〳〵使いがヴェニスまで来てくれたほどだつたのだが、すぐにその話に乗つては、非常な犠牲を払つて私達を招いてくれたイタリー側にすまないと思い、相談の結果、ヴェニスでの三日間の能だけで、総べて打切ることにしたのである。そのいきさつを私が話すと、セニョーラ・Cは大きく頷いて、

「それが、日本人だ」と云うのであつた「準備にながいこと苦労をして、遠い所まで来て、たつた三日間の能では心残りも大きいだろう。一行のうちには、十二分に演技が出来ず、不満に思つている人もいるかも知れない。それでも、よその国からのすゝめを断つて帰つてゆく日本人の気持が、私は大好きなのだ」

セニョーラ・Cは自分の言葉に誇りを持つて、断乎とした云い方をした。灰色の髪を、無造作に後に撫でつけ、茶色の眼をしたセニョーラ・Cの顔が、その時六十の婦人とは思えぬほど、若々しく美しく輝いていた

美しい噴水のあるローマナヴォナ広場

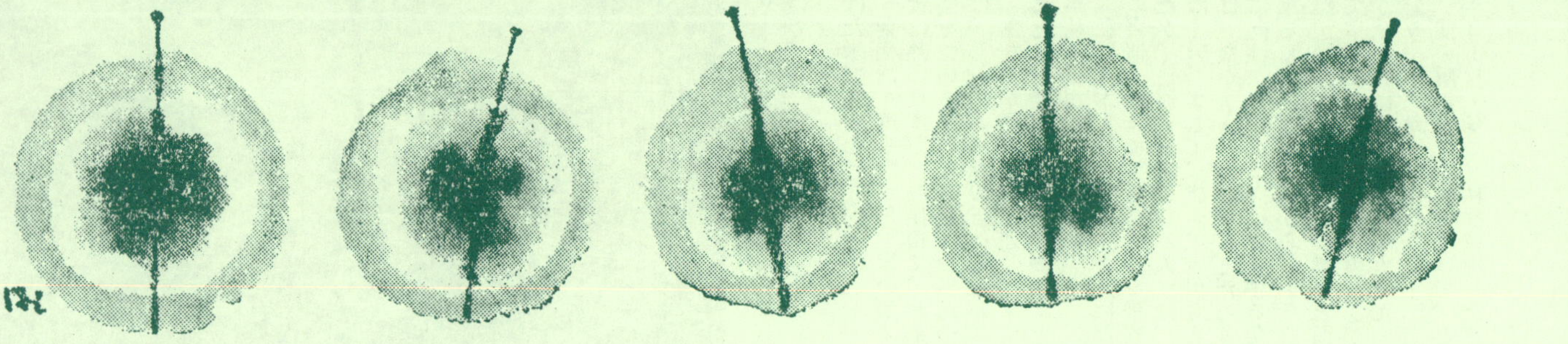

娘時代

平林たい子

娘時代は私にもあつた。今思い出して青春時代の特徴は何であつたろうかと考えてみると、自分の若さがわからなかつたということであつたと思い当る。

学校時代のことを思い出しても、今の自分の生理感と引き較べて、あれが自分自身であつたのかと疑いたくなる。一里半の道を通うのに、冬は、雪が一尺五寸も積つて、街道には、人の足跡が全然ないことがよくあつた。朴歯の足駄に足袋で歩いて行く袴の裾も雪でびしょ濡れで、歩いているうちに、それが凍つて、鉄が足にさわるような感触だつた。

髪の毛は、自分の吐く息のために白く凍つて、学校に着くころには白髪のように真つ白になつていた。

こんなことに耐えられるのも、結局、未来があつたからである。未来が残り少くなつた現在は、現実の苦しさを耐えさせる対象物がない。しかし、あのときには、そんな意識があつたわけではなく、ただ、自分のやれることをやつただけである。

また、若いころには、知識の向上のために、良識の指弾も怖れない野蛮な勇気をもつていた。関東大震災のとき、避難民がぞく〳〵逃げてくる方向へ、逆に火災を見物に行つたことや、女友達と一緒に新宿遊廓に登楼して、お女郎を買つてみたことなど、人が聞いたら悪趣味として顔をそむけるだろう。が、そのときの気持は人が顔をそむけて、しないようなことだからこそせずにはいられなかつたのである。

世田谷の奥に住んでいて、小説が売れないためにひどく貧乏したころ、夕方になると他所の竹林から筍をとつてきて、煮て食べたことなど忘れられない。まさに泥棒である。が、この泥棒さえ、青春の名において許されていた。少くとも私自身の思想は許していた。私自

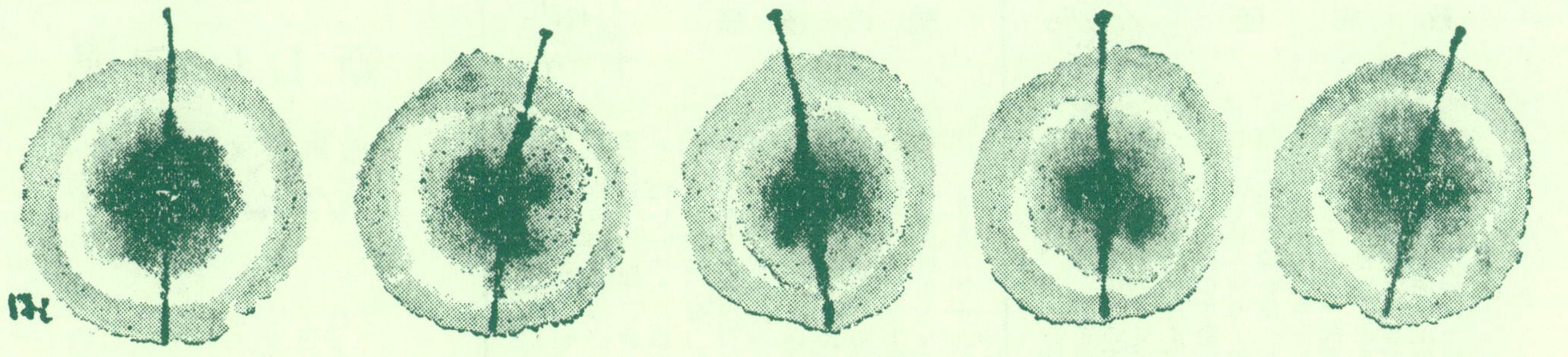

身だけでなく、ある晩文学修業者仲間の男女が集つて、どんな風にして電車を只乗りするかということについて座談会をやつたこともある。

世田谷の三軒茶屋は、渋谷から玉川電車にのるので、今はどういうことになつているか知らないが、当時は三宿までが一区で、それから二区になつていた。一区は五銭、二区なら十銭である。そのたつた十銭の金が無いために、渋谷まで三軒茶屋から歩くことはしよつ中だつた。たまに五銭だけ使える金があると一区だけ乗るわけだが、三宿から渋谷まで歩くのが愚かしくて、三軒茶屋で乗つたまま三宿で降りずに一区を胡麻化そうとする。

とき〴〵、車掌が覚えていて、とんだ恥をかくのだが、こちらは必死だつた。が、小心な私のやり方は小胆な方で、グループの大胆な人々は電車から降りるときに、後から来る者が切符をもつてくるようなふりをして、車掌の前を通るとき、肩の上からすつと後を指してさつさと降りてしまう。それで只乗りが出来るという方法を皆に伝授して、今晩披露された手段の中では、最優等だと言葉の上だけだけれども賞をもらつた人もある。これも悪には違いないが、そのこと以外の点では、おかしいほどの善人達だつたから、この悪が悪の感じをよばなかつた。若いときは、こんな風に、なんでも人の出来ないことをやつてみたい向う見ずな時代である。

この向う見ずそれ自体はいろ〳〵な要素を含んでいる。どの要素が壮年時代まで引きつがれるかによつてその人の一生は定まる。事実、私達の広い意味のグループだつた人の一人が、後に、本職の泥棒になつた。初めは、すし屋に入ると、皆がすしを食べてうつかりしている間に、めし櫃をちよろまかして、外に出てみると、彼がすし屋の飯櫃を抱えているのでびつくりした程度だつた。が、後には人の家の戸をあけて侵入するようになつて、捕えられた。

しかし、泥棒になつたのはこの人だけで、あとの大部分の人は、皆、社会に有用な人間となつて働いている。

善悪の基準が浅く、日常的になつた現代の目盛りで押し計ると、私達の青春は大へん悪かつたということになる。が、己惚かもしれないが、その幅も丈も、ある意味でいまより広かつたのではないかと思つている。

新しい寝具

眠ると云う事は、人生の三分の一をしめていると云う。その大切な〝眠る〟と云う事を助ける役目をしている寝具の事を、もう一ぺん良く研究してみたいと思つた。人生をより愉しく健康で明るい生活が送れる様、皆様のお宅の寝具も考えてみて頂きたいと思う。

大丸寝具部調べ

綿の種類

絹綿、ナイロン綿、カポック綿、ビニロン綿、木綿綿とあるが、絹綿が一番軽く保温性にも富み掛け布団に向いて、柔かで綿埃りが出ない。打直す必要がない。ナイロン、ビニロンはいわゆる化繊綿だが、保温性が強い。ナイロン綿は、弾力性も強く打直す必要もなく、柔かな感触が良く絹綿と混合させて使用すると、羽根布団の様な感触になる。カポック綿は敷布団に良い。これからは、出来るだけ打直す手間をはぶく様にしたいが、埃りになるのは、結局綿の種類が悪いからであるから、作る時には、上等の綿を使いたい。そうすれば結局徳用となるわけだ。絹綿一貫二千円、ナイロン綿千九百円、普通白綿千八百円

敷布団

敷布団は、掛け布団とお揃いの方が良い様に思われるが、敷布団はどうしてもいたみが早いから、木綿地の方が良いだろう。更紗地など丈夫で良い。又、白木綿のくるみ掛布をつけておくのも良く、柄物よりむしろ清潔で美しい。布団の生命は結局は綿にあるのだから、側を絹を使つて綿の品を落すより、木綿側で上等な綿を使つた方が良い。埃りになるとか、綿が切れるとか云うのは、結局は綿が悪いからである。敷布団は又、体裁よりも実質的な方が良いと思う。普通、敷布団は二枚を使うが、上と下を、出来るだけ替える様に交互に使うと痛みが少ない。上になつた方は上ばかり、下のは下ばかりでは衛生的にも良くない。

これから作る方のために

どんな家でも是非布団は必要であるから、どう云う寝具を作つたら良いか研究してみよう。従来の様に一流れ（掛け布団二枚、かいまき《関東》敷布団二枚）などときめられた型のものでなく、愉しいものを作つてみたい。敷布団は絹物より木綿の方が丈夫で気持が良い。白いくるみ敷布のついたもの（一枚三千円）毛布二枚（化繊一枚二千円）掛け布団（一枚四千五百円程度、側によつて値は違う）それを二枚用意する。合計約二万円で自分の趣味を生かした布団が出来る。一流れと買うより、洋服の愉しい布地を利用したものとかアップリケのあるものと云う方が、ずつと若々しい様な気がする。

掛け布団

掛け布団はなるべく軽く柔かなものを作る適当な重さが保温には多少関係するが、やはり軽いと云う事は大切だ。花嫁布団なども、いわゆるきまつた、八端柄とか言うのでなく愉しい洋服柄など利用した見た目にも可愛らしいものが、かえつて花嫁らしくて良いのではないだろうか。化繊などで作るのも丈夫で良いと思う。敷布団と違つて、この場合は手触りが大切だ。柔かく、すべりが良いものが良く、サテン、タフタ、など洋服地でも良い。羽根布団がもちろん最上だが、羽根は一枚三万円近く掛る。そこで綿は、一番軽くそして保温性のある絹綿を使う。打直す必要もなく、埃りにもならず柔かいので着易い。

敷布

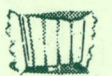

敷布は、敷布団用に大き目のもの三枚は、必ず用意したい。掛け布団の掛布はやはり三枚、毛布用と敷布は出来るだけ数を持つていたい。昔、外国では、リネンの敷布を持つてくる枚数が多い程見事な花嫁道具とされていて、家具などは少なくとも、必ずどんな家庭でも敷布は数多く用意したそうである。それくらい敷布は大切な品とされている。清潔な敷布で、こころよい眠りにお入り頂きたい。最近では、色も美しいのが出て来ているが、安眠の為には、薄い色の方が良い。真白なリネン、地厚な木綿などが一番気持が良い。敷布団用の布団は、ちょうど敷布団がくるつとくるまる程度の大きさが良い。

毛　　布

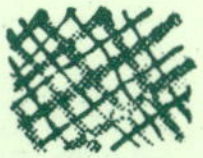

最近は寝具には是非必要とされているのが毛布である。生活様式が大変簡単になつている昨今だから、小さく畳めて軽いと云う事、埃りにならない事など色々な良い点が数え上げられる。布団一枚よりも毛布二枚の方が温かだと思う。毛がフワフワと立つたものより、触つてみて柔かくしまつた感じの物が良い。純毛でも、上から下まであり、国産でも相当に上等な品物が出ているが純毛の安物を買うのだつたら、最近出て来た化繊の毛布の最上級の品を買つた方がよいと思う。化繊の場合だと一枚二千円止りだから、ずつと重宝だ。決して純毛のものと保温性や弾力、耐久力はおとらないから手軽に使いたい。

ソファーベッド

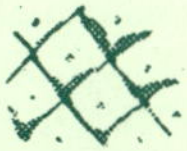

ソファーベッドが、最近良く使用されている。ソファーベッドだと敷布団がいらないしベッドに使わない時は、ソファーに利用出来るので新生活には大変便利。長椅子的な感じのものや、近頃エバーソフトの様なものを三枚重ねてソファーにしているもの等仲々工夫されたものが出て来た。三つに切れているのは大変便利で重宝。たゞエバーソフトは汗をすいとらないのでこれは余り清潔ではない様だ。ソファーベッドの場合は、出来るだけスプリングの良くきいたのをえらぶ。マットレスと云う名前で最近出て来た品は、大変スプリングも良く衛生的。忙しい仕事を持つた人達には向く。ベッドを置くと場所を取りすぎる場合などに使いたい。

布　団　の　組　合　せ　1

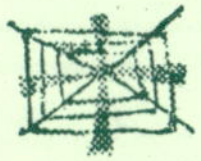

畳の上にじかに寝る場合は、敷布団二枚、敷布、毛布一枚(掛け布をしておく)掛け布団二枚、と云うのが極く普通の形である。近頃では、敷布団二枚、毛布、敷布、毛布二枚、羽根布団と云う組み合せもされている。毛布と毛布の間に入つて寝るわけで、羽根布団だから柔かく軽い。毛布は体にぴつたりとして温かだ。羽根は高価だから、絹綿の布団にしても良いわけ。寝具は適当の重さが必要であるが、薄く軽いものを何枚か重ねた方が、大きな布団二枚着るより温かである。其の点、毛布を大いに利用したい。関東ではかいまきを作るが、これは作る必要がない。絹綿の場合は側をどつしりとした布で作りたい。

毛布の手入れ

毛布が、寝具の大切な役割をはたす様になつたら、又手入れを良くしなくてはならない。しまう場合は、必ずクリーニングに出す事。たえず日光に干すと云う事は忘れない様に。化繊の場合は虫がつくと云う事はないが、妙に堅くなつたり、毛がよれたりする。日頃よく日光に干しておけばこう云う事にはならない。夏から冬にかけて利用の範囲が多く、従つて汚れもはげしいから、あらかじめ毛布のシーツを掛けて置くと良い。毛布の柔かさはシーツの感触でそこなうが、かえつて、毛布だけより布を通した方が保温によく、さらさらとして、気持が良い。シーツが汚れれば取りはずして洗えば良いのだし、毛布はかえつて永持する。

ベ　ッ　ド

ベッドには、ダブル、シングル、セミダブルと形は色々あり、スプリングの感じ、高さなど色々の種類が出来ている。外国の寝具では、このベッドが一番大切なもの。高さは、膝上ぐらいの高さが良く、余り高いのは上り降りに不便。ベッドは、床から布団までに空間が出来るから空気の流通が良く湿気がこもらない。畳の上にじかに布団を敷くよりも随分衛生的なわけ。スプリングの良くきいたのを求める様に。買わなくても木を渡して床より少し高くする様なものなら自宅で簡単に出来る。その上に藁布団を敷けば充分ベッドの役割をはたす。藁布団は湿気を吸い取るから衛生的である。これからの生活では、ベッドを使用したい。

布　団　の　組　合　せ　2

ベッド、ソファーベッドの場合は、毛布一枚、又は薄い敷布団一枚、敷布、毛布二枚、大きな掛け布団一枚(なるべく柔かなもの)毛布を何枚か用意しておく。大体外国では、綿布団と云うものは余り使わない。毛布類、又は羽根、藁が多い。日本の様に押入れにしまうと云う事が少なく、ベッドを作つて、カバーを掛けておく場合が多いから、布団だと綿で埃りになると云う事があるから使わないのだろう。肌にじかに触るのには、タオルの布団が気持が良い。タオルだと体に添うようにぴつたりとするから温かで、毛布や布団の間だと保温も良い。毛布だと洗濯が大変だが、タオルの布団だと洗濯が簡単で、いつも清潔なものを着ていられる。

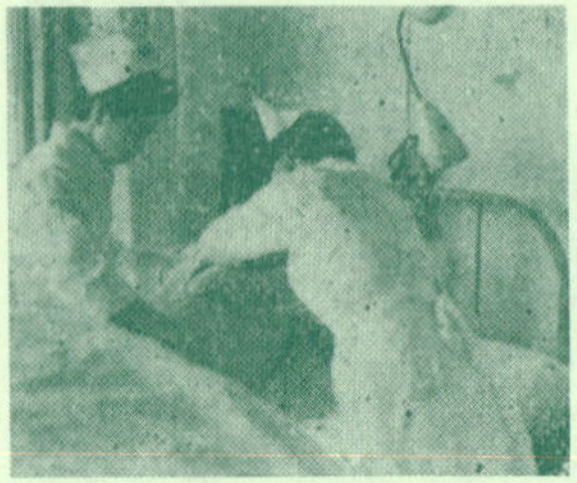

最も新しい女性の職業といわれている、キィパンチャーとは一体どんな仕事をするのでしようか。東京でも数少いタクシーの運転手の仕事ぶり美容師、保母さんの一日など女のあらゆる職業をカメラで追つた女性職業探訪記。他に約100種に及ぶ具体的な女の職業便覧、就職適性図表、結婚と職業の問題、グラフなど縦から横から立体的に観察、紹介した新しい女性職業読本

来春、学窓を出て就職する方のためには、職業を選ぶ正しい指針となり、すでにお勤めなさつていられる方には、更に貴女のお仕事への理解と愛情を深めて頂くために……

それいゆ臨時増刊

女性の職業

11月25日発売　¥200

女性の教養書

新家庭科・生活全書

——第一巻　被服篇内容——

◎被服と生活文化	東京文化短期大学教授	沼畑金四郎
◎繊維・糸・織り物	共立女子大学教授	宮坂和雄
◎洗濯と染色	昭和女子大学教授	内田武
◎手入れと保存	川村短期大学教授	山下栄三
◎これからの衣生活	東邦レーヨン・紡織工務部長	小川安朗
◎衣服の変遷と流行	東京家政大学教授	宮下孝雄
◎裁縫の基礎知識	お茶の水女子大学教授	成田順
◎和裁の実際	大妻女子大学教授	岩松マス
◎洋裁の実際	文化服装学院短大教授	原田茂
◎ミシン・裁縫用具	昭和女子大学教授	牛込ちゑ
◎編み物	佐伯編物服飾学園長	佐伯周子
◎手芸について	山脇服飾美術学院長	山脇敏子

むずかしいことも面白く、くつろいだ気持で何かしらひかれながら、知らぬ間に理解していたという近代的な学習を、この本は美しい絵や愉快な写真で楽しませてくれます。副読本にふさわしいものとしておすすめします

文部省初等中等教育課職業課長　山本キク
東京都教育庁指導部長・教育研究所長　野間忠雄
全国高校家庭科クラブ会長　佃　チカ
前教育委員会指導員・忍岡高校教諭　大山サカエ

本棚にも飾れます。台所においても重宝です…!!

全五巻

第一巻　被服篇
第二巻　食物篇
第三巻　住居・光熱篇
第四巻　保育・衛生篇
第五巻　家族・経営篇

第一巻　被服篇
11月下旬発売

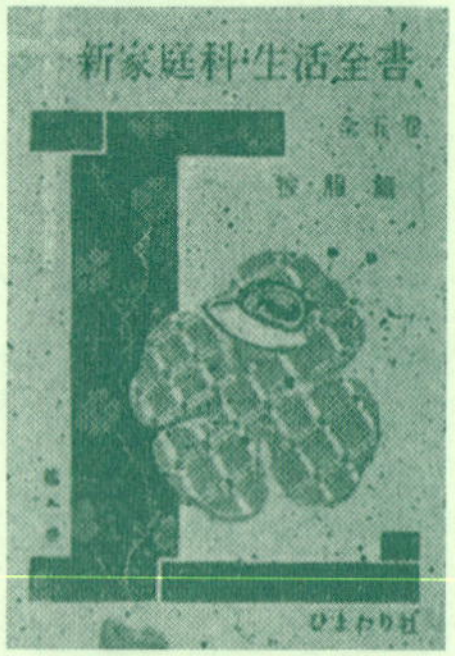

体裁

B六判・上製
上質紙使用
パラルビつき
口絵写真刷八頁
写真・図表／カット　1/3
本文　二五〇頁
定価　二三〇円

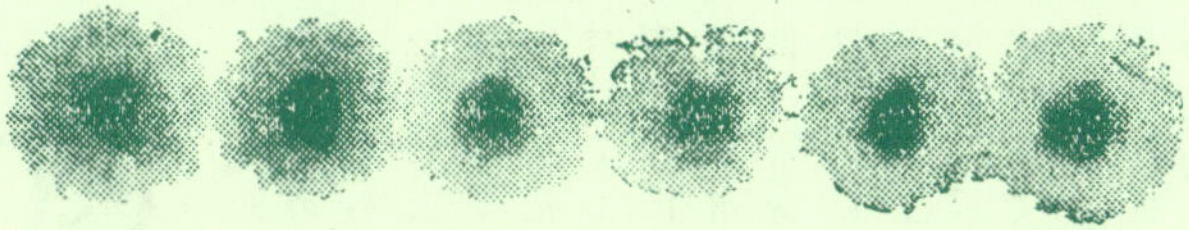

美しい歯と美しい人

野口俊雄

ライオン歯磨　口腔衛生部長

はじめに

昔、日本ではお歯黒といつて、歯を黒く染める習慣がありましたまた、比較的近い時代には、八重歯が好まれたことがありました。お歯黒の消極的な美、八重歯の不自然な美が愛されたのでした。

ところが現代では、きれいに並んだ白い歯の、清潔で健康な美しさを愛する傾向が強くなつてきました。正常で積極的な美しさを求める傾向といいましようか。静的な美から動的な美への移行でしようか。

口もとの動的な美しさ、それにはまず清潔で健康な歯と、正しく美しい歯ならびを持つことです。

歯刷子を正しく使う

赤い唇にこぼれるような白い光つた歯、それは健康のシムボルです。歯を白く美しくしムシ歯を防ぐには歯を磨くことが大切だ、と判つていても、その正しい磨き方は案外知られていないようです。

歯刷子は横に使わず、たてに歯の向きと同じにみがきます。これも上下にこするのでなく、上の歯は上から下へ、下の歯は下から上へ向けてみがきます。こうすれば歯の間もきれいになり、歯肉も痛めません。また歯肉も生き〱とした色にするため、歯刷子で歯肉も同時に軽くこすつて血の循環をよくするようにつとめましよう。

歯磨の種類いろいろ

歯磨には、粉、潤性、煉、液体などの種類がありますが、薬効では液体、煉の順で粉が一番劣ります。また煉にはグリセリンが入つていて薬効を永保ちさせますが、研磨力は粉末に及びません。白く磨くという点では乾燥した粉の方が研磨力があるので、磨いた後もさつぱりとしますが薬効は少くなります。歯を白くする歯磨というものがありますが、磨き砂で金属を磨くようなもので、その時はきれいになつても、どうかすると歯の表面を傷つけ光沢をなくしてしまいます、粒子の大きさ硬さなどが適度の良質品を選びましよう。

毎食後に磨く習慣を

では、良い歯磨と正しい磨き方でいつ磨いたらいいのでしようか朝起きた時と夜寝る前――それだけでは十分とはいえません。アメリカでは3・3・3式の歯の磨き方がムシ歯予防の理想的な方法としてすすめられています。これは食後三分間以内に、三分間かかつて、一日三回磨くという方法です学者の研究によると、糖分を食べると歯の凹みにいるムシ歯の菌が三―四分の間にこれを腐らせて酸にし、歯を溶かしてムシ歯にすると言われます。そこで、ものを食べたらすぐに歯を磨いてムシ歯を防ごうというのがこの方法です。

年に二回は歯石をとる

歯をみがくだけではまだ歯を美しく保つのに十分ではありません歯と歯肉の間は歯刷子では清掃しにくく、歯石がたまりがちです。歯石はそれが汚いというだけではなく、このために歯肉が赤く腫れたり、どす黒く変る歯槽膿漏になるもととなります。年に少くとも二回は歯石をとつて貰い、また歯の表面をなめらかに磨いて貰う必要があります。歯石は歯医者か、数年前に新しい法律で出来た女の人の新しい職業である歯科衛生士に頼むと、色々な器械を使つてとつてくれます。学校で歯科衛生士がいて定期的にやる所もあります

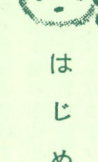

ムシ歯の予防と早期治療

ムシ歯になる原因は複雑で、人によつても違います。そのために今のところ完全な予防方法は出来ていませんが、ふつ素が非常にその予防に効果的だとされています。アメリカでは千以上の都市で水源地で、水道用水にふつ素を加え、千四百万以上の人がこれを使つていますし、日本でも京都の山科では数年前から実行しています。この方法によつて、ムシ歯がその六割まで予防出来るようになりました。予防していてもムシ歯が出来たときは、出来るだけ早く歯科医で治療を受けるのがいいことは他の病気と全く同じです。

乳歯のムシ歯を放置しない

もう一つ歯ならびを悪くする原因は乳歯のムシ歯です。どうせ生えかわるのだから乳歯のムシ歯はたいしたことはない、と放置して置くと、ムシ歯で乳歯が早く抜けてしまつたり、またはいつまでも抜けなかつたりして、顎の骨の発育を不正にし、また後から生えて来る永久歯の邪魔になつて、出ッ歯、八重歯、乱杭歯、反対咬合(うけ口)の原因になるのです。だから、乳歯だからといつてムシ歯を放置せず、また歯を磨くのは小学校へ上つてからと言わずに幼い時から磨かせてムシ歯を防ぐ、それが美しい歯ならびを作る一歩です

歯ならびを美しくする

近代人は歯ならびが悪くなつています。昔の人や未開人には歯ならびの悪い人はいませんでした。これは人間が近代生活を営むようになつて段々骨格が変り、顎の大きさが小さくなつて来たのに、歯の大きさがそう変らないことによります。しかし、歯ならびは幼い時から注意して、正しい歯ならびを作ろうと努力すれば整つた形にすることができます。頭の骨は生れてから大人になるまで四倍にしかならないのに顔の骨は十二倍にもなるからです。特に歯の生える時、生えかわる時は成長が激しくこの頃歯ならびが決定されます。

歯列の矯正は成長期に

そのような注意を怠つた為に、またはいろ〳〵と注意をし努力もしたけれど、それでも歯ならびが悪くなつた時は、なるべく早く、永久歯が生え揃つたらすぐに、専門医の診断を受けて、歯列矯正を行わなければなりません。歯ならびを正しくなおすには、顎の発育が終つてしまわないうちに行うのが最も簡単で、早く、また完全な方法です。しかし何といつても悪い歯ならびを矯正するより、幼い時から歯をみがく習慣をつけてムシ歯を予防し、ムシ歯は早く手当をし生え変り期には特に注意をすることが最も賢明な方法なのです

指をくわえると出ッ歯になる

歯ならびの悪さは幼い頃の習慣に大きな原因があります。例えば乳児がむずかるとゴムの乳首を与えますが、これを噛むと上顎が前におされるので出ッ歯になりやすくなります。また、指をくわえる癖や、唇、舌を噛む癖なども同様です。僅かな力でも永い時間加えると意外な影響があらわれるもので、幼いときからこうした悪癖はやめさせないと醜い顔になつてしまいます。よく、顔が曲つた人やそんなにひどくなくても左右の顔が違う人がいますが、多くは幼い頃指などをくわえて、顎の発育を不自然にしたことが原因なのです

今からでも正しい歯列に

そんなことを言つたつて、私はもう永久歯は生え揃つてしまつたし、親知らずさえ生えてもうすつかり成人してしまつた。今更、悪い歯ならびを……と悲観するには及びません。最近では大人になつてからでも矯正によつて正しい歯ならびにすることが出来ます。もちろん子供のときと違つて、多少無理はあるのですが、矯正器も、もとと違つて一日中はめていなくても夜寝る時だけつければよいものが出来ています。歯ならびの悪い人は、とにかく、矯正を専門にやつている歯科医の扉をたたいて相談してみましょう。

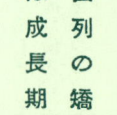

美しくなるあなたの権利

歯列を矯正するというと何か整形手術の様に思うかも知れませんが、これは瞼を二重にしたり、鼻を高くするのと違つて、不自然な形を自然に直すことなのですからためらう必要はありません。誰にだつて美しくなる権利はあるのです。それにこの方面の進歩は最近めざましく、前歯を入れるのでも昔の様に両脇の歯を犠牲にするのでなく、歯の根へつぐ方法になつていますし、材質も本来の歯と全く変りなく見えるものが出来ています。先天的なものだなどとあきらめてしまうのは、あなたの権利を放棄してしまうことなのです。

唇にも美容体操を

口もとのお化粧は口紅を塗るだけではありません。しまりのない唇にいくら紅をさしても口を動かしたら幻滅でしよう。唇にも美容体操をして下さい。それはまず、がまん出来る程度のお湯を一口ふくんで歯をしつかり合せ、口の中から頬へおしつけ、次に頬の力で口の中へおしこむ。ブク〳〵と頬が疲れるまでくり返し一日三回やります。唇にしまりのない人は歯を合わせて唇を閉じ両手の小指を口角に入れて左右にひつぱつたりゆるめたりします。この運動を毎日くり返すと一カ月位で効果が現われて美しい口もとになります。

噛むことが表情を豊かにする

健康な歯でよく噛んでものを食べる、というのは幼い頃からよく聞かされたことばでしよう。よく噛んで食べるというのはもちろん消化をよくし、健康なからだを作るためですが、もう一つ重要な役目があります。それは噛む運動によつて正常な顎の発育を助けて、均整ある顔だちを作り、同時に顔の筋肉の運動になるので、その人の豊かな表情を作るということです。チュウインガムはムシ歯の予防には効果はなく、むしろマイナスの面が多いのですが、顎の骨と表情筋の発達、それに唇の形をよくするのに大きな効果があります

口臭を取除くには

日本人は余り口の中のことに気を使わなかつたようです。民族性なのでしようか、習慣なのでしようか。西欧や南洋では口を神聖視したいろ〳〵の習慣があるのに日本にはそれがないということは何を語つているのでしようか。口臭を気にしないのも日本人の悪癖です。口の中からの悪臭は葉緑素の入つた歯磨きで消すことが出来ます。もちろんそれがムシ歯や歯槽膿漏によるものならその治療が肝心です。口臭はしかし口からだけでなく、鼻や肺、胃、腸、腎臓など内臓の病気のためにも起り、その場合は病気を治す他ありません

しまりのない唇と出ッ歯

口の各部分、歯や歯ならび歯肉が美しいというだけでは静的な美しさでしかありません。口もとの筋肉が活発に働いて喜怒哀楽の表情に応じて微妙な表情ができなければ近代的な動的な美しさとは言えません。日本人は出つ歯が多いと同時に唇にしまりのない人が多く、そのために表情が乏しくなつているようです。口紅が湯呑みのふちや、歯につくというのは口紅のせいでなく歯と唇の形のためであるのかもしれません。唇のしまりのないのは出つ歯と関係があるので、まず歯を直してから唇と周りの筋肉の働きをよくします。

結びとして

最近は医学にも心理学的な面がとり入れられていますが、それによると心理的に快い状態は血液の循環や内分泌を扶けて健康を作り肉体的疾病は心理面に影響すると言われます。心配や悲しみで食事が進まないとか、恋をすれば美しくなるということが科学的に証明されたわけてす。そこで、きれいな唇と輝く白い歯とピンクの歯肉はたゞにそれらが健康的な美しさをもつているというだけでなく、口もとが美しいという自信が、血液の循環や内分泌を盛んにし、あなたを健康にし、美しくすると結論することもできるようです。

化粧品の功罪

高賀富士子
（資生堂美容研究所）

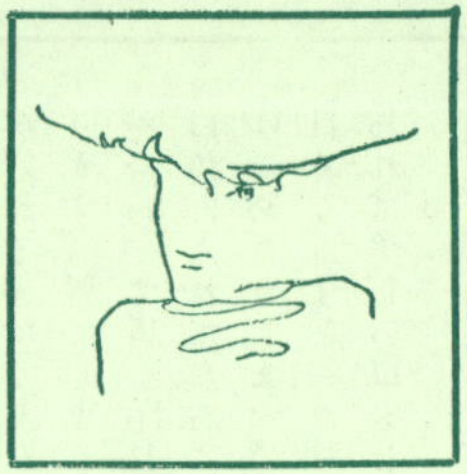

巷の化粧品売場には、色とりどりの装いをこらした化粧品が、一つ一つその名を覚えきれない程並んでいますが、それら化粧品の本来の使命は？又その使い方によつて利も害もあるようです。

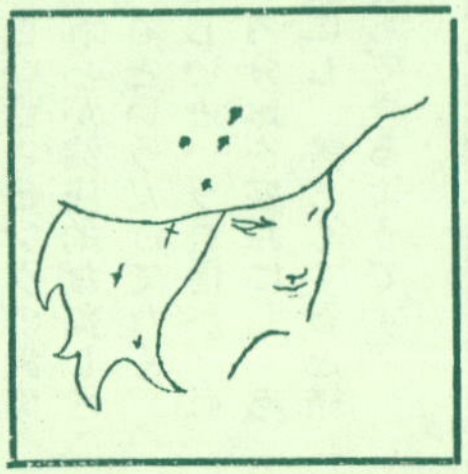

	髪の油	石鹼	乳液
特色	植物性鉱物性油—オリーブ油や椿油—流動パラフイン—を基剤として香をつけたもの、水分、アルコール分が加えられて植物油をエステルの形として加えたものとあり、前者は整髪養毛料として、後者はトニツクとして用いられる。	脂肪にアルカリを作用させて鹼化させ、そのうちから、よい石鹼分だけを何回も分けとつて出来上つたのが石鹼です。どんなによい石鹼でも、水に溶けた時は、アルカリ性を呈するのが本当で、それで汚れも落ちる。	油分五—二〇%含むものと、油分を全く含まずに肌の上に薄い皮膜をつくつて肌あれを防ぐものと二通りある。前者は、栄養乳液として用い、後者は化粧下又は化粧抑えとして用いられる。
上手な使い方	植物油だけのものは、シャンプーの前に地肌にたつぷりすりこみ、十分位してからシャンプーをする。ブラシで充分毛根を刺戟した後にすりこむとなおよい。裂毛の場合は毛先を切つて、毛先にもたつぷりつける。鉱物性油を主原料としたものは多く艶出しに用いる。油分の添加されているトニックは、朝晩のブラシを用いた後にたつぷり用いて、軽く地肌をマッサージすると、毛根刺戟、養毛、かゆみ止、ふけ止めの効果があがる。	石鹼水のアルカリ性を云々することのナンセンスは、石鹼の在り方を一寸考えれば解ること。上手に使うのは、とに角、肌を充分にしめして、垢を浮かすと言うか、ふやかして石鹼をつけることで、皮膚面から垢がすぐ落ち去るように工夫すること。入浴も一度体を湯舟に浸した方がよいことになる。充分に泡立てゝ、掌で泡を体につけてもよいし、柔かいスポンヂで、生毛の生えている方向へ向つて洗つてもよい。之で充分落ちるのです。	油分を含むものは栄養化粧水として用いる。仕上化粧の時に一日の栄養としてたつぷり用いて、その後収斂性化粧水を用いるのが本当。肌から吸収されてあがる効果を狙つたものと言える。 油の入らない乳液は、皮膚上に薄い皮膜を張つて皮膚を保護する働きをするので、薄化粧の白粉下地に用いたり、水化粧や煉白粉のお化粧の白粉抑えや、手のアレ止め用の乳液として用いられる。
下手な使い方	植物油だけのものを地肌につけずに整髪した上からベタ〳〵につけるのは、埃を吸う最も下手な用い方。すぐシャンプーをしたくなつて洗いすぎる結果になるから反つて髪をドライさせてしまう。 ヘヤトニックは、倹約を旨として使うと本来のよさの、清涼感も満足出来ず、ふけ止め、かゆみ止等の効果も少ない。外国でこの種の化粧料が出来た歴史を考えれば、之でシャンプーする位のつもりで使うのが本当。	石鹼の洗い過ぎを抑えるためにオリーブ油や蜂蜜を加えた石鹼も発売されている。折角のそのような親切も、入浴時しば〳〵見かける次のような洗い方で台なしになる。湯舟で体を温めて、垢すり又はタオルをギュッと絞つてゴシ〳〵と垢を落して、それから改めて石鹼をつけて洗う——こんなのでは肌がカサ〳〵になるのは石鹼の罪ではなく使用上の誤り。洗つた後は石鹼分が肌に残らぬよう、よくすゝぐことも必要の一つ。	油分の入つている乳液を化粧下地に用いると、化粧崩れが早い。 収斂性化粧水の後に使うと、吸収させたい油分の充分な効果が望めない。 油分の入つていない乳液を何時もそれだけ使つていると、アレ肌には物足りなくなるのは当然のこと。 この乳液は収斂性化粧水の後に用いるのが本当。

バニシング・クリーム	コールド・クリーム	クレンジング・クリーム	化粧水
油分を含まないクリームで、つけるとサラリとし消え去るような感触からバニシングの名がある。皮膚上に薄い皮膜を作り皮膚を保護する働きがあるから、白粉下地としても、髯剃後にも、ハンドクリームとして用いる。	この名前で代表される油分七〇—九〇%を含むマッサージクリームでマッサージをする時に用い、含まれている油分を肌から吸収させる。添加薬品、含有油分によつて効果が異なるから、肌にふさわしいものを選ぶ事。	鉱物性油の汚垢を溶解、洗滌する性質を利用して製られたクリームである。純良鉱物性油が主原料であるから、マッサージ用クリームとしては用いず、専ら清浄用クリームとして、時にはアルカリ性化粧水と併用もする。	油分を含まず、含まれている添加薬品や化粧水自体の酸度によつて目的と効果が異なりますが、何れにしても肌からは吸収されて挙る効果でなく、化粧水がふれている肌に、望むでいる効果が顕われるものです。
日中さつぱりとしたい時のお化粧に用いる。上から粉白粉を叩いてあつさりと仕上げるのには好適である。 幾分脂性の肌には、なおよい。 さつぱりとした感触から、手のアレ止クリームとして愛用されたり、且那様のひげそり後のクリームと兼用されたりするがこの場合は殺菌剤など添加されたものを選ぶとよい。 白粉下地に使う場合は、収斂性化粧水を使つてから用いること。	この種のクリームはマッサージクリームとして用い、肌からその油分や添加薬品を吸収させて、肌を美しくするので、やはりマッサージは三分から五分位はしたいもの。 配剤される油の種類や添加薬品によつて、それ〴〵効果が違うから、どんなものでも勝手に使えばよいのでもない。 能書をよく読んで、又は経験者等によくきいて選ぶこと。	外国等ではクレンジングクリームを二回つけてはふいて洗顔するとのこと、そんなように指導書に出ているけれど、日本ではそこ迄はまだ〳〵らしい。 必らず洗顔即ち汚れ落しなのだからつけたら、きれいにふきとつて、クリームと一緒に汚れをおとすこと。 ふきとる時は、京花程度の化粧紙かテイツシュペーパーを使つて一回毎に捨てゝしまうのがぜい沢のようでも清潔なおしやれの方法。	アルカリ性化粧水は、肌を柔かくして、清浄作用があるので、マッサージクリームの前に使つて、マッサージクリームの吸収が早く行われるようにする。ナイロンパフに含ませて、何時も持ち歩きすれば、手や頸など何時も清潔でいられる。 酸性化粧水は、肌を収斂する力が多かれ少なかれある。加えられた収斂剤や殺菌剤、漂白剤によつて求める効果が異なるが、何れも肌に充分ピシャ〳〵叩きつけて使うことがコツ。
収斂性の化粧水が、強い酸性であると、多くアルカリ性の乳化剤を使つてあるこの種のクリームはボロ〳〵にされて即ち乳化のこわれた状態になる。 必らず用いた化粧水を乾かすか、酸による収斂でなく塩による収斂を主とする化粧水を用いること。このクリームは光線を透過する性格があるから、白粉下地として用いた場合、日やけの色黒は防げない。又水に容易におちる性格があるから、日やけ止クリームとしても海水浴には効果が期待出来ない。	肌あれのひどい人は、肌の働きもそれだけにぶつているから、マッサージの時間もそれだけ長くしないと、充分効果があがらない。 コールドクリームとあつても小さくクレンジングクリーム用と書いてあるのは、クレンジングクリームだから、マッサージしても無駄のことが多い。マッサージクリームは肌への栄養の他にマッサージの時の肌への指の刺戟をなくすることにあるから、あまり倹約するとマッサージしにくいし皮膚に炎症をおこすこともある。	クレンジングクリームをつけて、それでマッサージするのは、日中の埃や汚れを肌の表面でクリームと一緒にこねていることになる事をお忘れなく。 鉱物性油は、そのまゝでは肌から吸収されないので、肌あれの方は、之でマッサージをたとえ百回しても、少しも効果がないのは当然のおはなしです。 栄養効果は少しもないのですから、勘違いをしないように。	夜の普通のお手入の最後や、メイクアップの白粉下地をつける直前にアルカリ性化粧水をつけるのは、とても非合理的——肌を柔らかくすることは化粧崩れを早めるし、折角お手入に使つた油分を全部ふきとつてしまうことになる。脱脂綿に含ませて用いる。 酸性化粧水を掌に一—二滴とつて顔にぽしよ〳〵とこすつているのは心理的に満足しているだけで化粧水のもつている効果はちつともあがらない。やはり沢山つけなくては。——

ブックレヴュー

東京0《ゼロ》番地

（井上孝著）

吉村忠夫

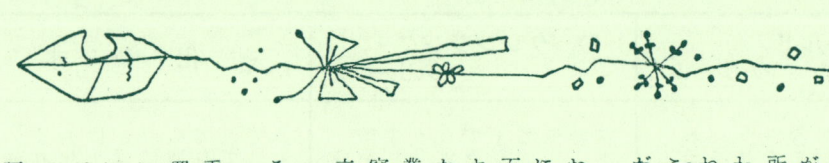

じつさい、イヤな番地をつけやがつたもンだ。一二八四番地だつていやがる。この町には、べつに、一番地から一連の番地がつけてあるわけじやないそうだ。この刑務所だけの町みてえなもンだ。塀の外にどれだけの広さがあるかい？　おそらく町の五分の四は刑務所の塀の中にはいつてるンだ。そいつにわざわざ一二八四番地とはふざけてやがると思わねえか。こいつア、おかみの考えだした当てこすりだ。悪ふざけだ。いやがらせだ！　まだ解《わか》ンねえのか、頭のわるい野郎ばかりだな。一二八四は、ヒト・ニ・ハチ・ヨじやねえか。おお、人に恥じよ！　日本一の国立劣等大学に入学してるんだぜ。人に恥じよ！　一千二百八十四番地の給食生諸君！　入学資格は、ヤマを踏んで（犯罪をおかすの意）パクられた（逮捕されたの意）る者。特典は、食費授業料共に免除。全員を近代的大アパートに収容。卒業まで外出なしとくるか。いや、はや、立派なもンだ！

――つまり、東京〇《ゼロ》番地とはそういうところなのである。

作者井上孝氏は、主人公の星山重基という看病夫の名を借りて、ここに収容されている罪ある（？）人たちの生態をつぶさに描いている。看病夫というのは、やはり懲役であるには違いないのだが、その中で学識のある者が選ばれてなる衛生兵みたいな役目の雑役夫である。つまり、フランス語が出来たり、英語がしやべれたり、日本書記を読んだり、聖書を読んだりすることの出来るインテリである。

作者はこの小説の中に、主人公の星山を含めて七人の看病夫を羅列している。罪名は私文書偽造、強盗、窃盗、指令違反等で流石に殺人はない。そしてこの七人の中の四人は、渉という記号が捺してある。渉というのは、渉外関係の意味で、占領軍（ここではチューグンと呼びならされている）の軍事裁判で刑を受けて来ている者を表わしている。星山もまたその一人で、新宿のバアに借金が出来、その借金を支払うために、終戦のときからひそかに持つていた十四年式拳銃を洋子というバアの女に手渡し、それが占領軍にバレて、指令違反という罪名を持つた三十二才の男である。

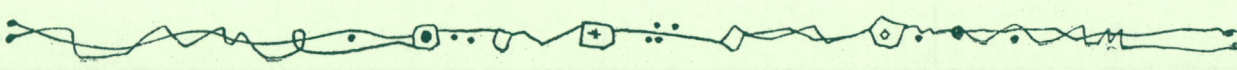

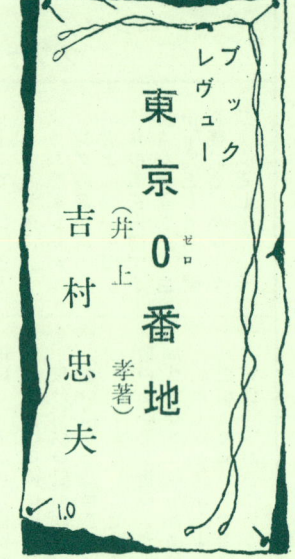

ここに登場する人たちが、関東大震災で書類を焼かれ、敗戦で再び書類を焼失したために三十年も未決のままでいる珍しい殺人犯方岡老人を除いて、そのほとんどが、小平義雄をはじめとして、終戦後の人たちであることが、この小説に特異な現代という社会性を持たしていることは、勿論強調して考えなくてはいけないことなのだが、――私は、この星山という主人公をはじめ、米軍の時計を持つているのを偶然発見されて入所して来たどこかの社長とか、米軍に強要されてやむなく（？）行つた暴力団狩りによつて御入来された南部親方など、つまりアメリカというものが多分に感じられるこの小説に、今までに見られなかつた幅の広さを見出すのである。勿論、アメリカというものが、チューグンというものがなければ、いまの日本の社会というものは成り立たないのであろうけれども、ただそれだけではなくて、ただ描かれた社会がそうであるというだけではなくて、作者の眼がすでに「世界文学」の基盤に立つていると思われるのである。

芥川賞をもらつた遠藤周作氏の「白い人」を読み、矢代静一氏の戯曲「壁画」を読んで日本人にももうこれだけのものが書けるのかと驚いたのは、ついこの間のことであつたが、「東京〇番地《ゼロ》」にもちがつた角度から同じような驚きを感じた。ちがつた角度から、というと、大へんあいまいな言い方であるが、前二者は勇敢にも外国文学に跳躍したところから出発した作品であるに反し、「東京〇番地《ゼロ》」はこの土地に立つたまま、幅を広げた作品である。そういう意味の角度のちがいである。終戦後の出版界に「ノン・フィクション」という言葉が流行した時代があつた。「長崎の鐘」とか「潜行三千里」とかがベストセラーで幅をきかせていた時代である。もともとフィクションのにが手な日本文学であるから、こういう「ノン・フィクション」が「フィクション（小説）」以上に受けるのは尤もであつたかも知れない。だから、今度も、あまり本がよく読まれるし、評判がいいので、「東京〇番地《ゼロ》」もまた例のノン・フィクションの当りかなと——おろかにもそう思いながら買つてみた次第である。ところが私はだまされた。これは、例のやつではない。小平義雄や南部親方は出てくるけれども、これは全くのフィクションである。

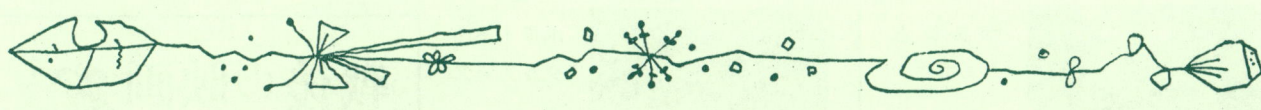

ここにこの小説の問題があるのではないだろうか？　小平義雄の疥癬を写実し、拘置所の略図まで入れながら、作者は小説を構成しているのである。作者は「白い人」や「壁画」は書けないだろうけれども、この人のリアリズムには恐るべき可能性がある。それはアメリカ文学の持つている、ドライというか、ハード・ボイルドというか、何かそういつたふうなものに通じる何ものかがある。

というと、いかにも控え目な言い方をしているようだが、——実はそれにはわけがあるのだ。これは、或は私だけの感じ方かも知れないが、若い女の描き方が妙に甘い、というか、ロマンチックである。この小説には、熊谷ミヨと洋子と二人の若い女が出てくる。熊谷ミヨというのは、やはり看病夫の隈月という男が一度その部屋に泊つたことのある子持の女。終戦で満洲から日本へ逃げて帰る途中、名も知らぬ原地人の子をはらんだ女で、やがて彼女は新しい夫を見つけるのだが、子供が邪魔になるので殺してしまう。それが発見されてやはりこの同じ拘置所へ連れてこられるのである。つまり隈月という男のロマンスがここに仕組まれているのである。もう一人の洋子というのは、星山からピストルを受取つたバアの女で、チューグンのオンリイになりながらも、星山のために罰金五千円をひそかに払つてやるという見上げた女。小説の中では、なくてならぬ場所に、なくてならぬ風に、うまく出現する二人の女であるが、そのことはそれでいいとして、この二人の女が同じような顔をした美しい女として私の眼の前に浮んでくるのは何故だろう？　ことに、熊谷ミヨが拘置所に入つて来て、それを囚人たちが見ている場面、それから何日かたつて、瘰疽の手術のために手術室に現われる場面、白粉気もなんにもなくて囚人服を着たこの女が、何故こんなに美しく見えるのだろうか？

きわめてドライなタッチの中で、この二人の女だけが妙に甘く描かれているような気がしてならないのである。作家は男の世界だけに夢中になつて女を忘れてしまつたのであろうか？　それともこの作家は女を描くことが不得手なのであろうか？

戦後の映画主題歌から

音楽映画や作曲家、音楽家などの伝記映画に主題歌が多く用いられるのは当然だが、この種の映画ではなく、普通の劇映画などに一曲か二曲の主題歌または主題音楽を用いることもある。そしてそのようなものの中からヒツトはぞくぞくと出ている。

主題歌や主題音楽は一寸した気の利いた使い方で、ある時代の雰囲気を一瞬にして作るとか、事件の運びや主役の心情を暗示することもあつて非常に強く印象に残る場合もあるし、その逆に映画は忘れてしまつても音楽だけはいつまでも残るということもあるだろう。しかし概して映画を観た人にはあとになつて主題歌や主題音楽のレコードをきくと、その映画のいろいろな思い出を呼び起すことが出来る。こう云つた点が普通の流行歌とは違つた強い魅力であり、多くの人々に馴染まれ、愛好される条件となるのだろう。以下この十年間にわが国でヒツトした主題歌や主題音楽の中から主なものを選んで見た。（　）内はわが国での封切年月を示す。

野川香文

ホワイト・クリスマス

White Christmas

（29年12月）

流行歌界の巨匠アーヴィング・バーリンは、かつて熱い国でクリスマスをむかえたが、雪が降つていないとクリスマス・カードを書くにも気分が出ないことを知つた。そこで一九四二年前線慰問映画「ホリデイ・イン」（二二年六月）のためにこの歌を作つたが、熱い前線でクリスマスをむかえた兵隊達の間で物凄くヒットし、新しいクリスマスの歌として世界中にひろまつた。後この歌を主題として同名のヴィスタヴィジョンが作られ二九年十二月わが国でも封切られた。

ボタンとリボン

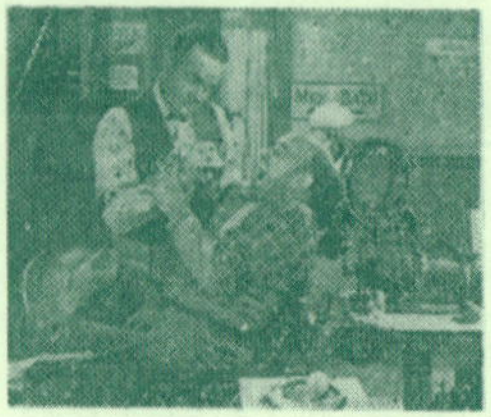

Buttons and Bows

（24年12月）

西部劇映画「腰ぬけ二挺拳銃」に挿入され、主演のボッブ・ホープが歌つたナンセンスな歌だが、ダイナ・ショアの歌つたレコードはわが国でも十数万枚売れたほどで、外国の流行歌として戦後最初の大ヒットとなつた。これが発端となつてウェスターン音楽が広く愛好されはじめた。ついで「黄色いリボン」（二六年十一月）に挿入された同名の曲がヒットした。

センチメンタル・ジャーニイー

Sentimental Jouney

（２３　年）

昭和二三年に同名の映画に挿入されてわが国に紹介されたが、実は映画がくる前にこの歌は終戦直後アメリカのGIによつて既に広められたと云つてよく、ラジオもしばしば放送していたので、映画によつて流行したとは云えないようだ。曲は一九四二年にドリス・デイが歌つて大ヒットとなり彼女も一躍有名になつたほどで、映画はあとから作られたものであつた。このように歌が先きに流行していてあとでそれを映画が取り入れたものも可成りある。

別れの曲

A Song to Remenber

（24年7月）

映画「楽聖ショパン」の中で歌われた。この映画はショパンの後を追つてパリに来た故国ポーランドの娘との恋と別れの悲しみを描いたものだつたが、この歌の原曲はショパンのエチュード（練習曲）作品十の三の初めに出てくるメロデイを取つて、これに歌詞をつけたもの。抒情的な美しさにあふれしかも印象的なメロデイで、歌の曲としてでなくむしろ原曲のピアノ曲の方が親しまれている。

スワニー

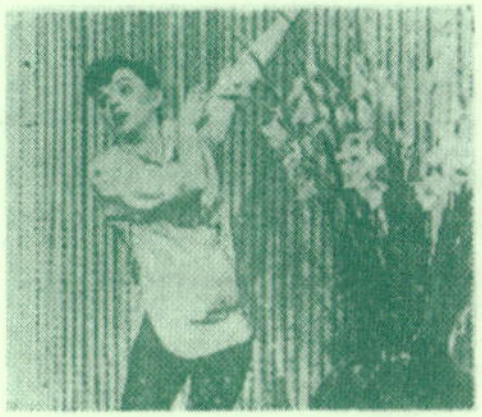

Swanee

（30年5月）

ジョージ・ガーシュインの出世作で一九一九年に作曲され、以来アル・ジョルソンの十八番物となつて一生彼に歌われた。映画「ジョルソン物語」（二五年九月）で彼に歌われ、わが国でも広く一般に知られたが、その後映画「スタア誕生」で主演のジュデイ・ガーランドによつて歌われ、更にファンを唸らせた。曲はやゝ古くさい感じだが気取らない民謡風な感じのメロデイに好感が持たれる。

セプテンバー・ソング

September Song

（27年4月）

映画「旅愁」でこの歌を吹込んだレコードが非常に効果的に用いられた。映画そのものもすぐれた作品で主演のジョセフ・コットンはこの一篇で一躍大変な人気を獲得した。曲は一九三八年ロクルト・ワイルが作つたもの、当時は一向に流行せず、この映画に取り入れられて美事にヒットした。〝秋の短かい大切な幾日かをあなたと一緒に過しましよう〟とこの映画にふさわしい歌詞がついている。

ハイ・ヌーン

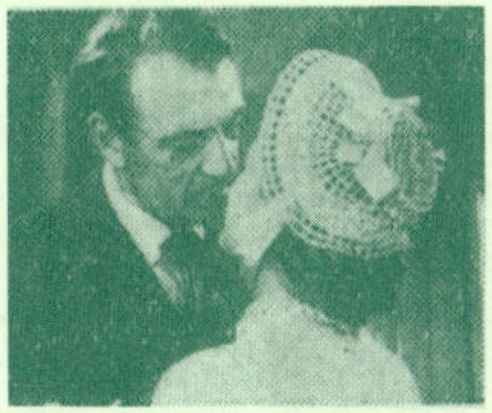

High Noon

（27年9月）

西部劇映画「真昼の決闘」の中に挿入されたが、ゲリー・クーパーの扮する保安官が多勢のギャングを相手に只一人で立向うとき、手だすけを求めている気持をあらわすかのように、この歌ごえはどこからともなく、又誰が歌うともなくきこえて来た。極めて効果的に用いられて異様なスリルを感じさせた。テオムキンの作曲、そして五二年度のアカデミー賞を授けられた。

ビギン・ザ・ビギン

Begin the Beguine

（26年11月）

流行歌界の巨匠コール・ポーターの作品。一九三六年にミュージカルのために作曲され、後彼の半生を描く映画「夜も昼も」にも用いられた。ラテン系のビギンのリズムを取り入れて居り、歌曲としては一般の人々に口ずさまれるには長すぎるし六ケしすぎるけれども、すぐれた歌手、楽団等の演唱を鑑賞する曲である。なほポーターの作品は非常に多いが「夜も昼も」も同じくらいポピュラーである。これは一九三二年の作曲、やはり同名の映画に挿入された。

パリの空の下

Sous Le Ciel Re Paris

（27年4月）

フランスの名監督デュヴィヴィエの「パリの空の下セーヌは流れる」の中に挿入された流暢なくつたくのない三拍子の歌、映画はパリを主人公としこの空の下に住む庶民の中から七人を選び出し、一日の行動をスケッチ風に綴り合せたものだつた。その七人のうちの一人エルムノオの銀婚式のお祝いをセーヌの河岸で行つているとき、通り合せた流しの歌い手の歌うのがこの曲であつた。

第三の男

Third man theme

（27年9月）

ロンドン・フィルム「第三の男」にはツイターという古代楽器が奏するこの主題曲が随所に現われ、極めて印象的だつた。監督のカロル・リードは映画の舞台であるウイーンのある酒場で、この珍らしい楽器をひいていたアントン・カラスという無名の芸人を見出し、彼を起用してこの曲を作らせ大胆にもこの楽器一つで映画の伴奏をさせた。映画が封切られて数日後ロンドン市民は口口にこのメロデイを口ずさんでいたと云われる程流行した。

ライムライト

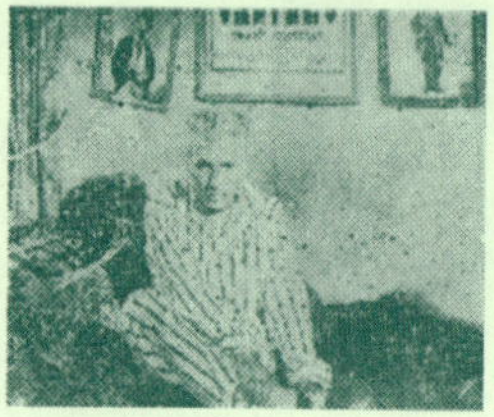

Lime light

(28年2月)

チャップリンの同題の映画に挿入された主題音楽。副題「テリーのテーマ」とある様にこれは映画のヒロインであつたテリーを暗示して奏されていた。歌詞のない音楽だけで、ほのかな哀愁をもつた可憐で美しい旋律である。作曲者はチャップリンとなつているが実はこの映画の作曲編曲者として彼に雇われた若い無名のピアニストレイ・ラッシュの作曲である。アメリカではチャップリンが共産主義者だというので映画の上映を拒否した州が多かつたが、この音楽だけは非常に愛された。

逢かなる山の呼び声

The Call of The Far Away Hills

(28年10月)

西部劇映画として大作の「シェーン」の中に挿入された曲。映画は別に音楽を重く取扱つたものではなかつたが、この旋律の使い方は印象的だつた。しかし曲はアメリカでは一向に流行しなかつたが、わが国では邦訳の歌詞をつけたレコードがよく売れた。シェーン(アラン・ラッド)という無法者の英雄が善人のために悪漢をやつつけて、どことなく去つて行く。この英雄のテーマとして曲は取扱われていた。

ムーンライト・セレナーデ

Moon light Serenade

(29年1月)

グレン・ミラーの作曲で、彼の楽団のテーマ音楽であつた(従つて歌詞はついていない)が、悲劇的な最期をとげた彼の一生を描く映画「グレン・ミラー物語」に挿入されて改めて流行した。ミラーがこれを最初にレコードに吹込んだのは一九三九年で、間もなく百四十万枚も売れたほどのヒットとなつた。彼がニュー・ヨークで和声楽の個人教授についていた頃に課題曲として作つたもので、これを彼独自の編曲法で美しく仕上げたのであつた。

ムーラン・ルージュの歌

The Song from Moulin Rouge

(28年5月)

英国映画「赤い風車」の主題歌で、アメリカでもヒット・パレードの一位を獲得した程流行した。名門に生れたが少年時代の怪我が原因で不具者となつたロートレックは画家として大成したが、彼が修業時代にパリで送つた数奇な生活を映画は描いている。音楽は有名な作曲家ジョルジュ・オウリックが担当したが、この歌は映画の初めの方で歌われる非常に美しい歌である。

アンナ

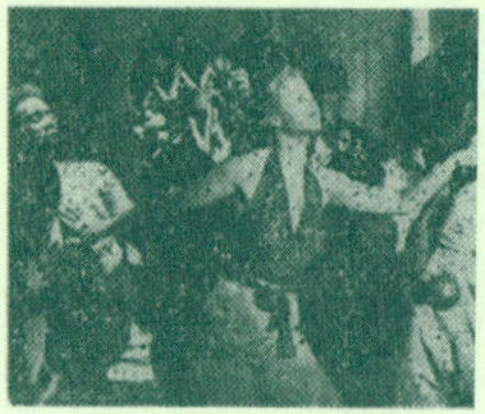

Anna

(28年11月)

同名のイタリー映画に挿入されてヒットした。主演の人気女優マンガーノが歌つたので非常な評判となり、英国でもアメリカでも流行した。

その流行の条件の一つにこれがバイオンという形式のリズムをもつた曲だつたことを忘れてはならない。バイオンはブラジルの音楽で、北部の田舎の民謡の中にこの種のリズムがあるが、これが近年都会に進出し、やつと欧米に入りはじめた頃にこの歌は作られた。

帰らざる河

River of No Return

(29年3月)

マリリン・モンロウ主演の同題のシネマスコープの主題歌で、映画の中でモンロウが歌つた。この映画には山が二つあつて一つは急激な筏で下るスリリングなシーン、一つはモンロウの歌だつた。彼女は歌はあまり上手な方ではないが、この歌は失つた者を歌つた感傷のこもつた曲で印象に残つた

〝恋は帰らざる河を行く旅人のようなもの、荒海に流されて永久に帰つては来ない……〟と云つたような歌詞がついている。

ジョニー・ギター

Johnny Guitar

（29年10月）

西部劇映画「大砂塵」の中で流行歌手として有名なペギー・リーが蔭唄として歌つたもの。映画そのものは愚にもつかぬ駄作として悪評だつたが、この歌だけはアメリカでもわが国でも広く流行した。作曲は映画音楽でおなじみのビクター・ヤングでロマンティックな幾分か感傷的なメロディをもつている。作詞は歌つているペギー・リー。彼女にはこう云つた曲が向いて居り味わいのある歌をきかせる。

グリスビー

Le Grisbi

（30年3月）

ジャン・ギャバンの主演映画「現金に手を出すな」に挿入された短かいブルース調の曲。主題歌曲として用いられたのではなく、主人公でやくざのマクス（ギャバン）の愛聴曲として、映画の中で三、四回用いられたが、哀調をおびたこの美しい曲の使い方が自然で非常に印象的であつた。作曲者は映画「パリの空の下」（二七年四月）を作曲したジャン・ウィネー、共にわが国では今でも広く愛聴されている。

セレソ・ローサ

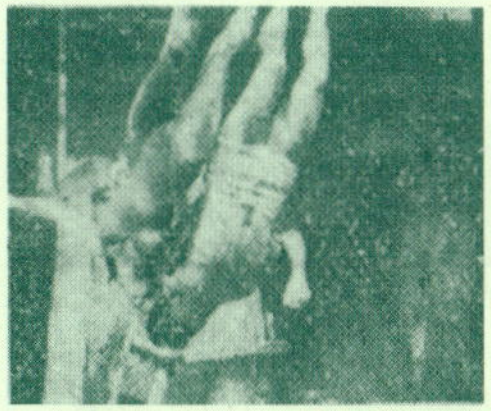

Cerezo Rosa

（30年6月）

映画「海底の黄金」は駄作だつたが、これに挿入したこの曲だけは大ヒットとなつた。メロデイはシャンソン「さくらんぼの木とりんごの木」で、「セレソ・ローサ」はそのイタリー版である。このシヤンソンはあまりうけなかつたが、映画ではこれをマンボのリズムに乗せて演奏した。従つて歌のないダンス音楽として流行した。マンボはルムバを基にして十二、三年前にペレス・プラドというキューバのバンド・リーダーが考え出したものでアメリカへは五、六年前から入つている。

愛の泉

Three Coins in the Fountain

（29年11月）

同名の映画に挿入されてヒットしたロマンティックな歌曲（ジュール・スタイン作曲。サミー・カーン作詞）映画はローマやヴェニスなど、イタリーの美しい風景を沢山見せ、三組の恋愛をからませたシネマスコープであつた。この歌はトレヴィという泉に銀貨を投げ入れて祈れば願いごとがかなうという伝説にもとずいて書かれたもので、映画でもそのような場面が描かれた。

シークレット・ラブ

Secret Love

（30年6月）

ドリス・デイが主演した西部劇映画「カラミティ・ジェーン」には数々の歌が挿入されたが、この曲は特にすぐれて居り、五四年度のアカデミー賞をうけた。映画でドリス・デイは射撃の名手で男まさりのカラミティに扮しているが、映画も彼女の演技も問題とされなかつた。しかしレコードに吹込んだこの曲はあふれるばかりの情緒をたゝえ、すばらしく歌つている。

ロツク・アラウンド・ザ・クロツク

Rock Around The Clock

（30年6月）

問題となつた映画「暴力教室」の中にこの曲は挿入されて、アメリカでは十数週間にわたつてヒット・パレードを賑わせた。これはリズム・アンド・ブルースという系統の音楽で、ジャズの直系だが、粗雑で野趣にとみ、拍打のとり方も第二と四拍を強調、合唱のやり方も特殊で、メロデイは簡単でリズム的である。元々黒人の間で古くから演唱されている形式だが、最近白人の間、殊にティーンエイジャースの間で猛烈に愛好されている。

それいゆ BACK NUMBER

No. 32
魅力の探求
¥ 180 〒 10

私はこんな人に魅力を感ずる
田中絹代・高　英男
伊東絹子・石垣綾子他
特集「魅力の探求」世界名作より
田宮虎彦・山本健吉他
春を待つ………中原　淳一
滞日中の砂原美智子さんを訪ねて
私はこんな贈物を貰つた
池部　良・望月優子
中村メイコ・中原淳一
特集「女の一生」（小説）
10代・中村メイコ　20代前期・
梅田春夫　20代後期・田中澄江
30代前期・飯沢　匡・外各年代
有馬稲子さんの休日
お正月のためにショートカットで
日本髪を作る…………中原　淳一
筆の姿を求めて
——佳人・町春草さんの衣裳調べ
それいゆ歳時記

No. 33
希望を育てる
¥ 180 〒 10

特集「希望を語る」
芥川比呂志・也寸志兄弟・他
特集「希望を育てる」
武者小路実篤・石垣綾子他
こんなに甦える——重山規子さん
の着古した服を仕立直す——
私はこんな人に支えられて仕事を
している……伊藤整・高峰秀子他
特集「美しい夫人」千嘉代子
川喜多かしこ他六人
小説「ある夫婦の茶の間の会話」
佐多稲子・田村泰次郎他
私は朱と紺が好き
—岡田茉莉子さんの衣裳調べ—
特集「職場と生活」
—働く女性の手帖から—
歌舞伎らぶ・ろまんす
ペギー葉山さんの和服拝見
特集「私の今望んでいること」
各界知名士60人のアンケート

No. 34
愛情の分析
¥ 180 〒 10

特集「女の一生と愛の階梯」
徳永寿美子・田中澄江
円地文子・美川きよ
中里恒子・阿部静江
特集「一筋の道を歩む人」
長谷川一夫・杉野芳子
山本安英・他
ハワイのきもの
ドリーン山下さんの衣裳調べ
特集「仕事と愛情に生きた女性たち」……………………阿部　艶子
美しい夫妻　丹羽文雄夫妻・他
香川京子さんの和服拝見
白と黒の階調——
津島恵子・有馬稲子・淡路恵子さんの為に——
中原　淳一

No 35
結婚前後
¥ 180 〒 10

特集「結婚前から結婚後へ」
阿部知二・石垣綾子・串田孫一
阿部艶子・塩川旭・田中峰子他
——「婚歴をたどる」——新婚から金婚まで——渋沢秀雄夫妻他
三通りに着る花嫁衣裳　中原淳一
二人の住居は二間だけ　仲谷昇・岸田今日子夫妻他
昔の結婚生活と今の結婚生活……
円地　文子
「第三の新人」の文学　十返　肇
嫉妬心の功罪　佐多稲子・内村直也・神近市子・武者小路実篤他
八千草薫さんの衣裳拝見
田中希代子さんの留学の想い出
特集「新婚生活へ五十間」　金田正一・榎本美佐江夫妻他五夫妻

それいゆ発行予定
SPRING 2月
SUMMER 5月
AUTUMN 8月
WINTER 11月

No. 36 暮しとおしやれ
それいゆ

編集人 中原 淳一
発行人 中原 啓一
定価 180 円

印刷所 ライト印刷株式会社　株式会社 東京印書館
株式会社 技報堂　株式会社辻本グラビア
発行所 東京都中央区銀座東8の4 ひまわり社
TEL. 東銀座 (54) 5311～4・7025

昭和30年11月15日印刷　昭和30年11月25日発行　地方売価 185 円